옷을 입다 패션을 만들다

옷을 입다 패션을 만들다

초판 1쇄 인쇄일 2024년 2월 26일　**초판 1쇄 발행일** 2024년 3월 5일

지은이 정연이
펴낸이 박재환 | **편집** 유은재 신기원 | **마케팅** 박용민 | **관리** 조영란
펴낸곳 에코리브르 | **주소** 서울시 마포구 동교로15길 34 3층(04003) | **전화** 702-2530 | **팩스** 702-2532
이메일 ecolivres@hanmail.net | **블로그** http://blog.naver.com/ecolivres
출판등록 2001년 5월 7일 제201-10-2147호
종이 세종페이퍼 | **인쇄 · 제본** 상지사 P&B

ISBN 978-89-6263-269-9 03600

책값은 뒤표지에 있습니다.　잘못된 책은 구입한 곳에서 바꿔드립니다.

옷을 입다 패션을 만들다

패션 디자이너의 특별한 옷 이야기

정연이 지음

에코리브르

차례

머리말 008

호모 사피엔스의 옷 입기 바늘, 현생 인류의 생존 치트 키 015

검은색에 관하여 1 우아함과 멜랑콜리 사이 022

검은색에 관하여 2 리틀 블랙 드레스 029

파랑 연대기 1 우리 모두가 사랑한 블루 037

파랑 연대기 2 이토록 낭만적인 블루 047

악마는 줄무늬를 입는다 1 스트라이프, 가장 낮은 곳에 새긴 무늬 055

악마는 줄무늬를 입는다 2 스트라이프, 인간의 존재를 지우고 감금하는 무늬 060

악마는 줄무늬를 입는다 3 스트라이프, 즐거운 일탈을 허하라 067

전쟁이 남긴 패션 **밀리터리 패션 이야기** 075

모자 장수는 왜 미치광이가 되었나 **유행 너머의 소리 없는 비명들** 084

하이힐 단상 **발뒤꿈치를 들어 올렸을 때 생기는 일** 093

결핍과 욕망 사이 1 **옷 입을 자유** 100

결핍과 욕망 사이 2 **패션, 그 무언가를 채워주는 것** 106

행복을 파는 백화점 **시대의 욕망을 수집해놓은 곳** 113

저항에 대한 저항 **펑크 패션과 글램 패션** 119

이상한 패션 나라 **표절, 패러디 그리고 오마주** 128

패션과 젠더 확연히 구분하거나, 모호하게 뒤섞거나 139
코르셋 유감 1 아름다움에 대한 강박 153
코르셋 유감 2 노출과 존엄의 상관관계 161
바지 입는 여자 1 당돌한 여자들의 출현 169
바지 입는 여자 2 실용성과 심미성 사이 178
타인의 고통 1 패션 산업의 그림자 186
타인의 고통 2 털은 본래 그들 것이다 192
타인의 고통 3 패스트 패션과 소비라는 놀이 206
타인의 고통 4 비건 패션과 그린워싱 214

4부 어떻게 입을 것인가

지금은 맞고 그때는 틀리다 **패션 노스탤지어와 미적 평가에 대한 단상** 225

좋은 취향 1 **댄디, 아름다운 것으로 채운 삶** 231

좋은 취향 2 **힙스터, 다름에서 찾는 정체성** 238

좋은 취향 3 **취향의 가치** 245

럭셔리한 럭셔리 1 **명품을 대하는 자세** 250

럭셔리한 럭셔리 2 **사치의 역사** 257

나는 쇼핑한다, 고로 존재한다 **오픈 런의 심리학** 266

옷 입은 인간 **무엇을, 어떻게, 왜 입을 것인가** 274

참고문헌 281

머리말

나는 특별한 것 없는 평범한 사람이지만 좋아하는 것은 무척 분명했다. 옷!

취미 삼아 재봉틀과 손뜨개로 옷을 만들어주시던 어머니의 영향을 받았는지도 모르겠다. 집에 있는 옷감을 어설프게 자르고 꿰매어 인형 옷도 많이 해 입히고, 내 옷도 만들었다. 생각한 대로 무엇인가 만드는 과정이 즐거웠고, 세상 어디에도 없는 유일한 것을 누릴 수 있다는 생각에 참 뿌듯했다. 그 무렵 옷은 내게 큰 기쁨을 주는 것이었다.

수순처럼 패션을 전공한 후 어릴 적부터 꿈에 그리던 패션 디자이너가 되었다. 잘 해내고 있다 스스로 여기며 긴 시간 동안 일에 몰두해 있었다. 그런데 내가 그토록 좋아하던 패션 일이 어느덧 나를 숨 막히게 하며 견딜 수 없는 순간에 이르렀다. 이상과 현실, 일과 삶을 적절히 구분 짓지 못한 채 지나치게 진지했기 때문일 것이다. 잘하고 싶어 항상 어깨에 잔뜩 힘이 들어가 있으니 쉽게 지치곤 했다. 패션 산업의 생리가 개인적 가치관과 부딪칠 때는 이대로 일을 해내면 그만일까, 이 일을 계속 좋아할 수 있을까 무척 혼란스럽고 고통스러웠다.

비겁하지만 나는 애증의 패션으로부터 도망치기로 했다. 그 후 주화입마를 입은 무림의 고수가 대나무 숲에 숨어 심신을 단련하듯, 한동안 책 속에 숨어 지냈다. 그러나 치열한 산업 현장에 발 담그고 있지 않다 해서 패션을 마음에서 지워버린 것은 아니었다. 책을 읽든 여행을 하든 나의 관심은 결국 패션, 아니 옷을 향하고 있었다.

'패션'이란 단어에는 이상한 무게가 있다. 화려하고 근사해야 할 것 같은 중압감이랄까. 실제로 패션 전문 서적은 패션을 '특정 시기에 유행하는 양식과 경향'으로 정의하며, '변화를 전제한 동적 흐름'으로 설명한다. 반면 '옷'은 우리가 몸에 두르고 장식하는 것을 집합적으로 가리킨다. 정적인 상태로 우리의 일상을 채우는 옷은 비교적 쉽고 가볍게 다가온다. 그러나 작은 점이 모여 선을 이루듯 보통 사람들의 삶 속에 들어 있는 옷이 이어지며 패션이 된다. 단 한 벌의 옷에도 행위, 태도, 가치가 깃들어 있다. 의미 없는 날이 없듯 의미 없는 옷도 없다. 이만하면 옷에 대해 책 한 권 분량만큼 떠들어도 괜찮지 않을까?

이 책은 옷에 대한 나의 생각과 패션사의 숨겨진 이야기, 많은 사람과 나누고 싶은 정보를 엮은 것이다. 책의 방향을 놓고 에세이와 인문학 사이에서 고민했지만, 형식이 뭐 중요하랴! 화려한 패션쇼 무대 위의 디자이너 작품도 옷이고, 집에서 입고 있는 목 늘어난 난닝구와 무릎 튀어나온 추리닝도 옷이다. 특별한 모든 날과 평범한 모든 날, 기쁘거나 슬픈 우리 삶의 모든 나날을 채우고 있는 옷에 대해 밀도 있게 이야기하고 싶었다.

나는 뭘 하든 상당히 품을 들이는 성격이다. 의심 많은 성격 탓에 글을 쓰기 위해 많은 확인이 필요했고, 2년여 시간 동안 꾹꾹 눌러썼다. 출판을 계약하고 고치고 뒤엎기를 반복하며, 나는 글재주가 없다고 푸념하거나 멈추고 싶다는 생각도 들었다. 그럴 때마다 내 인생에 커다랗게 자리 잡은 옷에 대해 공부하는 셈 치고 글쓰기를 이어갔다. 한때 열렬히 사랑했고 자랑스러운 직업이었으며, 앞으로도 여전히 삶의 큰 부분을 차지할 패션에 대해 이 정도 수고쯤 쏟아도 좋다고 생각하기로 했다. 책과 공부로 보낸 시간 덕분에 내가 입은 옷, 그리고 옷 입은 나 자신에 대해 더 깊이 성찰할 수 있었다. 그런 시간이 켜켜이 쌓여 지금은

운 좋게도 대학교에서 패션을 가르치고 있다.

인간은 태어나 죽는 순간까지 옷 속에서 살아간다. 모두 저마다의 방식으로 매일 옷을 입는다. 어쩌면 옷은 나 자신의 일부라 할 수도 있겠다. 이 책이 옷과 옷 입은 인간에 대한 생각의 폭을 조금이나마 넓힐 수 있기를 바란다. 그리하여 지금 내가 입은 옷이 어디에서 시작했고, 어디로 가고 있으며, 또 나를 어떻게 변화시키는지 이해한다면 좀더 풍요롭고 충만한 삶이 될 것이라 믿는다.

대나무 숲의 바람처럼 공허하게 흩어질 뻔한 이야기를 책으로 엮도록 지지해주신 에코리브르 출판사에 감사드린다. 주제와 형식을 제한하지 않고 자유롭게 쓰도록 초보 작가를 믿고 기다려주신 박재환 대표님께 특별히 감사의 말씀을 전한다.

2024년 3월

정연이

일러두기

본문에 나오는 외국 브랜드명은 당사의 공식 표기를, 디자이너 이름은 국립국어원 외래어 표기법을 따랐습니다.

1부

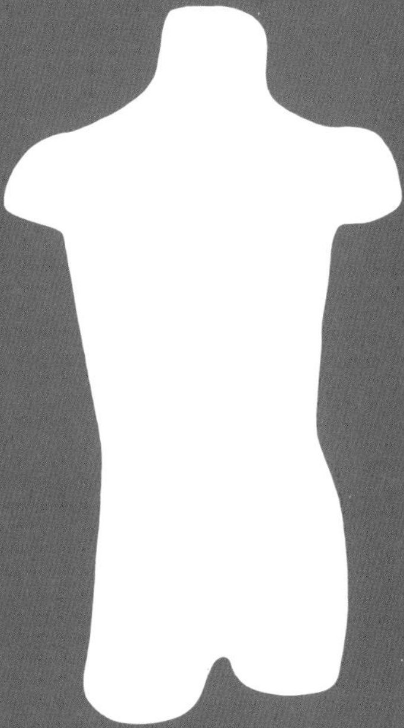

태초에 옷이 있었다

호모 사피엔스의 옷 입기

바늘, 현생 인류의 생존 치트 키

나는 다소 즉흥적이고 게으른 편이라 꾸준히 해내는 것이 별로 없지만, 꽤 오랫동안 지켜온 단 하나의 생활 수칙이 있다. 그것은 바로 1일 1산책이다. 생활 속 그 작은 실천 목표는 나의 반려견 루이를 위한 것이다. 하루 종일 콧바람 쐴 순간만을 고대하는 루이를 위해 비가 오든 눈이 오든 지키려고 노력한다. 이첨판 폐쇄 부전증과 퇴행성 관절염, 허리 디스크를 앓고 있는 나의 사랑스러운 비만 노령견은 대부분의 시간을 기운 없이 잠으로 보낸다. 그런데 산책만 나섰다 하면 신이 나서 통증 따위는 잊어버리는 모양이다. 허리 통증 탓에 엉덩이 아래로 말고 다니던 꼬리를 한껏 위로 치켜세우고, 성치 않은 다리를 끌며 잰걸음으로 걷는다. 그러고는 잘 보이지 않는 희뿌연 눈을 반짝거리며, 길모퉁이의 작은 돌멩이와 이름 없는 풀잎의 냄새를 정성 들여 음미한다. 산책할 때 얼마나 행복한지 이렇게 온몸으로 표현하는데, 내 몸이 피곤하다고 또는 날씨가 안 좋다고 어떻게 모른 척 산책을 건너뛸 수 있겠는가.

혹한기의 옷 입기

유기 동물 보호소에서 몰티즈로 분류되어 가족을 찾던 나의 반려견은 독특한 외형을 하고 있다. 보통의 몰티즈와 비교하면 황소처럼 덩치가 큰 데다 허리가 길고 다리는 짧다. 등과 귀에는 연한 갈색의 얼룩점이 있다. 존재 자체가 특별한 이 아이에게 공장에서 찍어내듯 만든 기성복은 잘 맞지 않는다. 등 길이에 맞춰 옷을 입히면 소매가 길어 절반을 잘라내야 한다. 허리둘레에 비해 가슴둘레가 매우 비대하기 때문에, 두꺼운 패딩 조끼 같은 겨울 의류는 가슴 부위가 꼭 끼거나 단추가 잘 채워지지 않는다. 입양 후 야금야금 살이 쪄서 어느덧 두 치수 큰 옷을 입히는데, 상대적으로 앙상한 다리 쪽은 큰 옷이 헛도는 바람에 다리가 빠져 벗겨지기 일쑤다.

특히 겨울철 산책용 올인원을 입히면 특별한 체형이 더욱 부각된다. 목둘레와 가슴은 꼭 끼고 허리로는 바람이 든다. 길고 큰 소매는 툭하면 벗겨져 발에 차인다.

루이가 몸에 잘 맞지 않는 옷을 엉성하게 입고 산책할 때 맵시 있게 차려입은 다른 반려견을 만나면, 남편은 농담 반 진담 반으로 나를 질책하곤 한다. 엄마가 명색이 디자이너인데 어떻게 하나뿐인 멍뭉이에게 이렇게 안 맞는 옷을 입힐 수 있냐고!

'미안하다 아들아, 임시방편이지만 엄마가 손바느질로 이번 겨울 외투는 어떻게 좀 해볼게. 개성 넘치는 너의 몸에 옷을 잘 맞춰서 찬바람이 덜 들도록 해볼게!'

호모 사피엔스의 경쟁력, 바늘

기후는 인류의 생활 방식을 결정한다. 기후에 적응하지 못하면 도태하기 마련이다. 현생 인류의 사촌쯤 되는 네안데르탈인은 빙하기의 혹독한 환경에 적응하지 못하고, 호모 사피엔스와의 경쟁에서 패배했기 때문에 생존하지 못했다고 알려져 있다. 최근 연구에 따르면 네안데르탈인이 멸종한 것이 아니라, 호모 사피엔스와 이종 교배를 통해 현생 인류에 흡수되었다는 설에 힘이 실리고 있다. 비아프리카계 인류에게 네안데르탈인 유전자가 1~4퍼센트 남아 있는 것이 그 증거라 한다. 아무튼 40만 년 전 지구에 등장한 네안데르탈인이 뒤늦게 나타난 호모 사피엔스가 번성한 시기에 사라진 것은 분명하기 때문에, 두 종 간에 어떤 식으로든 경쟁이 있었을 것이라는 점에는 이견이 없다.

네안데르탈인은 호모 사피엔스보다 키는 작지만 훨씬 다부진 체격이었고, 심지어 뇌 용량은 더 컸다. 언어를 사용하고, 도구와 옷을 제작했으며, 장례를 치르는 나름의 '문화'를 지닌 종이었다. 반면 호모 사피엔스는 호리호리하고 키가 큰 체형으로 혼자서 사냥하기에는 부족한 체력 탓에 무리를 이루어 생활했다. 그로 인해 언어가 더 발달했으며 정교한 도구를 만들기도 했다. 다시 말해 호모 사피엔스는 약점을 보완하기 위해 군집을 이루어 문화 경쟁력, 즉 소통 능력, 사냥 기술, 환경에 대한 적응력을 더 발전시킬 수 있었다.

많은 학자는 호모 사피엔스와 네안데르탈인의 운명을 가른 발명품으로 투창기와 바늘을 꼽는다. 투창기를 이용해 창을 더 멀리 던질 수 있어 원거리 사냥이 가능했고, 바늘귀가 있는 바늘을 사용해 옷을 더 정교하게 제작해서 빙하기를 이겨냈다는 것이다. 인류학자 브라이언 페이

건(Brian Fagan)은 저서 《크로마뇽》에서 바늘은 불의 사용과 더불어 초기 인류의 가장 위대한 혁신이라고 말한다. 1년 중 겨울이 길게는 9~10개월 지속한 빙하기에는 항상 저체온증과 동상의 위협이 있었는데, 호모 사피엔스는 바늘로 환경을 극복했다. 몸에 잘 맞는 옷으로 활동성을 높였고, 여러 겹의 옷을 겹쳐 입어 기후 변화에 효율적으로 적응했다.

몸에 맞춰 입는다는 것

물론 네안데르탈인도 추위에서 몸을 보호하기 위한 옷을 만들어 입었다. 학자들은 네안데르탈인의 도구가 정교하지 못했기 때문에 돌송곳으로 가죽에 구멍을 뚫고, 거기에 긴 섬유나 가죽끈을 넣고 잡아당겨 조이는 옷을 제작했을 것으로 추정한다. 현생 인류의 먼 친척인 네안데르탈인이 도구를 사용할 줄 알았다는 것은 매우 기특한 일이지만, 이런 방식으로 만든 옷이 몸에 잘 맞는 형태였을 리 없다. 펑퍼짐한 바지, 조끼, 망토 등 매우 엉성한 옷만 만들어 걸치는 수준이었을 것이다.

반면 호모 사피엔스는 동물 뼈에 작은 구멍을 뚫는 획기적인 발상으로 바늘을 발명했다. 가느다란 가죽이나 섬유를 이 구멍에 넣고 조각과 조각을 잇는 '바느질'을 한 것이다. 바느질을 하면 만들 수 있는 옷의 범위는 매우 다양해진다. 호모 사피엔스는 속옷과 가벼운 셔츠, 여름용 긴바지, 두꺼운 털외투, 가죽 부츠와 장갑을 만들어 옷의 용도를 구분하고 상황에 맞는 옷을 선택했다. 이를테면 여러 동물에서 얻은 가죽과 털을 혼합해 보온 기능을 높인다든가, 여러 겹의 옷을 겹쳐 입고 날씨 변화에 대응한다든가, 유아와 어린이, 청소년, 성인 각각의 덩치에 맞

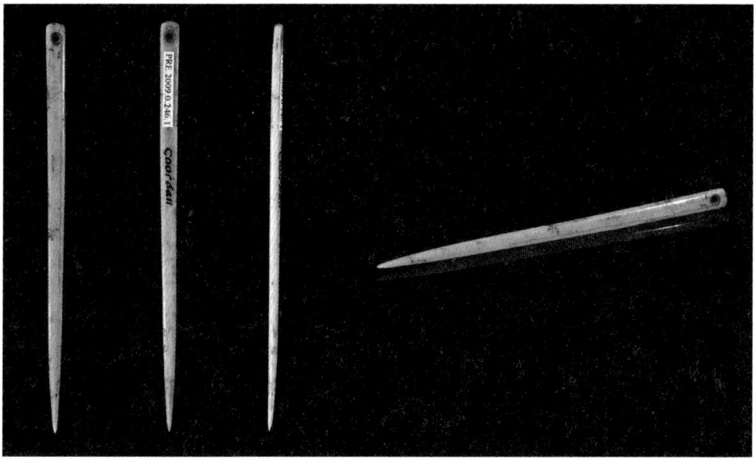

구석기 시대의 바늘. 툴루즈박물관, ©Didier Descouens.

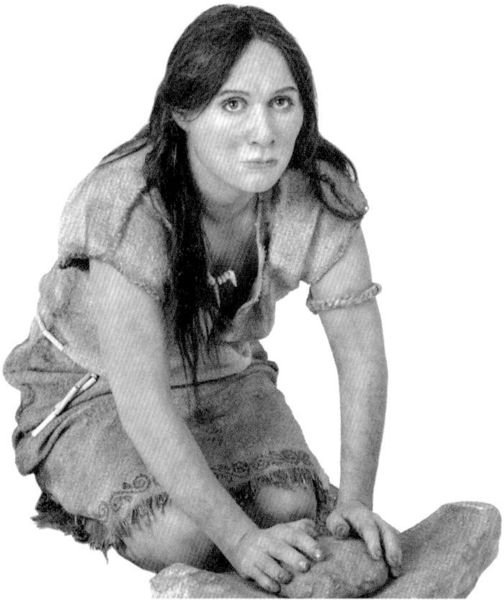

호모 사피엔스 복원 모형. 이탈리아과학박물관, ©Matteo De Stefano.

는 옷을 제작한다든가 하는 식이었다.

자기 몸에 알맞은 옷을 입는다는 것은 지극히 사소한 행위 같지만 실은 매우 중요한 문제다. 그것은 신체 기능을 향상할 수 있는 가장 기초적인 방법일 뿐만 아니라, 자기 자신을 고유한 개체로 인식하는 첫 단계이다.

호모 사피엔스는 그렇게 몸에 맞는 옷을 만들어 개성을 존중하고 미의식을 발현시켰다.

개성의 존중과 미의식의 발현

'원시인의 옷에 개성과 미의식이라니, 오버 좀 하지 말라'고 생각할 수도 있을 것이다. 그러나 당시 인류가 옷의 장식에 얼마나 집착했는지 알면 깜짝 놀랄 것이다.

러시아 북부 순기르(Sungir)에서 발굴한 무덤 9기에서 가장 보존이 잘된, 성인 남자 한 명과 청소년 두 명의 유골은 후기 구석기 그라베트 문화(Gravettian culture)의 사회상을 잘 보여준다. 이들 중 성인 남자는 붉게 칠한 편암 펜던트 목걸이, 24개의 상아 팔찌, 250개의 북극여우 이빨로 장식한 벨트를 착용하고 있었다. 그리고 이들의 유골에서 상아 구슬 옷 장식을 총 1만 3000개 발견했는데, 실험 결과에 따르면 당시 기술력으로 구슬 한 개를 만드는 데 한 시간 이상 걸렸을 것으로 추정한다. 누군가의 1만 3000시간에 해당하는 가치가 이들의 옷을 장식하고 있었다는 것은, 이들의 사회적 지위와 능력이 특별했음을 나타낸다. 또한 자신의 우월함을 과시하고 더 매력적으로 보이려고 몸을 장식하는

데 얼마나 큰 투자를 했는지 가늠할 수 있다.

복식사에서 옷의 착용 동기는 크게 외부 영향에서 신체를 보호하려는 실용적 목적과 내면을 드러내고자 하는 표현적 목적으로 구분하는데, 사실 둘을 갈라놓을 수는 없다. 인류는 아무리 추워도 아무런 장식 없이는 옷을 만들지 않았고, 천 조각도 걸칠 필요 없을 만큼 더워도 어떻게든 몸을 장식했다. 장식을 통해 아름다움, 도덕성, 종교적 신념, 사회적 가치 등을 표현하려 노력했다.

내 몸에 맞는 옷을 입는 것은 가장 기초적인 자기 배려이다. 그리고 옷은 내가 누구인지를 표현하는 가장 강력한 시각 언어이기도 하다. 옷은 나의 직업과 사회적 성취는 물론 취향, 가치관, 감정을 드러내기도 한다.

나는 지금 더 날씬해 보이도록, 혹은 더 부유해 보이도록 옷을 잘 차려입어야 한다는 말을 하려는 것이 아니다. 물질이 나의 본질이라는 말은 더더욱 아니다.

어차피 매일 입어야 하는 옷이라면 한 번쯤 생각해보자는 것이다. 지금 내가 입은 옷은 내 몸을 편안하고 안전하게 하는지? 심미적 만족감을 주는지? 그리고 나답게 하는지?

검은색에 관하여 1

우아함과 멜랑콜리 사이

나는 검은색을 좋아한다. 언제나 검은색만을 고집하는 것은 아니지만 꽤나 자주 검정을 택한다. 내가 검정을 택하는 것은 실용적 이유가 크다. 검은색은 표면의 부조화나 흠결이 눈에 덜 띌뿐더러 그 자체로 적당히 정중하고, 게다가 현대적이기 때문이다.

또 한 가지 이유는 이미지를 만들기 위해서이다. 사실 나의 외모는 너무 물렁하게 생겨서 좀 흐릿해 보인다랄까. 흔히 생각하는 '패션 피플'의 이미지와 꽤 거리가 멀다. 그래서 한때는 센 척 위장하느라 검은색 옷을 입곤 했다. 소란스럽지 않고 적당히 세련된, 조용하고도 단단한 이미지가 필요했다.

나에게 검은색은 그렇다.

엄격함과 권위

검은색은 명료하다. 동서양의 역사 속에서 다른 색이 양면적 상징성을 지니거나 복잡한 의미를 내포하는 것과 달리, 검은색은 늘 분명했다. 좋거나 혹은 나쁘거나.

전통적으로 검은색을 죽음, 상실, 슬픔과 연결 지어 부정적 의미를 두거나 고귀함, 엄격함, 권위를 상징하는 긍정적 의미로 보는 것은 동서양이 모두 같다. 다만 19세기 이전까지 상복 색상으로 서양에서는 검은색, 동양에서는 흰색을 주로 썼다. 이는 죽음을 대하는 태도에서 비롯한다. 서양에서는 죽음을 육체의 소멸로 보고 공포와 두려움의 의미를 담는 반면, 동양에서는 물질을 초월한 순수함을 뜻하는 흰색을 사용해 긍정적 의미로 대한다. 이는 뿌리 깊은 윤회 사상을 근간으로 죽음을 끝이 아닌 새로운 시작으로 대하는 관습에서 유래했다고 한다.

한편 검은색은 엄숙함을 뜻하기도 한다. 서양의 수도승이나 종교 개혁가들은 절제와 겸양의 상징으로 검은색 옷을 착용했다. 우리나라에서도 검은색을 차분하고, 사려 깊으며, 고귀한 색으로 여겨 고려 시대에는 귀족의 색으로, 조선 시대에는 고위 관료의 복제로 사용했다. 그런데 순수한 검은색을 만드는 일은 그리 쉽지 않았다. 밤하늘처럼 짙고 변색하지 않는 순수한 검은색을 얻으려면, 여러 번 공들여 염색을 반복해야 했다. 많은 정성이 필요하다는 뜻이다.

이러한 까닭에 검정은 권위를 상징하는 색으로 인식했다. 현재는 스포츠 경기 심판이나 법관 등 엄격함과 권위의 이미지를 담고자 하는 제복에 적용한다. 또한 패션 브랜드에서 전개하는 '블랙 라벨(black label)'은 기존 제품보다 상위 수준으로 제작한 고급 컬렉션을 뜻한다.

궁극의 우아함

프랑스의 상징주의 시인 샤를 보들레르(Charles Baudelaire)는 댄디즘(dandyism)을 예술가의 태도로 격상한 장본인이다. 댄디즘이란 절제와 세련미를 추구하던 남자들의 스타일인데, 18세기 후반 '보(Beau)'라는 별명의 조지 브라이언 브러멀(George Bryan Brummell)로부터 시작해 19세기 예술가와 지식인들에게 전파되었다. 보들레르는 댄디즘이 단지 외모를 치장하는 취향이 아니라 정신적 귀족주의, 즉 하나의 철학이라 보았다.

> 돈을 본질로 여기고 갈망하는 천박한 열정은 천박한 인간들에게 맡겨버리고, 댄디(dandy)는 무엇보다도 기품에 몰두한다. 댄디즘은 정신적 귀족성을 보여주는 상징이며 치장이란 단순할 때 완벽해진다. 사실 기품 있게 돋보이는 최상의 방식은 절대적 단순성이다.
>
> –샤를 보들레르, 《현대 생활의 화가》 중에서

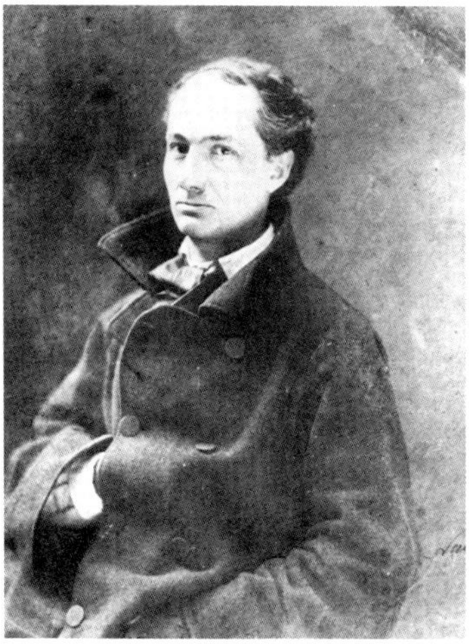

검은색 예찬론자 샤를 보들레르.

보들레르는 댄디즘이 추구해야 할 가치는 정신이 지닌 귀족적 우월성, 즉 우아한 기품이라고 했으며 단순한 것이 가장 우아하다고 강조했다. 그리고 죽음, 부재, 밤을 상징하는 검은색이 완벽한 우아함을 표현하는 궁극의 색이라고 했다. 절제된 단순함이 우아함과 통한다는 것이다.

우리가 익히 알고 있는, '우아한, 품격 있

는'을 뜻하는 단어 'elegant'는 '선택한다'는 의미의 라틴어 동사 'eligo'에 뿌리를 두고 있다. 다시 말해 우아함은 더 좋은 것을 고르고 분별해내는 선택에 달렸다는 것이다. 미묘한 차이를 식별하는 심미안, 그리고 불필요한 것을 과감히 버리고 더 아름다운 것을 선택하는 절제에서부터 지적이고 우아한 삶은 시작한다.

멜랑콜리

멜랑콜리(melancholy)는 '검은 담즙'을 뜻하는 그리스어에서 유래했다. 고대 그리스인은 질병의 원인을 4가지 체액으로 설명하려 했으며 검은 담즙은 우울과 비애를 유발한다고 믿었다. 검은 담즙은 뇌로 전달되어 인식과 사고를 검게 물들이고, 검은색은 인간을 알 수 없는 우울감에 빠뜨린다.

15세기 독일의 화가 알브레히트 뒤러(Albrecht Dürer)가 〈멜랑콜리아 I(Melencolia I)〉에서 묘사했듯이, 검은 담즙이 가득 찬 사람은 사색에 쉽게 빠진다. 판화 속 여자는 한 손으로 턱을 괴고 앉아 공허한 눈을 하고 있는데 그녀의 시선은 어디에도 닿아 있지 않다. 아마도 그녀는 자기 내면의 심연으로 침잠해 다른 생각에 빠져 있을지도 모르겠다. 멜랑콜리커(melancholiker)는 지금 발붙인 물질적 공간에는 관심이 없다는 듯저 너머 다른 세계를 탐구한다. 이 세계와 저 세계 사이에서 부유하며 사유한다.

현대 사회에서 우울함은 치료해야 할 질병일 수 있다. 그러나 고대 유럽에서는 멜랑콜리 정서를 창작자의 고뇌, 천재의 광기로 여겼다. 철

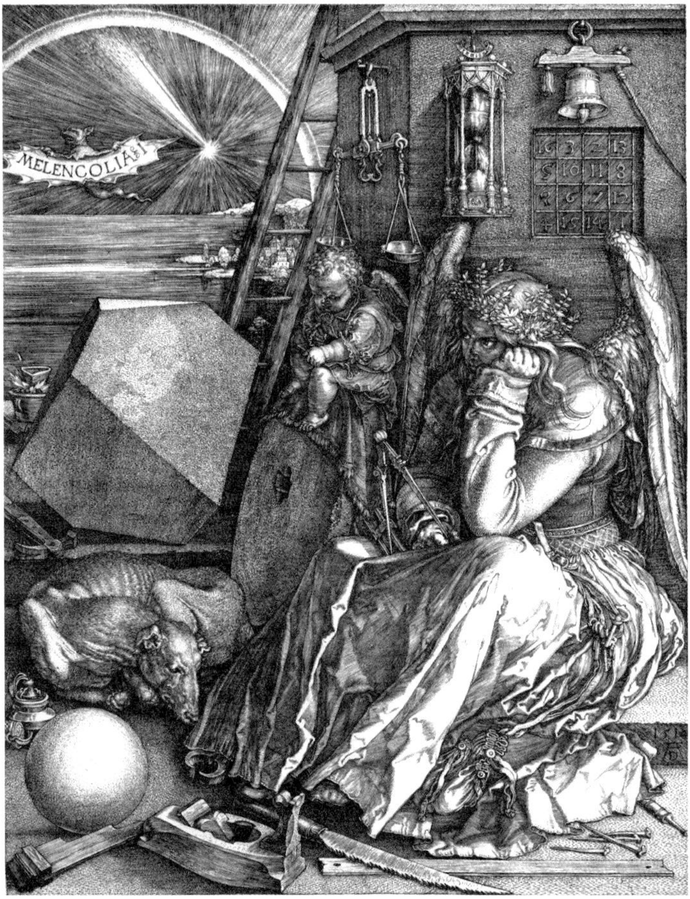

뒤러, 〈멜랑콜리아 I〉, 1514, 메트로폴리탄미술관.

학자, 시인과 화가는 보이지 않는 세계를 사유하는 사람들이었고, 역사적으로 비범한 예술가들은 사색과 고뇌에 빠져 있는 멜랑콜리커였기 때문이다. 샤를 보들레르, 에드거 앨런 포(Edgar Allan Poe), 에드가르 드가(Edgar Degas), 빈센트 반 고흐(Vincent Van Gogh), 오딜롱 르동(Odilon

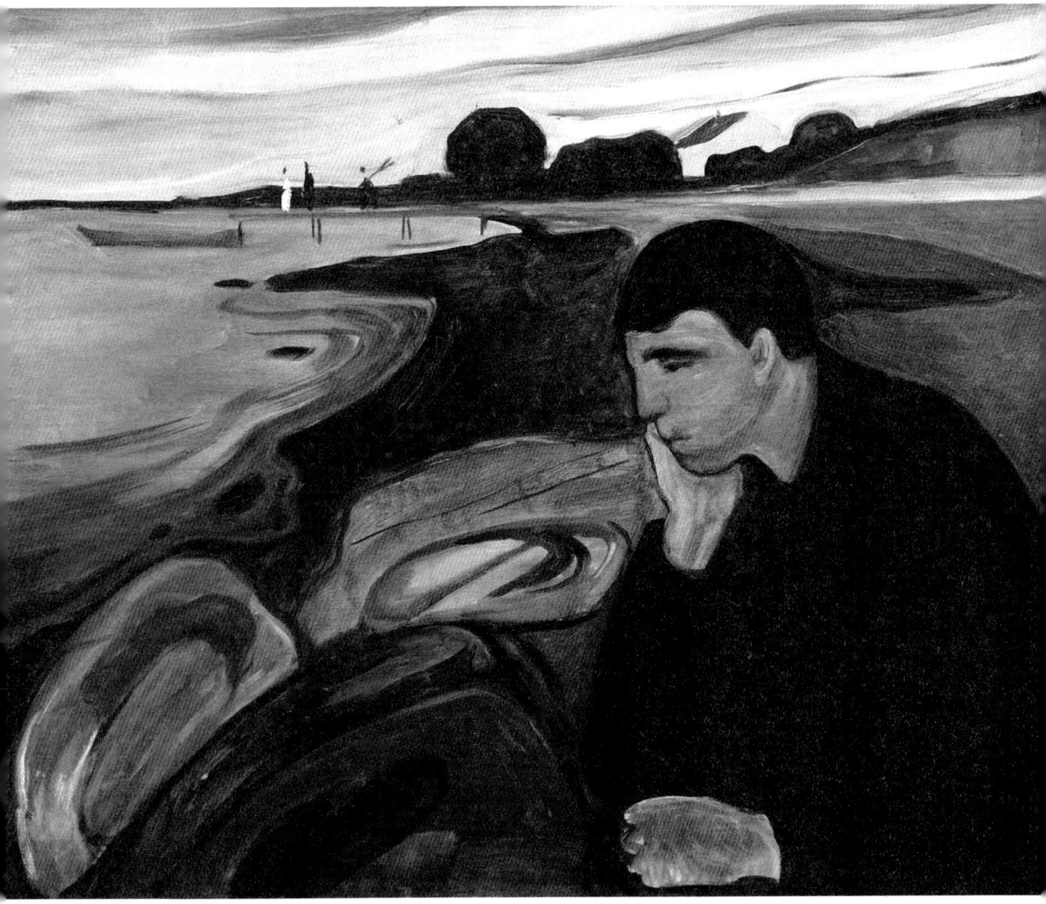

에드바르 뭉크(Edvard Munch), 〈멜랑콜리〉, 1894~1896, 베르겐미술관.

Redon), 기형도 등 많은 천재가 그랬던 것처럼.

멜랑콜리커는 세상 사람들이 가치를 두는 것에 크게 관심이 없다. 감각적 자극과 거리를 두고 자신의 내면으로 침잠해 더욱 본질적인 것에 몰두한다. 그렇기에 세속적인 것에서 자유로울 수 있다. 오히려 초연하고 단단하다. 검은색은 사람을 그렇게 만든다.

만약 당신이 검은색을 좋아한다면 우아함과 멜랑콜리 중 어느 쪽에 있는지 생각해봐야 한다. 소란스럽고 천박한 것을 걷어내는 절제의 미학을 좇아 조용하고 우아한 태도를 지닌 사람인지, 아니면 어떤 경계에서 자기 감정을 마주한 채 보이지 않는 본질을 사유하느라 세속적 욕망에 초연한 것인지.

그런데 곰곰이 생각해보면 두 가지 태도는 서로 다르지 않은 것 같다.

검은색에 관하여 2

리틀 블랙 드레스

꿈을 많이 꾸는 편이다. 그런데 어떤 꿈은 이상하고, 이상하고, 또 이상해서 특별하다. 이상한 꿈이란 자주 반복되지는 않지만 무척 낯설고 강렬하기에, 깨어난 후 한참 동안 생생한 잔상에 사로잡히곤 했다. 그런 꿈은 대체로 필름 누아르처럼 잔인하고 기괴한 분위기였다.

선혈이 낭자한 범죄 현장에서 가까스로 살아남은 나는 어떤 무리에게 쫓긴다. 검푸른 안개 속을 달리다가 오렌지색 공중전화를 발견하고 누군가에게 도움을 청하려 하지만 동전이 없거나, 목소리가 나오지 않아 말을 할 수가 없다.

검은 정장을 입은 요원들에게 쫓기다 어떤 폐건물 벽장 속에 숨어들어 숨죽이고 있는데, 노란 리본을 머리에 맨 하얀 강아지가 따라 들어와 그 앞에서 꼬리를 흔들어댄다. 나는 강아지 때문에 들킬까 봐 조마조마하면서 숨을 참고 있다. 어떤 때는 악당들에게 붙잡혀 고통에 몸부림치고, 또 어떤 때는 흉기를 휘둘러 위기에서 탈출한다. 때로 예기치 못한 결과로 잔혹한 공포영화처럼 난장판이 만들어지면 용케 살아남은 나는 절규한다. "정당방위였어요! 제발 제 말을 믿어주세요 ……!"

성인이 된 이후 어느 날 이토록 이상한 이야기라면 소설의 소재가 될 수도 있지 않을까 하는 마음에, 꿈을 기록해야겠다고 생각했다. 그래서 깨어나면 바로 기록할 수 있도록 수첩과 필기구를 침대 옆에 두고 잤다. 그랬더니 낯설고 강렬한 꿈은 한동안 찾아오지 않았다.

꿈은 그렇다. 잡으려 하면 도망간다.

꿈을 기록하려 애쓰면서 깨달은 점은 내가 꾸었던 강렬한 꿈은 대체로 컬러였다는 것이다. 때때로 흑백 꿈을 꾸기도 했지만, 현실의 나에게 달라붙어 일상의 기분을 지배하는 강하고 이상한 꿈은 총천연색이었다.

꿈이 컬러인가 흑백인가의 문제는 수면 단계와 질에 달려 있다고 한다. 컬러 꿈은 얕은 수면 단계에서 자율 신경계의 각성이 일어나며 꾸기 때문에 생생히 기억한다. 반면 흑백 꿈은 렘수면 단계에서 꾸어 한두 시간 뒤면 잊어버리는 것이 보통이다. 즉 얕은 수면에서 렘수면 단계로 넘어가 꿈을 꾸는 것이 건강하고 효과적인 잠이라고 할 수 있는데, 이때의 흑백 꿈은 어렴풋이 기억나거나 금세 사라진다는 것이다.

이상하고 생생한 컬러 꿈이 자주 없으니 좀 허전한 마음마저 든다. 그렇다고 꿈을 꾸지 않는 것은 아니지만 흑백 꿈은 손가락 사이를 빠져나가는 모래처럼 사르르 없어진다. 흑백 꿈은 내 의식과 무의식을 사라지게 만들어 나를 비우는 것 같다. 나의 어떤 부분을 텅 비운다.

비어 있는 동시에 가득 찬, 시적인 블랙

검은색은 흰색과 더불어 '무채색'이라 부른다. 말 그대로 '색채가 없는' 것이다. 우리 눈은 사물이 반사하는 가시광선을 색으로 인식하는데, 모든 빛을 반사하는 물체는 흰색으로, 반대로 모든 빛을 흡수하는 것은 검은색으로 보인다.

중세 서구인에게 예술의 주요 과제는 형태보다 '빛'을 어떻게 미적으로 표현하는가였다. 그들은 눈에 보이지 않는 초월적인 빛을 눈에 보이게 표현하려 노력했다. 또한 빛과 색을 하나의 감각으로 인식하고, 색은 빛이라고 여겼다. 태양이 언제나 하늘에 존재하듯 색은 일상 곳곳에 있다고 생각했다. 중세인의 관점에서 본다면 검은색은 빛의 부재를 뜻하게 되므로 색이 아닌 셈이다.

모든 빛이 사라져 텅 비어 보이는 것, 그러나 모든 빛을 흡수해 가득 채워진 것이 검은색이다. 비어 있는 동시에 가득 찬. 이 얼마나 시적인가!

일본 디자이너 요지 야마모토(山本耀司)를 두고 패션 평론가 수지 멘키스(Suzy Menkes)는 '블랙의 패션 시인'이라 칭했다. 그는 지난 40여 년간 서정적이거나 공격적이고, 반항적이거나 낭만적인, 그리고 침울하고도 매혹적인 다양한 디자인을 선보여 왔다. 또 언제나 검은색을 고집한다. 요지 야마모토는 블랙 패션의 미학을 이렇게 설명한다.

> 블랙은 겸허하고 동시에 오만하다. 게으르고 쉽지만 미스터리하다. 그러나 무엇보다 검은색은 이렇게 말한다. "귀찮게 하지 않을게. 너도 나를 귀찮게 하지 마."
>
> –요지 야마모토

블랙은 노력을 들이지 않아도 되는 일상적이고 쉬운 색이지만 매우 신비로운 힘이 있다. 검은색은 모든 빛을 삼켜 주변을 고요하게 함으로써 사물을 더욱 선명하게 부각한다. 부연한 수식을 비우고 본질을 바라보도록 한다.

또한 블랙 패션은 입은 사람이나 주변 사물을 압도하는 횡포를 부리지 않는다. 동시에 다른 무엇이 블랙 위에 군림하는 것도 쉽사리 용납하지 않는다. 블랙은 다른 것들 속에서도 오롯이 서 있는 존재감을 지니고 있지만, 그것들의 속성을 침범하지 않는 거리를 둔다.

블랙 패션이라는 혁신

요지 야마모토 이전에도 블랙 패션의 미학을 한 단계 끌어올린 디자이너가 있었다. 바로 코코(Coco), 즉 가브리엘 샤넬(Gabrielle Chanel)이다. 오늘날 샤넬은 클래식의 대명사라고 할 수 있지만 100년 전에는 도전 정신으로 기존 질서에 대항하는 혁신가였다. 샤넬은 모더니즘이 출범했던 시기에 현대 라이프스타일을 선도할 여러 실험적인 디자인을 선보였다. 또한 자기 자신을 통해 당당하고 활동적인 현대 여성상을 표현하며 '스타일'의 의미를 부각했다. 발상의 전환으로 저지 소재를 사용한 스포티브 슈트, 패키지 디자인과 네이밍에서 현대성과 추상의 극치를 보여줬던 향수 '샤넬 넘버 파이브', 관습을 깨고 인조 보석을 사용한 코스튬 주얼리 등 패션 역사에 길이 남을 만한 업적을 많이 남겼다. 나는 그중에서도 샤넬의 가장 큰 혁신은 여성 패션에서 검은색의 위상을 높인 것이라고 말하고 싶다.

서양 여성 복식에서 검은색이 전면에 등장한 역사는 그리 길지 않다. 남성복의 경우 1800년대에 이르러 권위와 엄숙함, 고결함, 겸손의 상징으로 검은색이 크게 유행하게 되었지만, 여성은 대부분 밝고 희미한 색상을 선호했다. 물론 수녀나 미망인처럼 여성들도 종종 검은 옷을 입었다. 그러나 이들의 검은색은 남성복과 달리 결핍과 부재를 의미한다. 남편 혹은 권력이 없고, 세상 속에 뿌리내릴 울타리가 없는 셈이다.

남자의 옷이 다소 화려해졌던 시기에도 정치인과 전문직 종사자들은 검은 정장을 선호했으며 결혼식, 연회장, 일터에서도 검은색이 보편적이었다. 검은색은 공식적 옷차림으로 손색이 없으며, 겸손함과 우월함을 동시에 보여주는 더없이 좋은 선택이라 할 수 있다.

샤넬은 이러한 검은색의 미적 가치를 발견하고 여성복에 도입했다. 1926년 발표한 샤넬의 검정 드레스는 아르 데코(art déco)• 풍의 간결하고 직선적인 형태였고 이는 곧 큰 반향을 일으켰다. 과도한 장식을 배제한 이 단순하고 실용적인 드레스는 검은색만으로도 얼마나 우아할 수 있는지 증명했고, 검은색이 지닌 현대적 감각을 부각했다.

> 블랙은 표준화와 경제적 완벽을 위한 복장에 적합한, 유일한 색이다.
>
> –가브리엘 샤넬

이 간소하고 혁신적인 드레스에 블랙을 적용한 이유를 샤넬은 후에

• 1925년 파리에서 개최한 국제박람회에서 유래한 이름으로 1920~1930년대의 예술 양식을 일컫는다. 기하학적이고 단순한 패턴, 속도감과 기계 미학을 추구했다.

또 이렇게 설명했다. “블랙은 강하다. 주변의 모든 다른 것을 지운다.”

리틀 블랙 드레스

단순하고 우아한 이 드레스는 ‘리틀 블랙 드레스(Little Black Dress, LBD)’라 불렀고, 미국 패션지 〈보그(Vogue)〉는 포드 사의 모델 T에 비유하며 대량 생산 가능성을 시사했다. ‘모든 취향의 여성을 위한 유니폼이 될 것’이라는 〈보그〉의 예언은 적중했다.

샤넬의 LBD는 단순한 형태로 제작이 쉬웠기 때문에 제조업자들은 그 디자인을 복제해 생산했다. 이러한 현상은 리틀 블랙 드레스의 유행을 더 부추겼고, 여성들은 큰 비용을 들이지 않고 우아한 스타일을 만들 수 있는 LBD에 열광했다.

샤넬은 종종 여성복에 남성복의 요소를 도입함으로써 성별의 경계를 뛰어넘고자 했다. 그런데 LBD는 계층의 경계까지 허무는 획기적인 결과를 가져왔다. LBD는 모든 계층이 접근 가능한 다양한 소재와 가격대로 대량 복제해 공급했기 때문에, 이제 옷차림만으로는 사회적 지위와 신분을 가늠하기 힘들게 된 것이다.

샤넬 이후로 많은 디자이너가 LBD를 지속적으로 재현했다. 1950년대에 이르러 오트 쿠튀르(haute couture)• 전성시대에는 크리스티앙 디오

• ‘고급 맞춤복’을 뜻하는 프랑스어. 기성복인 프레타포르테(prêt-à-porter)처럼 대량 생산을 염두에 두지 않고 예술성을 중시한다. 오트 쿠튀르 컬렉션의 패션쇼는 연 2회 파리에서 개최하며, 엄격한 자격 심사를 거쳐 조합에 가입해야만 오트 쿠튀르라는 명칭을 사용할 수 있다.

르(Christian Dior), 크리스토발 발렌시아가(Christobal Balenciaga), 위베르 드지방시(Hubert de Givenchy) 등 여러 쿠튀리에(couturier)가 블랙의 절제된 우아함을 다시 한번 유행시켰고, LBD는 패션의 클래식 아이템으로 자리 잡는다.

LBD는 낮이든 밤이든 어떤 상황에도 어울릴 수 있다. 나이와 상관없이 입을 수 있고, 체형의 결점을 감춰주며, 자주 꺼내 입어도 사람들이 알아채기 어렵다. 그런 까닭에 크리스티앙 디오르는 LBD를 예찬하여 이렇게 말했다.

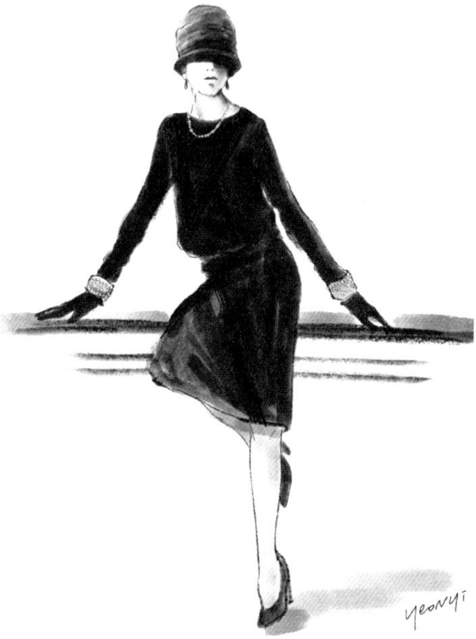

샤넬이 1926년 발표한 리틀 블랙 드레스. ©Yeonyi Jung.

> 리틀 블랙 드레스는 모든 여성의 가장 필수적인 아이템이다.
>
> -크리스티앙 디오르

당신의 나이와 직업을 불문하고 적당한 격조 속에 우아함과 세련됨이 필요한 상황이라면, 리틀 블랙 드레스를 권한다. 블랙은 비어 있는 것 같지만 가득 차 있어 그 자체로 충분하다. 조용하고 단단하게 존재감을 발휘할 것이다.

모든 색은 저마다의 역사와 상징이 있고 다양한 함의를 지니고 있다.

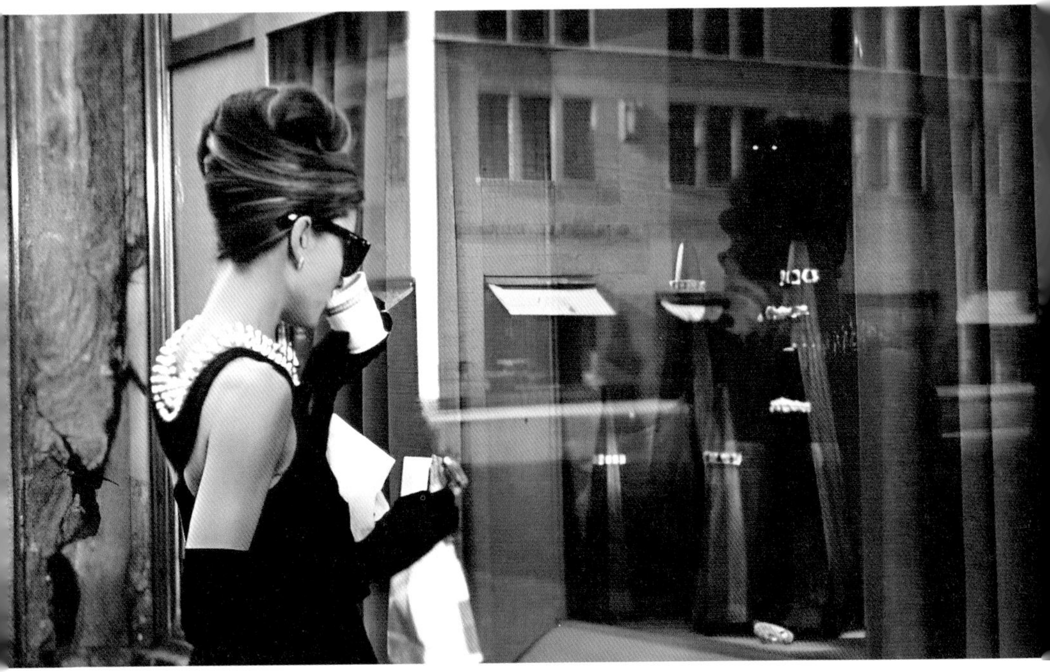

영화 〈티파니에서 아침을〉에서 지방시의 리틀 블랙 드레스를 입고 있는 오드리 헵번.

모호하거나 중의적인 의미를 품고 있기 때문에 시대와 문화에 따라 색에 대한 평가와 해석이 다양하다.

그런데 오직 검은색의 의미만은 언제나 분명했다. 좋고도 나쁜. 검은색이 품은 양면성은 그것을 더욱 매혹적으로 만든다.

블랙 패션도 그렇다. 겸손하고 오만한. 비어 있고 가득 찬.

파랑 연대기 1

우리 모두가 사랑한 블루

사람들 대부분이 그렇듯 나도 파란색을 참 좋아한다. 시원하고 청량한 파랑, 고요하고 평화로운 파랑, 젊은 에너지의 파랑, 깊고 조용한 파랑, 낭만적이고 우수에 찬 파랑. 풍부한 스펙트럼을 지닌 파란색은 그만큼 다양한 뉘앙스를 풍긴다.

파란색을 고르면 대개 실패가 없다. 파란색은 무척 믿음직스럽고 인간의 마음에 긍정적 정취를 불러일으킨다. 이 때문에 많은 기관이나 단체에서 상징색으로 사용하고, 유럽연합이나 국제연합은 화합과 평화의 표시로 파랑을 내세운다.

한 연구 결과에 따르면 유럽인이 가장 좋아하는 색은 파란색이다. 쿠베르탱이 창안한 올림픽 오륜기에 유럽 대륙을 파란색으로 표현한 것도 이러한 취향이 작용했다.

오륜기는 철저하게 유럽인 관점으로 대륙의 상징색을 정했다. 아프리카는 검정, 아시아는 노랑, 아메리카 대륙은 붉은 피부의 원주민을 상징하는 빨강으로 인종 차별의 시각이 들어 있다. 유럽 대륙은 깃발의 바탕색인 흰색을 제외하고 가장 선호하는 파랑, 오세아니아는 기본색 중 남아 있는 초록을 적용했다. 오륜기에 편견과 차별 요소가 있다는 논란이 발생하자, 올림픽위원회는 색상으로 특정 대륙을 상징하는 해석을 공식적으로 폐기했다. 대신 세계 모든 국기에 보편적으로 쓰는 국기색의 조합일 뿐이라는 정의를 내놓았다.

어쨌든 파란색은 오늘날 지구촌 어디에서나 환영받고 있지만, 고대 유럽에서는 그렇지 못했다.

야만에서 신성으로

고대부터 한자 문화권에서는 황(黃), 청(靑), 백(白), 적(赤), 흑(黑) 다섯 가지 색으로 음양오행을 설명하고 색에 질서와 의미를 부여했다. 오방색(五方色) 중 청색으로 상징하는 사신은 동쪽의 청룡이다. 청색은 사계절 중에서 만물이 소생하는 봄에 해당하며 생명의 탄생과 약동하는 힘을 의미한다.

그에 비해 고대 서구에서는 파란색이 오랫동안 그 지위를 인정받지 못했다. 고대인에게 파란색은 자연에서 흔히 볼 수 있는 익숙한 색이지만 만들기 복잡하고 어려운 색이었다. 또한 파란색은 경치 속으로 흡수되어 사라지는, 자신을 드러내 주목을 받지 못하는 온건한 색이다. 그래서 다른 여러 색상이 사회적 상징을 획득하며 가치를 만들어갈 때 파란색은 상대적으로 아무것도 아닌 색, 중요치 않은 색, 심지어는 미개한 이방인의 색으로 여겨지기도 했다. 그리스인에게 파란색은 다른 색

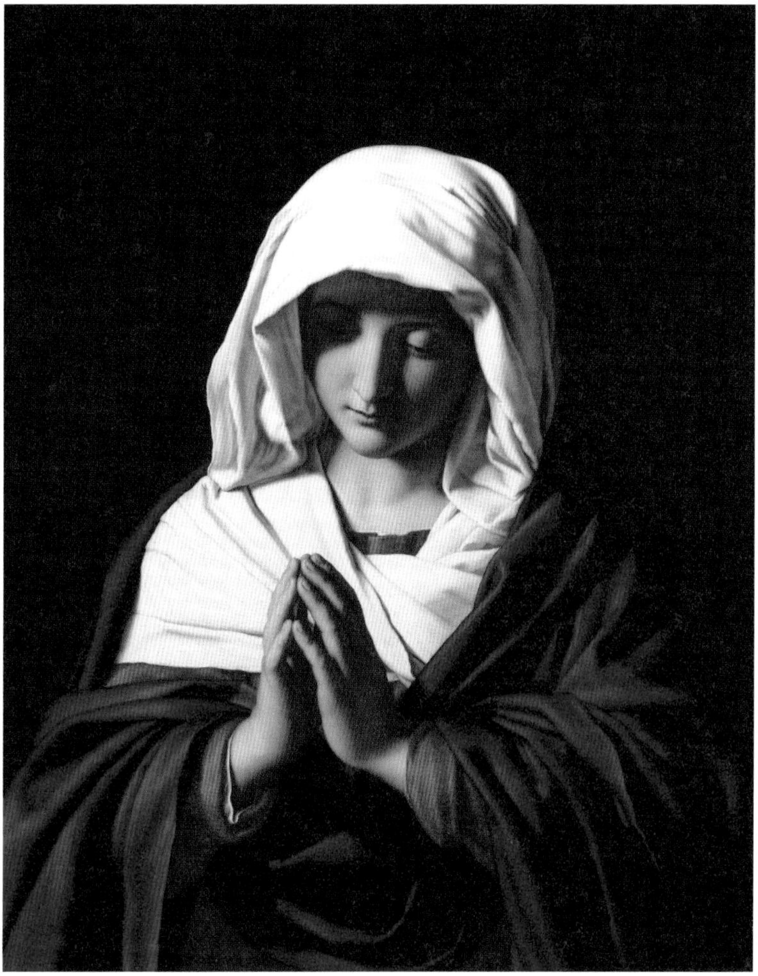

조반니 바티스타 살비(Giovanni Battista Salvi), 〈기도하는 성모 마리아〉, 1640~1650, 영국국립미술관.

을 눈에 띄게 하는 배경색에 불과했고, 로마인은 파란색을 켈트족이나 게르만족 등 이방인의 야만적인 색이라 여기며 경시했다.

유럽 사회에서 파란색이 가치를 얻은 것은 12세기 무렵이다. 기독교

미술에서 성모 마리아의 의상을 파란색으로 표현해, 파랑은 믿음직스럽고 성스러운 색으로 자리매김하게 되었다. 이전까지 마리아의 의상은 자주색, 황금색, 흰색, 빨간색 등으로 전형 없이 다양하게 표현했다. 어째서 12세기에 이르러 파란색이 마리아를 상징하며 귀한 대접을 받게 된 것인지 그 이유는 불분명하다. 그러나 명확한 사실은 인간은 희소가치가 있는 것에 고귀한 의미를 부여한다는 것이다. 중세 예술가들은 빛의 신, 하늘에 계신 분을 표현하려 성당의 스테인드글라스와 성모 마리아 의상을 파란색으로 장식했고, 파란색의 인기는 높아졌다. 그리고 이러한 신성함을 페르시아에서 채취한 값비싼 광석에서 얻은 코발트블루(Cobalt blue)와 울트라마린(Ultramarine)으로 채웠다.

바다 저편의 블루

코발트라는 광물에서 얻은 코발트블루는 유리와 도자기에 파란색을 내기 위해 주로 썼고, 이슬람 모스크의 타일 장식에는 하늘을 상징하는 색으로 썼다. 코발트는 페르시아 광산에서 유럽으로 전파되어 중세 건축물 스테인드글라스에 사용했다. 특히 12~13세기에 건축한 프랑스의 샤르트르 대성당(Cathédrale Notre-Dame de Chartres)은 아름답고 정교한 스테인드글라스로 유명한데, 눈부시게 맑고 푸른 색채는 흉내 낼 수 없을 만큼 독특하여 '샤르트르 블루(le bleu de Chartres)'라고 부른다. 바로 이 샤르트르 블루가 코발트를 원료로 배합한 색이다.

페르시아에서 건너온 또 다른 파란색, 울트라마린의 값은 매우 비쌌다. 코발트도 다른 안료에 비해서 귀한 것이었지만 청금석(靑金石)이라

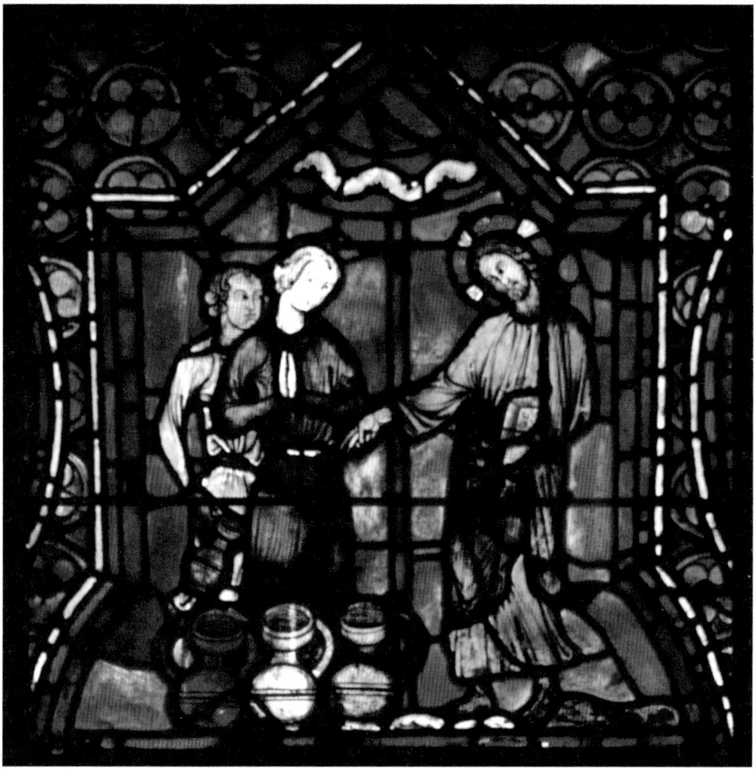

샤르트르 대성당의 스테인드글라스.

는 준보석에서 추출한 울트라마린은 금을 제외하고 가장 비싼 안료였다. 그리하여 울트라마린은 성모 마리아와 같이 성스럽고 고귀한 대상을 표현하는 미술 재료로 썼고, 광물성 안료이기 때문에 시간이 지나도 쉽게 변색하지 않는 아름다운 광채를 뿜어낸다.

울트라마린의 이름은 바다의 색에서 유래한 것이 아니라 '바다 저편에'를 뜻한다. 유럽인 기준으로 생각하면 청금석은 바다 저편 멀리서 온 귀한 것이다. 청금석은 칠레, 잠비아, 시베리아 그리고 아프가니스탄에서만 채취하는데, 그중 아프가니스탄 광산에서 나온 것을 최상품으로 친다.

신의 이름으로

최상급의 울트라마린 산지답게 아프가니스탄의 바미얀(Bamiyan) 지역에는 울트라마린을 사용한 최초의 유적이 있었다. 역설적이게도 그것은 두 개의 거대한 석가모니 조각상이었다.

불교가 중앙아시아에 전파된 6~7세기에 만든 이 바미얀 석불에서는 그리스 미술의 영향을 받은 간다라 양식이 나타나는데, 한 연구 논문에서는 섬세한 주름 옷의 안쪽을 모두 울트라마린으로 채색한 것으로 분석했다. 옷의 안쪽이라고 해도 석상 크기가 38미터, 55미터로 거대하기 때문에 그 면적은 상당히 넓다.

바미얀은 청금석 산지이기에 바다 건너에서 구하는 것보다 상대적으로 쉽게 얻을 수 있었지만 그곳에서도 청금석은 여전히 귀한 준보석이었다. 당대 불교도 역시 값비싼 울트라마린을 다량 사용함으로써 불심을 표현한 것이다. 유럽인이 울트라마린을 마리아에게 헌정했듯이.

애석하게도 울트라마린을 사용한 최초의 조형 예술을 더 이상 연구할 수도, 확인할 수도 없다. 아프가니스탄에서 집권한 탈레반은 국제사회의 만류에도 불구하고 2001년 석상을 모두 폭파했다. 불경한 석불이 이슬람을 모독한다는 이유였다.

극단적 성향의 이슬람 원리주의자들은 그것이 다른 어떤 종교의 예술 작품이었다 해도 이슬람이 아니라면 파괴했을지 모른다. 파란색으로 표현하는 힌두교의 크리슈나도 불행을 피하지 못했을 수 있고, 파란 옷을 입은 기독교의 성모 마리아였으면 더 위험했을 것이다. 이슬람교도가 종교 이념을 잣대 삼아 특정 대상을 신성시하거나 불경시했지만 파란색에 대한 가치 평가는 여타 종교와 다르지 않았다. 이슬람 문화권에서도 파란색은 하늘, 거룩함, 경건함 등 긍정적 의미를 담고 있다. 그 때문에 아프가니스탄 여성이 착용하는 부르카도 파란색이다.

온몸을 뒤덮는 부르카는 이슬람 베일 의상 중 가장 폐쇄적이다. 부르카를 입은 여성은 눈 부위 망사의 작은 구멍으로 세상을 겨우 내다볼 뿐이다. 바깥세상 사람은 그 안에 누가 있는지 알 수 없고, 부르카를 입은 채로는 몸짓이나 표정을 통한 소통이 어렵다. 부르카의 색상은 황록색, 검은색, 금색, 하얀색 등이 있지만 가장 많이 착용하는 것은 파란색 계통이다. 하늘색은 부르카의 상징과도 같다.

불상이 파괴된 바미얀에서 부르카 자락을 잡고 걷는 이슬람 여성의 사진을 보았다. 그 모습에서 파란 베일을 두른 마리아가 떠오르다니 참 이상한 일이다.

고귀하거나 겸허하거나

성모 마리아를 상징하는 색으로 신성함을 획득한 블루는 유럽 왕족을 중심으로 크게 유행했다. 프랑스의 카페 왕조(Capétiens)는 처음으로 파란색을 문장에 도입한 왕가이다. 선명한 파란색 바탕에 황금색 백합 문양을 새긴 이 문장은 후에 발루아가(Maison de Valois), 부르봉가(Maison de Bourbon) 등 카페 왕가의 거의 모든 분가 문장으로 이어진다. 카페 왕조는 문장뿐만 아니라 의상에도 파란색을 적용했다. 12세기 필리프 2세(Philippe II)와 그의 손자 루이 9세(Louis IX)가 처음 파란색을 공식 의상으로 입기 시작했고, 이후 파란 옷은 유럽 전역의 왕가로 널리 퍼져갔다.

신성함과 고귀함이라는 가치를 획득한 파란색은 점차 귀족에게 후광을 만들어주었다. 하루 종일 들판에서 일하느라 피부가 검게 그을린 사람들은 하얀 피부의 귀족을 동경했다. 가난한 사람들은 귀족의 창백한 피부로 비치는 푸르스름한 혈관을 보고 고상한 혈통의 '파란 피'가 흐른다고 생각했다. 귀족들은 고귀함을 드러내고자 파란색의 후광을 적극적으로 활용했다. 파리의 귀족은 '파란 방(chambre bleue)'을 중심으로 살롱 문화를 향유했다. 온통 파란색으로 장식한 방에 모인 이들은 문학가·예술가와 교류하며 지적인 토론을 즐겼다.

파란색은 상류층만의 특권이 아니었다. 중세 시대 이후로는 의복 색에 신분에 따른 큰 제한이 없었기 때문에 신분이 낮은 농민도 파란 옷을 입었다. 그러나 가난한 사람은 질 낮은 원단과 염료를 사용할 수밖에 없어 탁하게 빛바랜 파랑을 착용했다. 새파란 귀족의 옷은 품격을 높이지만 푸르스름한 농민의 옷은 넉넉지 않은 형편을 보여준다. 파란색은 모든 계층에게 허용되면서, 또한 미묘한 차이로 계층을 가르는 이중성을 지녔다.

파란색의 다양한 뉘앙스는 사회적 신분의 높고 낮음뿐만 아니라 도덕적 가치까지 상징한다. 강렬하고 밝은 파랑은 화려해 보이지만 깊이 있고 차분한 파랑은 정중해 보인다. 그래서 종교 개혁을 지지하던 이들은 겸허하고 엄숙한 파랑을 애호했다. 어두운 파란색은 금욕적이고 도

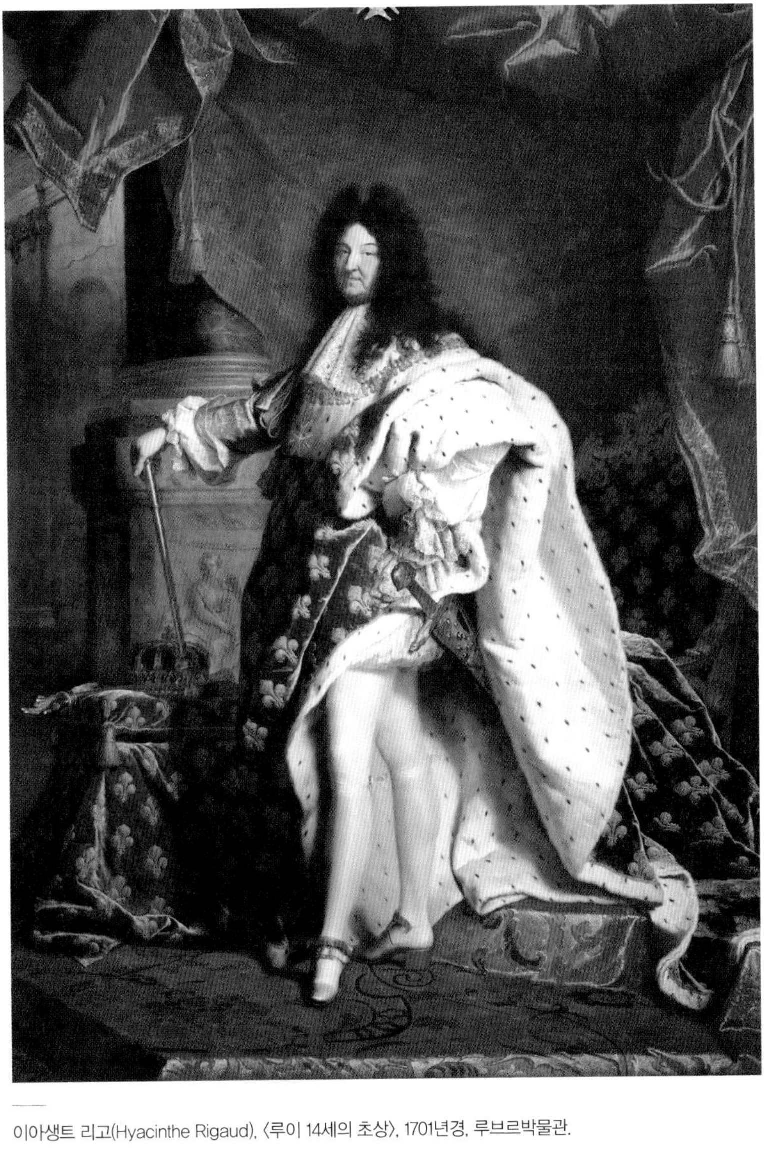

이아생트 리고(Hyacinthe Rigaud), 〈루이 14세의 초상〉, 1701년경, 루브르박물관.

덕적인 신교도의 색이 되었다.

염색 기술이 발달하지 못한 시대에는 선명한 색일수록 귀할 수밖에 없다. 그래서 기술이 평준화하기 이전 선명한 파란 옷은 고귀한 품격과 덕성을 표현하기에 제격이었다. 파랑은 최고 권위를 상징하며 오랫동안 '왕의 파란색(bleu de roi)'으로 불렸고, 19세기 말 영국 왕실은 상징색으로 로열 블루를 채택했다.

그러나 파랑의 모든 가치를 선명함으로만 설명하는 것은 아니다.

선명하거나 흐릿하거나 파랑은 요란하지 않다. 파란색은 주변을 밝히며 풍경 속으로 섞여 들어간다. 하늘처럼 바다처럼 끝없이 공간을 확장하고, 우리의 마음을 고요하게 한다.

그래서 나는, 우리는 파랑을 사랑한다.

파랑 연대기 2

이토록 낭만적인 블루

패션 아이템 중 계층과 세대를 자유롭게 넘나들기로 티셔츠와 블루진만 한 것이 없다. 아이부터 어른까지, 남성과 여성을 가르지 않고, 가난하거나 부유하거나, 오늘날 티셔츠와 블루진은 모든 이의 일상에 녹아 있다. 그런 면에서 우리 모두가 즐기고 사랑하는 티셔츠와 블루진은 민주적이라 할 수 있다.

남성 속옷과 선원의 셔츠에 사용하던 저지를 패션 소재로 끌어올린 샤넬에게 감사한다. 또한 광부의 작업복으로 블루진을 고안해낸 리바이 스트라우스(Levi Strauss), 블루진을 대중에게 유행시킨 할리우드 스타 말런 브랜도(Marlon Brando)와 제임스 딘(James Dean)에게 경의를 표한다!

"왜 하필 블루인가요?"

블루진의 역사와 유행을 설명하던 수업에서 문화인류학을 전공하는 한 학생이 '블루진'은 왜 하필 '블루'인 것이냐고 물었다. 대형 교양 강의의 묘미는 이런 것이다. 온갖 전공의 학생이 모여 있기에 다양한 관점으로 현상을 바라보고, 가끔 생각지 못한 신선한 질문으로 나를 당혹하게 한다.

그때까지 난 미처 생각해보지 않았다. 광부의 작업복으로 쓰던 데님 원단에 왜 유독 블루 염료만을 사용하게 되었는지. 그리하여 부끄럽지만 자세히 공부해서 다음 주에 답하겠노라고 했다.

인디고가 가져온 낭만과 우울

합성염료가 보급되기 이전 옷감을 염색하는 파란 염료는 청금석과 코발트 같은 광물에서 얻기도 했고, 대청이나 쪽 같은 식물에서 얻기도 했다. 순우리말 '쪽'을 한자로 표현하면 람(藍), 영어로는 인디고(indigo)라 하며 고대 이집트부터 사용했다. 인디고의 어원은 '인도에서'라는 의미로 유럽인 기준의 표현이다. 인더스강 유역에서 재배하던 쪽은 일찍이 유럽과 아시아로 퍼져나갔다.

12세기에 이르러 줄곧 하찮게 여기던 파란색을 사랑하게 된 유럽인은 대청보다 염색 결과가 좋은 인디고에 반색했다. 또한 아메리카 대륙 발견 이후 더 질 좋고 값싼 인디고를 얻게 되어 유럽에서는 점차 다양하고 폭넓은 파란색 옷을 즐겨 입었다.

18세기 낭만주의는 파란색이 유럽의 산업 전반과 일상으로 널리 퍼지는 데 큰 역할을 했다. 낭만주의 예술가들은 대상을 분석하는 대신 감상과 통찰로 느끼고자 했다. 화가는 끝없이 펼쳐진 하늘, 깊이를 모르는 바다에 대한 몽상과 이상을 파란색으로 표현했다. 시인은 멜랑콜리한 파란색을 찬미했고, 음악가는 우수에 찬 영혼의 상태를 연주하며 감정에 순수하게 다가갔다.

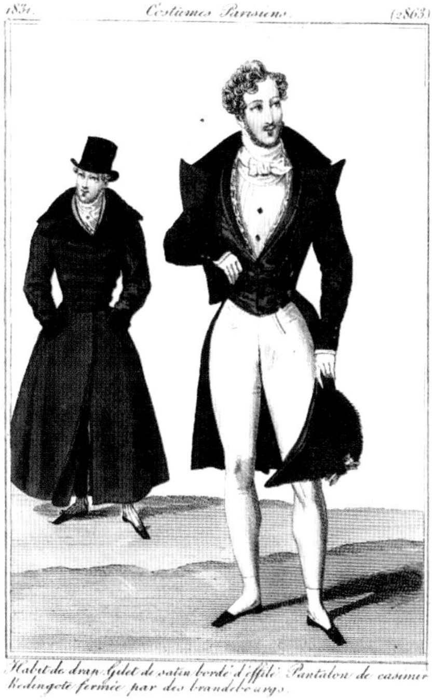

파란 프록코트 차림의 신사. 1831.

1774년 출간한 요한 볼프강 폰 괴테(Johann Wolfgang von Goethe)의 소설 《젊은 베르테르의 슬픔》은 젊은이들의 감수성을 자극해 큰 인기를 끌었다. 주인공 베르테르는 부르주아의 사회 규범에 순응하는 인물이 아니다. 다분히 반항적이고 자유로운 영혼의 소유자인 그는 기혼 여성과 사랑에 빠지고, 급기야 이루어질 수 없는 사랑을 완성하기 위해 죽음을 택한다. 죄악이나 금기로 여기던 자살을, 괴테는 개인의 자유 의지에 따른 선택이자 사회 규범에 대한 반항으로 묘사했다. 젊은 독자는 그 태도에 열광하며 '베르테르 열병'을 앓았다.

소설의 대중적 흥행과 더불어 남성들은 베르테르처럼 노란 조끼 위에 파란색 프록코트•를 입었고, 여성들은 샤를로테처럼 파랑과 하양이 섞인 드레스를 입었다. 이들은 자신이 베르테르와 로테인 양 우울한 감

• 노동자 계층의 작업복인 헐렁한 프록(frock)에서 유래해, 신사들이 말을 탈 때 입으면서 18세기 중엽 라이딩 코트(riding coat)로 자리 잡았다. 스포츠웨어에서 좀더 정교하게 재단한 것으로 1770년대 이후 평상복으로 크게 유행했다.

정 속에서 사랑을 갈구하며 고뇌했다.

젊은이들이 베르테르의 비극적 삶과 자신을 동일시해 그의 옷차림을 따라 하고, 급기야 결말을 모방해 스스로 목숨을 끊는 '베르테르 효과'가 발생할 정도로 소설의 파급력은 컸다. 책을 출간한 이듬해 독일 일부 지역에서는 베르테르 스타일의 의상을 금지하였으며, 독일을 비롯해 덴마크, 노르웨이, 이탈리아에서 한동안 금서가 되었다.

> 처음 로테와 함께 춤출 때 입었던 수수한 푸른색 연미복을 그만 입기로 결심하기까지 쉽지 않았다네. 하지만 최근 들어 그 연미복이 너무 볼품없어졌네. 사실은 칼라와 소맷부리까지 지난번에 입던 것과 똑같이 새 연미복을 맞추고, 거기에 곁들여 노란 조끼와 바지도 새로 짓게 하였네.
>
> –《젊은 베르테르의 슬픔》 중에서

근대 시민의 색

낭만주의자에게 파란색은 저 멀리 이상을 향하여 나아가게 하는 동시에 감정을 내면으로 침잠하게 한다. 한편 종교와 사회 구체제의 관행에 반대하는 사람들에게 파랑은 고결하며 겸허한 덕성의 색이다. 그 때문에 18세기 유럽인은 새로운 질서를 만들어가는 근대 시민이 갖춰야 할 교양과 도덕의 상징으로 파란 의상을 선택했다.

그리고 프랑스 혁명을 계기로 파란색은 '자유'라는 또 다른 상징 가치를 획득한다. 혁명 이전 왕실을 지키던 근위대는 선명한 로열 블루 제복을 입고 있었다. 이들은 1789년 혁명적 대의를 위해 시민의 편에서

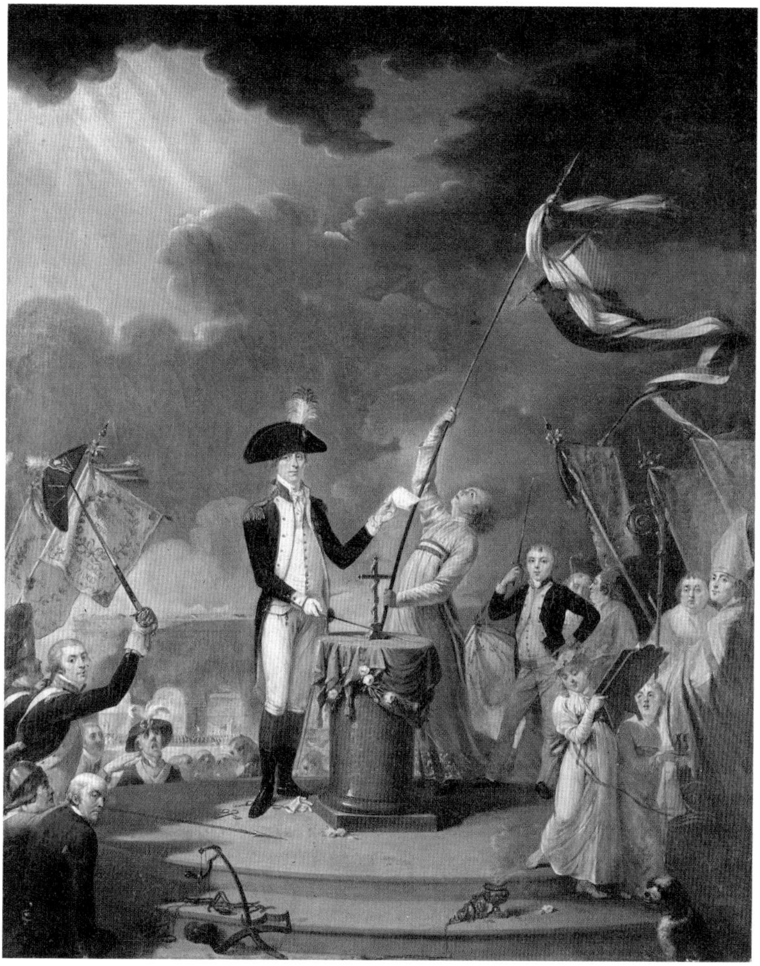

L. 다비드(L. David), 〈1790년 7월 14일 프랑스 혁명 기념 축제에서 라파예트의 맹세〉, 1791, 카르나발레박물관.

바스티유 습격을 이끌었고 그 결과 왕실은 근위대를 해산했다. 그 후 왕실 근위대는 파란 제복 차림 그대로 혁명군에 합세하여 시민을 위한 국가 방위군으로 활약했다. '왕의 파랑'이라 부르던 제복의 색은 공화정 시대에 '민중의 파랑'이 되어 혁명 이념을 상징하게 되었다.

신성함, 고귀함, 종교적 엄숙함 그리고 혁명 정신까지. 파란색은 그 스펙트럼만큼이나 다양한 긍정적 의미를 더해갔다. 그렇기에 시민 계급은 파란색을 사랑하지 않을 수 없었다. 근대 시민 사회 성립 이래 남성복은 장식을 배제하고 간결한 쪽으로 평준화해 갔는데, 청빈함과 근면함이라는 시민의 덕목을 표현하기에 파란색만 한 것이 없었다. 차분하고 깊은 마린 블루는 신사복과 제복의 표본이 되었고 현재까지 색의 상징성이 이어지고 있다. 경찰이나 군인처럼 윤리의식이 중요한 직업군의 제복에 파란색을 쓰는 것도 이러한 이유이다.

보통 사람들의 블루

파란색이 더 넓은 계층으로 확산한 것은 인디고로 염색한 블루진 덕분이다. 블루진의 대명사인 리바이스는 블루진의 공식적 탄생을 1873년으로 기록하고 있다. 그러나 패션에서 '최초'라는 것은 때때로 명확하게 가릴 수 없어 큰 의미가 없다. 패션 아이템은 대개 '발명'이 아니라 '변형과 재창조'를 통해 더 나은 것을 대중화하기 때문이다.

독일에서 미국으로 이주해온 리바이 스트라우스는 골드러시의 상업 중심지인 샌프란시스코에서 1853년 직물 도매업을 시작했다. 스트라우스의 고객 중에는 제이컵 데이비스(Jacob Davis)라는 재단사가 있었는데, 그는 리넨 캔버스와 데님 원단으로 인근 노동자의 말 담요, 마차 덮개, 오버롤(overalls)이라는 멜빵바지 작업복을 만들어 판매했다.

어느 날 데이비스에게 한 고객이 벌목과 같은 격렬한 노동에 적합한,

튼튼한 작업복을 제작해달라고 요청했다. 데이비스는 스트라우스에게 납품받은 튼튼한 원단으로 작업복 바지를 만들고, 봉제 부위를 더욱 견고하게 보강하기 위해 리벳(rivet)을 부착했다. 솔기와 포켓 입구를 구리 리벳으로 보강한 작업복 바지는 봉제가 터지거나 찢어지지 않아 광산, 철도, 벌목 노동자들에게 큰 인기를 끌었다. 그는 리벳으로 보강한 작업복의 상품 가능성을 예견하고, 리벳의 특허 출원을 위해 스트라우스에게 재정적 지원을 요청했다. 1873년 리바이 스트라우스와 제이컵 데이비스는 공동으로 특허를 획득하고 블루진을 생산했다.

노동자들의 작업복 바지가 어째서 파란색이었는지 정확한 기록은 없다. 그러나 사회학자 미셸 파스투로(Michel Pastoureau)는 파란색이 상징하는 가치가 당시 미국 자본주의 사회에 부합했기 때문이라고 설명한다. 19세기 미국은 신교도적 가치관을 추구했기에 눈에 띄지 않고 절제한 것을 선호했다. 그래서 온건한 파란색은 소박한 보통 사람에게 안성맞춤이었다. 또한 인디고는 두꺼운 면직물에 잘 스며들어 찬물로도 쉽게 염색이 된다. 그러나 데님 원단은 너무 두꺼웠기 때문에 완벽하게 염색되지 않았고 입을수록 색이 바래는 현상이 발생했다. 물 빠진 파란색은 자연스럽고 검소한 이미지를 주어 더욱 인기가 있었다. 블루칼라는 그렇게 노동자를 대변하게 되었다.

노동자의 블루진은 할리우드 스타들을 통해 젊음의 상징으로 거듭났다. 1950년대 영화 〈위험한 질주〉에서 말런 브랜도가 선보인 '리바이스 501', 영화 〈이유 없는 반항〉의 제임스 딘이 착용한 '리 101'은 선풍적 인기를 끌었다. 사람들은 영화 속 주인공이 서툴고 거칠게 세상에 맞서는 모습에 열광했다. 10대는 할리우드 배우처럼 블루진을 즐겨 입었고,

이제 블루진은 기성 체제에 순응하지 않는 젊음의 열정과 순수를 상징하게 되었다.

최고 권위를 대변하던 왕가의 파란색은 세월이 흘러 노동자와 보통 사람을 상징하게 되었다. 그리고 파랑은 서툴고 순수한 젊음, 이상을 좇는 낭만을 표현한다. 이토록 눈부시지만 겸허하고, 열정적인 동시에 차가운 색이 또 있을까!

어쩌면 눈치챘겠지만 멜랑콜리라는 질병을 앓고 있는 나는 블루 마니아이다. 그렇지만 파란색 물건이나 옷으로 내 공간을 모두 채우는 것은 경계한다. 어떤 것은 다른 것 사이에 섞여 있어야 그 가치가 더욱 빛나기 때문이다.

파란색은 다른 색 틈에서 숨통을 터준다. 검정 바지와 함께 입은 하늘색 셔츠, 흰 바지 위의 마린 블루 스트라이프 티셔츠, 은색 노트북에 붙은 울트라마린 스티커처럼. 파란색은 시끄럽지 않은 방식으로 마음속에 한 줄기 기분 좋은 바람을 일으킨다. 무거운 현실 세계에서 나를 들어 올린다. 파랑새에 이끌리듯 파란색을 따라 시선을 움직이다 보면, 어쩐지 더 아름다운 세상에 도달할 수 있을 것만 같다.

악마는 줄무늬를 입는다 1

스트라이프, 가장 낮은 곳에 새긴 무늬

살랑살랑 봄이 오는 기척을 느끼면 줄무늬 티셔츠를 입는 사람이 늘어난다. 특히 명도 차이가 큰 두 색상을 교차시켜 가로 줄무늬를 만든 보더 스트라이프가 유난히 많이 보인다. 특정 시기에 특정 패션 아이템을 지배적으로 채택하는 것을 우리는 '유행'이라고 부른다. 비록 그 시작이 패션 회사의 마케팅 전략이었을지라도, 다수가 꾸준히 선택한다면 '클래식'이 된다. 이제 스트라이프 패턴은 마치 봄·여름의 클래식처럼 느껴진다. 많은 사람이 이 계절에 스트라이프를 찾는 것은 그 반복 무늬에서 느끼는 배색의 경쾌함과 시각적 리듬감이, 날씨만큼 가벼워진 감정과 어울리기 때문이리라.

저주받은 악마의 무늬

오늘날 경쾌함과 대담함의 상징인 스트라이프가 줄곧 환영받은 건 아니다. 사실 중세 유럽에서는 불경스러운 것, 저주받은 악마의 무늬로 여겨졌다.

“두 재료로 직조한 옷을 입지 말지니(Veste, quae ex doubus texta est, non indueris).”

이스라엘인의 종교 율법서 〈레위기〉 19장에는 이와 같이 특정 무늬를 금하고 있다. 이 책에는 죄악시된 세상의 인간이 하나님에게 죄 사함을 받기 위해 지켜야 하는 여러 율법이 기록되어 있다. ‘두 재료’의 의미에 대한 해석은 논쟁의 여지가 있지만 중세인은 ‘두 색상’의 의미로 받아들였다. 즉 두 가지 색상으로 만든 줄무늬 옷을 입지 말라는 것이다.

이와 같이 줄무늬를 금기시한 원인에 학자들은 두 가지 측면으로 접근한다. 첫 번째는 다른 종교에 대한 혐오이다. 사막이 많은 이슬람권에서는 멀리서도 서로를 식별하고 소속을 쉽게 알아채기 위해 눈에 띄는 줄무늬를 흔히 입었다. 이슬람교도는 종교 의식에서도 줄무늬 옷을 종종 입었고, 기독교인은 오랜 종교적 숙적인 이슬람을 연상시키는 무늬를 용납할 수 없었다.

두 번째는 줄무늬가 지닌 시각적 속성이다. 강한 색상이 대비되며 연속 교차하는 줄무늬는 무엇이 바탕이고 무엇이 무늬인지 뚜렷하게 구분할 수 없다. 모든 것에서 차원의 차이를 읽어내려 했던 중세인은 바닥의 면과 무늬의 면을 구분할 수 없는 줄무늬를 판독할 수 없었다. 그 때문에 줄무늬나 바둑판무늬는 질서를 파괴하는 불경스러운 것이라 여겼다.

중세 시대 사람들의 이러한 사회학적·시각적 관점으로 인해 줄무늬는 점차 경멸의 대상이 되었다. 13세기 중반 가르멜 수도회(The Carmelites)가 다른 수도회와 차별성을 두기 위해 눈에 잘 띄는 줄무늬 케이프를 입고 파리에 입성했을 때, 사람들은 이슬람교도와 같은 무늬를 입은 것을 보고 경악했다. 사람들은 이들을 '잡종 사제들(frères barrés)'이라 부르며 조롱하고 경멸했다. 프랑스어에서 'barrés'는 현재 '줄무늬'를 뜻하지만 과거에는 '잡종'이라는 뜻도 있었기에, 이슬람의 무늬를 입은 수도사들은 종교의 질서를 교란하는 자로 비난받았던 것이다. 교황은 어떤 수도회 소속의 수도자도 줄무늬를 입지 말라는 금지령을 내렸고, 악마 같은 줄무늬를 입었다는 이유로 성직자들을 사형에 처하기도 했다.

다양함은 죄악인가

다양성을 최고의 덕목으로 꼽는 21세기를 살아가는 사람으로서 좀처럼 상상하기 힘들지만, 중세 기독교인은 다양함을 지옥과 연결해 생각했다. 성실하고 독실한 기독교인은 변덕스럽게 다양한 면모를 보여줄 필요가 없다고 여겼기 때문이다.

라틴어에서 '줄무늬가 있는 것(virgulátus)'과 '다양성(varietas)'은 때때로 같은 뜻으로 사용했는데, 중세 시대에 다양한 것은 기만적이며 타락한 것으로 여겨 줄무늬는 더욱 부정적인 기호가 되었다. 그들에게 다양성이란 사회 질서를 교란하는 불순한 반역이고, 다양한 사람은 교활한 속임수를 쓰는 배신자였다. 동물을 도축하는 잔인한 사람이고, 광기가 있는 이상한 사람, 신체 장애가 있는 부족한 사람이었다.

사람뿐만 아니라 동물에게도 이러한 가치 체계를 그대로 적용했다.

얼룩무늬나 줄무늬가 있는 호랑이, 하이에나, 표범은 살상을 하는 잔인하고 포악한 짐승, 뱀과 말벌은 교활한 동물, 얼룩말은 악마의 지배를 받는 존재라 생각했다. 중세인은 그렇게 다양성에 온갖 악의를 덧씌우며 줄무늬와 동일시했다.

줄무늬, 미친한 사람들이 입는 옷

사람들은 참 못됐다. 사회 구성원으로 인정받고자 하는 인간의 소속감 욕구는 어느 시대건 배척할 대상을 찾아 증오하고 혐오하며, 상대적 안정감을 갈구한다. 중세 기독교인은 경멸의 뜻이 담긴 악마의 무늬를 이제 사회의 약자에게 강요했다. 죄수, 사생아, 농노, 매춘부, 광대, 백정, 집행을 앞둔 사형수부터 유대인과 이단자까지. 당대 사회 밑바닥이라 인식했던 '다양한' 사람에게 줄무늬를 입도록 했고, 몸에 걸치는 의복과 장신구를 통해 어떤 식으로든 줄무늬 착용을 의무화했다. 줄무늬는 주목성으로 이들을 눈에 띄게 만들어 소위 '선량한' 일반 사람과 섞이지 않도록 하는 동시에, 불경스러운 상징성을 덧씌우기 위한 수단이 되었다. 이를테면 사회에서 버림받았거나 배척하는 가장 미천한 사람들에게 찍는 낙인과 같은 것이었다.

당시 문학 작품이나 회화의 묘사를 살펴봐도 줄무늬가 상징하는 불경함은 그대로 드러난다. 영웅은 백마를 타고 나타나지만 악당은 다양한 색이 뒤섞인 말을 탄다. 배신자와 불한당은 여지없이 줄무늬 방패를 들거나 줄무늬 옷을 입는다.

13세기에는 여러 가지 색상과 도형을 통해 가문을 상징적으로 나타

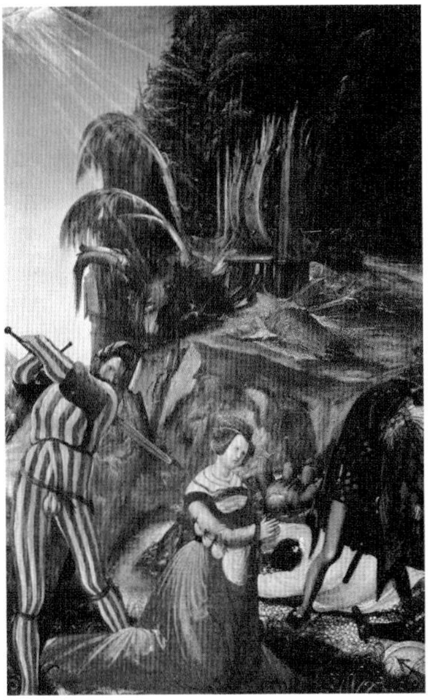

줄무늬 옷을 입은 사형 집행인. 알브레히트 알트도르퍼(Albrecht Altdorfer), 〈성 카타리나의 참수〉, 1505~1510, 빈미술사박물관.

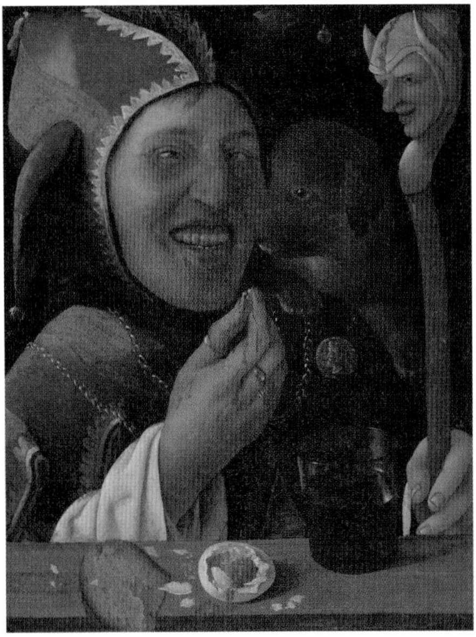

마르크스 라이클라히(Marx Reichlich), 〈광대〉, 1519~1520, 예일대 미술관.

내는 문장(紋章)이 전 유럽에 대유행하고, 하인들은 소속 가문의 여러 상징색으로 면을 분할한 옷을 입게 된다. 그리고 계몽 시대에 이르러 줄무늬는 점차 악마의 옷에서 하인의 옷으로 격상한다.

인간은 때로 나보다 못한 사람을 구별 짓고 차별하면서 자신의 안위를 확인하고 싶어 한다. 그리고 패션은 이쪽과 저쪽의 편을 가르고 표식을 하는 효과적 수단이 되어왔다.

그러나 패션은 아무 죄가 없다. 인간의 본성이 그러한 탓이고, 낯설고 다양한 것을 두려워하고 배척하려 하는 인간의 무지함 탓이다.

악마는 줄무늬를 입는다 2

스트라이프, 인간의 존재를 지우고 감금하는 무늬

인간의 역사에서 줄무늬는 어디에나 존재했다. 다만 인간이 줄무늬에 여러 가지 상징적 의미를 부여하며 이쪽에서 저쪽까지 편할 대로 해석하곤 한다.

현대 패션에서 줄무늬는 대담함, 경쾌함 등의 이미지를 표현하는 클래식 아이템이다. 더욱이 몇 년 전 세인트제임스 스트라이프 티셔츠가 '클론템'으로 불릴 만큼 크게 유행한 탓에 많은 사람이 줄무늬 옷 한두 벌은 가지고 있을 것이다. 한때 악마의 무늬로 여기며 사회에서 배척하는 사람에게 강요했던 줄무늬를, 어째서 증오와 멸시가 아닌 다른 시선으로 보기 시작했을까?

줄무늬의 이중적 의미

오랜 기간 서양 중세 역사와 상징학을 연구해온 미셸 파스투로 교수는,

줄무늬를 실내 장식을 비롯한 일상에 쓰기 시작하면서 그에 대한 시각이 바뀌고 다양한 의미를 지니게 되었다고 말한다. 더 자세히 말하면 중세 이후로 줄무늬에는 '질서를 파괴하는 것'이라는 전통적 의미 외에 또 다른 중립적 의미가 파생하여 발달해왔다. 중세시대 문장이 크게 유행했는데 멀리서도 눈에 띄기 위해 줄무늬의 시각적 구조를 차용했다. 특정 공동체나 가문을 구별하는 기호였던 문장은 색과 문양을 서로 대비시켜 시인성을 추구했기 때문에 줄무늬처럼 보인다. 하지만 문장을 다루는 학문에서는 이에 대해 악의적 의미를 적용하지 않는다.

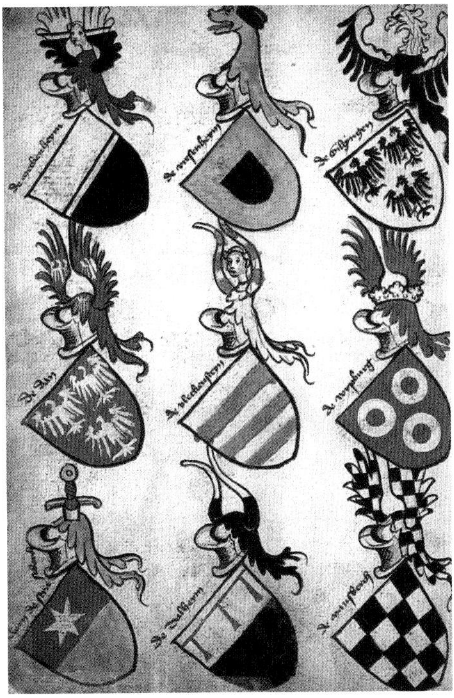

15세기 후반 독일의 문장. College of Arms.

만약 모든 줄무늬에 '사악한 존재에게 조종받아 질서를 파괴하는 것'이라는 증오와 멸시의 의미를 덧씌웠다면, 바티칸 근위대 복장이야말로 최대 모순이 될 것이다. 기독교 최고 성전을 악마의 하수인들이 지킨다는 게 말이 안 되지 않는가?

줄무늬는 이처럼 이중적 의미를 지니며 발달했고, 점진적으로 여러 분야에서 사용하기 시작했다.

종속의 상징, 존재를 지우는 줄무늬

앞서 언급했듯이 서양 봉건 시대의 줄무늬가 반드시 경멸이나 악마적인 의미를 지닌 것은 아니었다. 하지만 어쨌든 천한 역할을 강조하기 위해 사용한 것은 분명하다. 노예, 시종, 하인, 병사, 광대, 악사, 다시 말해 영주에게 은혜를 받고 있는 '아랫사람'들은 소속 가문의 색으로 분할한 옷을 입어 어딘가 종속해 있음을 나타냈다. 하인에게 줄무늬 옷을 제복처럼 입히는 문화가 15세기부터 16세기 중반까지 크게 유행하면서, 줄무늬의 위상은 악마의 무늬에서 하인의 무늬로 크게 격상한 셈이다. 하인은 줄무늬를 입는다는 인식은 이후로도 꽤 오랫동안 지속했다. 근세를 거쳐 프랑스의 앙시앵 레짐 시기 하인의 제복에 줄무늬를 사용했고, 영국의 빅토리아 시대에 시종과 관리인의 제복으로 채택한 줄무늬 조끼는 유럽 전역과 미국으로 퍼져나갔다.

줄무늬 옷이 사회 밑바닥 사람에서 하인으로 옮겨간 현상에 대해, 마쓰다 유키마사(松田行正)는 하인을 실내 조도처럼 취급한 것이라고 해석한다. 근세에 이르러 줄무늬가 옷뿐만 아니라 커튼, 침구, 벽지, 태피스트리 등 실내 장식에서도 등장하면서, 하인은 그 속에서 눈에 띄지 않는 존재로 살아가야 했다는 것이다. 이전까지 줄무늬가 눈에 띄게 하는 기호로 존재했다면, 근세 이후 하인의 줄무늬는 주변에 동화해 희석되기 위한 장치가 되었다.

혁명의 이데올로기

18세기 말에 이르러 줄무늬는 뜻밖의 상징성을 얻게 된다. 미국 독립

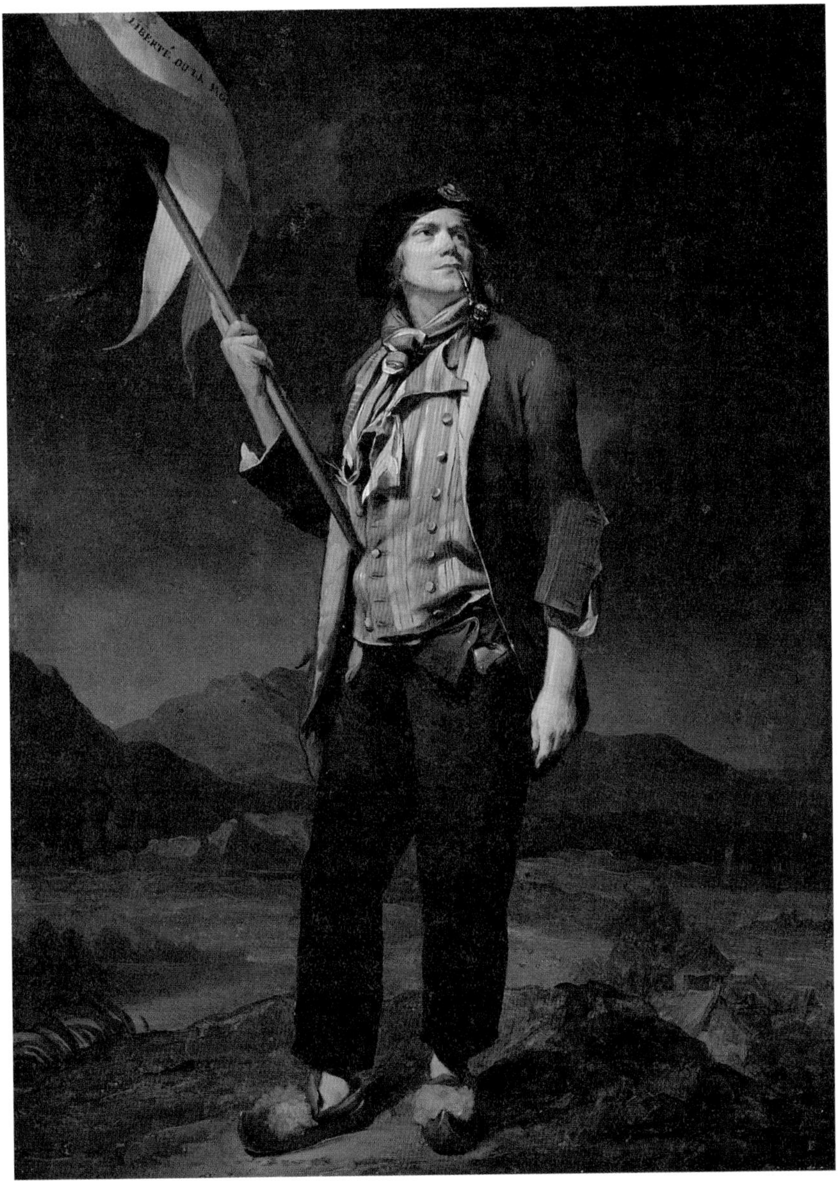

루이 레오폴드 부알리(Louis-Léopold Boilly), 〈프랑스 혁명대의 상퀼로트● 옷차림을 한 가수 시몽 슈나르의 초상〉, 1792, 카르나발레박물관.

전쟁과 프랑스 혁명을 계기로 줄무늬가 혁명적 이데올로기를 나타내게 된 것이다. 초기 아메리카 국기의 줄무늬는 미국이 영국에 종속했음을 뜻했다. 그러나 미국이 독립 전쟁에 승리하며 그 의미는 완전히 뒤바뀐다. 줄무늬는 '예속'에서 '해방'으로 극적인 의미 변화를 겪는다.

뒤이어 프랑스 혁명에서 시민군이 채택한 삼색 휘장은 반체제 이데올로기를 상징하게 되었다. 프랑스 혁명 정부는 삼색 휘장을 새로운 체제의 성스러운 상징물로 여겼고 이를 소홀히 여기면 반역자로 취급했다. 삼색 휘장을 떼어내거나 모독할 경우 엄중하고 가혹하게 처벌했고, 삼색 이외의 휘장을 사용하거나 판매하면 사형에 처했다. 줄무늬에 새로 새겨진 '혁명 정신'이 휘장뿐만 아니라 패션과 결합하며 옷은 애국심을 고취하고 혁명 이념을 선전하는 수단이 되었다. 혁명 세력은 이데올로기를 상징하는 줄무늬를 휘장에서 옷으로 확대해 입기 시작했고 많은 시민은 이를 추종했다. 사람들은 자신이 애국자임을 나타내고, 혁명 이념을 지지함을 증명하기 위해 줄무늬 옷을 입었던 것이다.

죄수복의 줄무늬, 자유의 박탈

서양 복식의 역사에서 흔히 떠오르는 줄무늬의 또 한 가지 쓰임새는 죄

• 　'퀼로트를 입지 않은 사람'이라는 뜻의 프랑스어(sans-culotte)로 프랑스 혁명의 추진력이 된 사회 계층, 급진적 혁명을 추구한 민중을 지칭한다. 당시 귀족 남성은 무릎까지 오는 반바지(퀼로트)를 입었는데 이들은 발목까지 내려오는 긴바지를 입었기에 붙은 이름이다. 상퀼로트는 긴 창을 들고 다녔고 자본 집중 반대, 직접민주주의를 통한 민중의 정치 참여, 자유보다는 평등, 공화제 등을 요구했다.

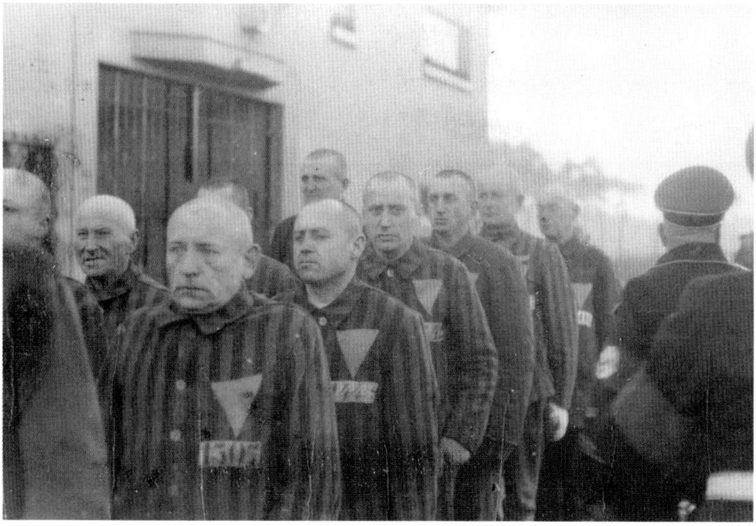

독일 작센하우젠 강제 수용소에 수감된 사람들. 1938.

수복의 무늬이다. 영화 〈인생은 아름다워〉에서 아우슈비츠 강제 수용소에 수감된 유대인 이미지가 대표적일 것이다. 서구의 죄수복에 줄무늬를 사용했던 동기와 의미는 불분명하다. 그러나 사회 질서를 파괴하는 범죄자를 선량한 일반 사람에서 배제하기 위한 표식이었다는 점에서 중세의 줄무늬와 일정 부분 통한다. 중세 시대 광인, 매춘부, 백정, 사형 집행인 등에게 줄무늬를 입도록 하고 경멸의 의미를 덧씌운 것처럼, 죄수복의 줄무늬는 수치심을 유발하고 존엄을 훼손하는 기호였다.

죄수복에서 읽어낼 수 있는 또 한 가지 중요한 사실은 줄무늬가 자유의 박탈을 의미한다는 것이다. 미셸 푸코(Michel Foucault)가 《광기의 역사》에서 주장하듯 16세기 이전 정상 질서 바깥에 있는 사회적 타자, 즉 광인들은 멸시받을지언정 사회 주변에 있었다. 그러나 이성 중심의 서구 문화는 이들을 차츰 범죄자, 부랑자와 함께 감금했다. 사회에 적응하지 못하고 질서를 파괴하는 자들의 죗값을 '자유의 박탈'로 치르도록 한 것이다.

이처럼 줄무늬는 인간의 굴곡진 역사만큼이나 다양한 의미로 해석해왔다. 악마의 무늬에서 하인의 제복으로, 종속의 의미에서 해방의 의미로. 자신의 정치 이념을 증명하고, 사회에서 배척당하지 않기 위한 표식으로. 또는 사회에서 배척하고자 하는 대상의 존엄을 훼손하는 기호로.

그러나 줄무늬가 늘 부정적 의미만 지닌 것은 아니다. 18세기에는 낭만의 표현으로 쓰기도 했고, 19세기로 접어들면 젊고 건강한 이미지를 나타낸다.

줄무늬는 그냥 줄무늬다. 인간이 그것에 온갖 의미를 부여하고, 지배와 처벌의 수단으로 사용하고, 세력을 모으고 선동하는 도구로 이용할 뿐이다.

악마는 줄무늬를 입는다 3

스트라이프, 즐거운 일탈을 허하라

게으른 완벽주의자 성향이 있는 나는, 모든 것을 잘 해내지 못하는 내가 썩 마음에 들지 않는다. 이럴 바엔 시작하지 말걸, 수락하지 말걸, 도전하지 말걸. 온갖 후회가 밀려든다.

하지만 어쩔 수 없다. 돌이킬 수 없는 선택이니 몸을 일으켜 계속 나아갈 수밖에. 그래서 곧잘 지쳐버린다.

지치고 처질 때 나는 종종 패션의 도움을 받는다. 좋아하는 옷이나 아껴두었던 신발, 부들부들한 스카프, 낯빛이 환해 보이는 셔츠 등 몇몇 패션 아이템을 착용하면 기분이 조금 나아진다. 개인의 경험과 상황에 따라 다를 수 있지만 어떤 옷은 확실히 우리의 감정을 어루만진다. 나에게는 줄무늬 옷이 그렇다. 그리하여 나는 오늘 맑고 청량한 하늘색과 눈처럼 깨끗한 흰색이 교차하는 줄무늬 셔츠에, 청바지를 입고 흰 구두를 신을 생각이다. 우울감을 내려놓고 좀더 가볍고 유쾌한 기분에 젖어들기를 바라면서.

뱃사람들은 왜 줄무늬를 입게 된 걸까

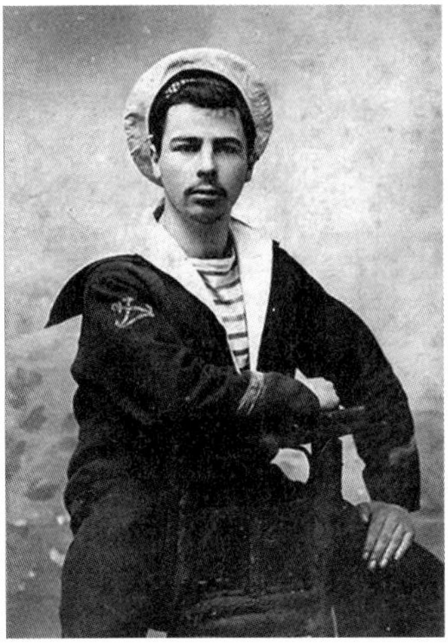

20세기 초 프랑스 선원의 복장.

서구 사회에서 선원이 줄무늬 옷을 입는 것은 오래된 관습처럼 여겼다. 17세기 중반 이후의 회화에는 흰색과 붉은색, 또는 흰색과 파란색의 줄무늬 옷을 입은 수병이 등장하고, 1858년 프랑스 해군이 내의로 채택한 뒤에는 각국이 해군 제복에 도입한다.

뱃사람들이 입었던 줄무늬 옷을 기호학적 의미로 해석하는 학자들도 있다. 왜냐하면 모든 뱃사람이 줄무늬를 입은 것이 아니라 허드렛일을 하는 하급 선원이 입었기 때문이다. 따라서 줄무늬는 중세 시대처럼 그 집단에서 가장 낮은 신분임을 나타내는 표식이며 차별의식을 담고 있다고 해석한다.

또 다른 견해는 상징적·기호학적 해석 때문이 아니라 원단 생산 기술의 문제에 기인했다는 것이다. 혹독한 바닷바람과 맞서야 했던 뱃사람들은 체온 유지를 위해 트리코(tricot)로 만든 옷을 주로 입었다. 트리코는 우리가 흔히 '메리야스'로 알고 있는 원단인데, 조직 속에 공기를 많이 머금고 있어 보온 효과가 크고 신축성이 좋아 활동이 편하다.

트리코는 17세기 중반부터 기계로 양산했는데, 당시 기술로는 고르게 쭉 연결해 편직하지 못하고 중간에 끊어짐이 발생해 가로 결이 생기게 되었다. 이런 결점을 보완하기 위해 긴 양말이나 티셔츠는 다른 색으로 교차해 편직하곤 했다.

어쨌거나 선원의 옷이던 줄무늬 트리코 티셔츠는 실용적이었기 때문에 어부, 뱃사공 등 바다 일을 하는 노동자들에게 널리 퍼져나갔고, 배의 돛이나 깃발 등에 쓰면서 '바다'를 상징하는 하나의 기호로 확장했다.

마음을 설레게 하는 일탈

온갖 악의를 덧쓴 채 굴곡진 세월을 지내온 줄무늬는 먼바다를 상징하는 기호가 되었다가, 이윽고 19세기에 이르러 보통 사람들의 일상으로 진입한다. 서구인은 생활이 윤택해짐에 따라 19세기 중·후반부터 해변에서 활동을 즐기며 여가를 보냈다. 먼바다 배 위의 선원이나 돛에 쓰던 줄무늬를 이제 파라솔과 접이의자, 천막, 해수욕 복장에 쓰게 되었다. 바다 위에 표류하던 줄무늬가 부정적 의미를 온전히 벗어던지고 해변에 발을 딛게 된 역사적인 순간이다.

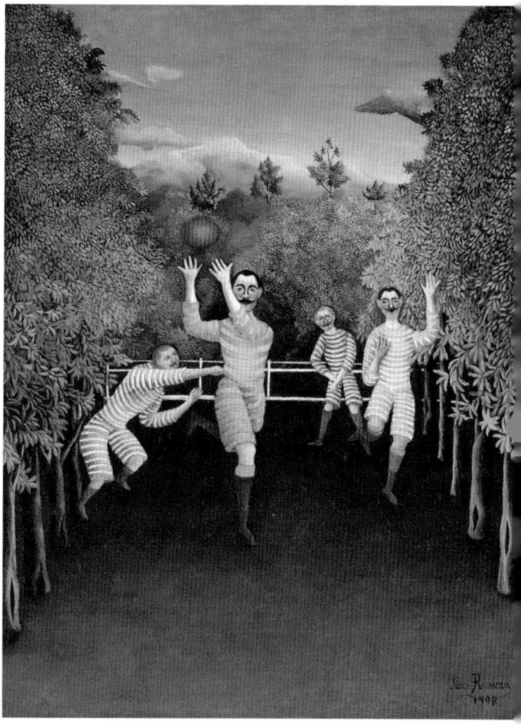

앙리 루소(Henri Rousseau), 〈풋볼 선수들〉, 1908, 구겐하임미술관.

20세기를 시작하면서 줄무늬를 여가 활동 용품과 의복에 더 본격적으로 썼고 프랑스와 영국, 벨기에의 해변은 줄무늬로 넘쳐났다. 여름철 놀이 문화와 맞물린 줄무늬는 도시의 억압과 구속에서 벗어난 상태, 즉 해방감을 주는 즐거운 일탈의 시간을 채워나갔다.

예술가의 창의력을 깨우는 줄무늬

자연 발생한 줄무늬는 매우 드물다. 다시 말해 줄무늬는 인위적 무늬라고 볼 수 있고, 자연 상태의 질서를 깨뜨리는 대범한 것이라 할 수 있다. 이러한 속성에 일탈이라는 의미가 더해져 20세기 초에는 줄무늬를 애호하는 괴짜 예술가들이 등장했다. 우리가 잘 아는 입체주의 미술 양식의 창시자 파블로 피카소(Pablo Picasso), 혁신적 패션의 상징 샤넬이 대표적이다.

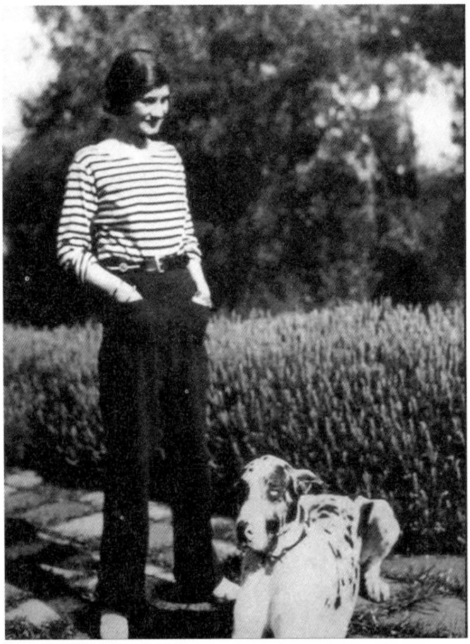

줄무늬 티셔츠를 입은 샤넬. 이 티셔츠를 프랑스어로 마리니에르(marinière)라고 한다. 1928.

피카소는 속된 말로 줄무늬 덕후였다. 흰색과 파란색으로 된 줄무늬 옷이라면 니트, 폴로 셔츠, 바지, 카디건 등 가리지 않았고, 줄무늬 옷을 입은 자신의 자화상을 남기기도 했다.

샤넬은 리비에라 여행에서 영감을 받아, 1917년 노티컬 컬렉션(nautical collection)을 통해 스트라이프 패션을 발표했다. 평범한 보통 사람의 옷에서 얻은 영감을 하이패션 소재로 제안한 것이다.

이후 줄무늬 티셔츠는 진 시버그(Jean Seberg), 브리지트 바르도(Brigitte Bardot), 오드리 헵번(Audrey Hepburn), 제임스 딘, 말런 브랜도 등 수많은 스타가 입으며, 사랑받고 대중화해 '젊음'이라는 이미지를 획득한다. 한때는 '악마'를 상징하던 불경스러운 것에서 '젊음'이라는 최고의 찬사라니. 비록 오명을 벗기까지 수백 년이 걸리기는 했지만 이처럼 극적인 반전이 또 있을까.

그러나 곰곰이 생각해보면 질서를 무너뜨리고 교란하는 악마의 장난, 그리고 기성세대의 관습을 깨뜨리려 하거나 일탈을 꿈꾸는 젊은이들의 저항 정신은 어느 지점에선가 서로 닿아 있는 듯하다. 통제되지 않고 정체를 알 수 없는 어떤 것. 스트라이프는 그런 것이다.

2부

옷 입은 사람들의 역사

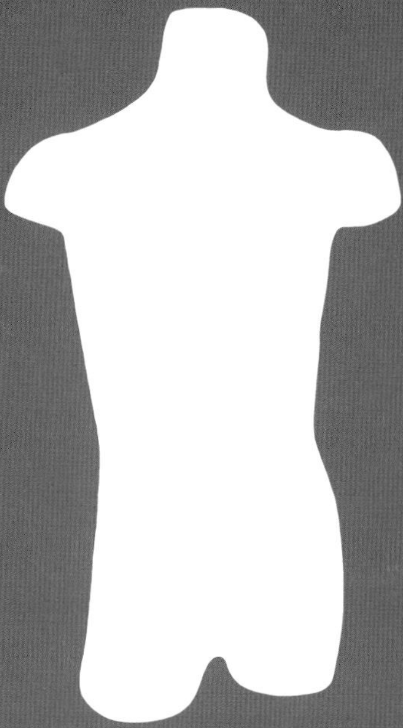

전쟁이 남긴 패션

밀리터리 패션 이야기

2022년 초 러시아가 우크라이나를 침공했을 때 나는 도무지 믿을 수 없었다. 21세기에 이런 비이성적인 일이 벌어진다는 것이 놀라웠고, 많은 민간인이 희생당하는 비극이 벌어져도 나토 및 국제 사회가 보여주는 애매한 태도에 다시 한번 놀랐다. 신의 따위는 비둘기에게나 던져 버리고 눈앞의 이익을 좇아 말을 바꾸는 국제 정치란 것에 혼란스러웠다. 그리고 타인의 비극을 구경거리로 소비하며 방관하는 것이 인간의 본질인 것인가, 무척 절망스러웠다.

"우크라이나 젤렌스키 대통령의 올리브그린 티셔츠 화제, 올가을 밀리터리 패션 유행 예감!"

아, 제발!! 이런 경박한 기사 제목은 안 나왔으면 했는데. 주요 언론사의 패션 뉴스는 여지없이 또 가볍기 이를 데 없는 태도를 보였다. 패션 기사의 전체 내용이 전쟁을 옹호하거나 희화화하려는 의도가 아닌 것은 알고 있다. 그럴지라도 누군가의 희생과 고통을 상업과 연결해 가볍게 다루는 것이 윤리적이지 않다는 생각에, 나는 무척 실망했다. '도대체 패션 바닥은 왜 이런 걸까' 속상한 마음을 친한 업계 친구에게 토로했더니 그녀는 나에게 이렇게 말했다.

"우리도 1, 2차 세계대전 때 군복에서 나온 밀리터리 트렌드 자주 써먹잖아. 그렇다고 당대 사람들의 희생을 상업적으로 이용한다는 죄책감이라도 가져야 하나? 패션은 그냥 패션이야. 어렵고 심각하면 소비자가 싫어해."

인류에게 전쟁은 일상이었다

문명사학자 윌 듀랜트(Will Durant)에 따르면 유구한 인류 역사 중 전쟁이 없던 해는 7.8퍼센트에 불과하다. 인류는 일주일 중 13시간만 쉬고 밤낮없이 계속 전쟁을 치른 셈이다.

인류는 태생적으로 야생에서 살아남기 좋은 조건이 아니었다. 다른 동물보다 성장 속도가 느리고 날카로운 이빨이나 발톱 같은 타고난 무기도 없었다. 그런데 어쩌다 보니 지능이 좀 높아서 도구 제작을 통해 생존을 이어갔다. 자연에서 살아남기 위해 이종을 살상하던 인류는 더 좋은 것을 더 많이 갖기 위해 무리 지어 서로를 죽이는 전쟁을 벌였다. 그리고 높은 지능을 이용해 전쟁에 온갖 구실을 갖다 붙여 합리화하고 사람들을 선동한다.

전쟁의 틈바구니에서 더 약은 무리는 전쟁을 이용해 이익을 취한다. 공포심을 자극해 주종 관계를 만들고, 무기를 팔고, 영웅담을 판다. 전쟁은 사람들의 일상생활에 직간접적으로 영향을 준다. 사람들은 전쟁의 서사와 극적 요소를 소비하고, 전쟁이 빈번한 시기라면 군에 큰 관심을 갖는다. 민족과 국가를 위해 몸 바쳐 싸운 용맹한 전쟁 용사들의 제복은 근사해 보일 뿐만 아니라, 기능과 효율 측면에서 당대 최신 기술을 반영한다. 이 때문에 많은 군복 아이템은 약간의 시간차를 두고 일반인에게 유행처럼 번진다. 편하고 멋지니까!

오늘날 우리가 일상적으로 접하는 베레모, 카디건, 트렌치코트, 더플코트, 보머 재킷, 야상 재킷, 세일러복, 피코트 등 수많은 패션 아이템이 군복에서 유래했다.

육군, 트렌치코트

트렌치코트는 영국군의 레인코트인 타이로켄(Tielocken)이라는 상품이 그 원형이다. 토머스 버버리(Thomas Burberry)가 설립한 버버리 사는 단추 없이 허리끈으로 여미는 타이로켄을 영국 장교의 외투로 제작했다. 그리고 타이로켄에 단추 여밈, 소매 조임 끈 등 전투에 필요한 여러 가지 장식을 추가하면서 우리에게 익숙한 모양새를 갖추어갔다. 버버리는 방수성과 통풍성이 좋은, 튼튼한 개버딘 소재로 레인코트를 제작해 제1차 세계대전 시기 영국 육군에 정식으로 납품하게 된다.

제1차 세계대전은 지독한 참호전으로 길게 이어졌고, 영국군의 레인코트는 참호(trench)에 적합했기에 트렌치코트라는 이름이 붙게 된다. 당시 군인들은 참호 속에서 연일 쏟아지는 적군의 포탄뿐만 아니라, 배수가 안 되어 고인 빗물에 몇 달씩 발을 담근 채 추위와도 싸워야 하는 끔찍한 전투를 이어갔다. 트렌치코트는 이러한 여건을 고려한 제복이

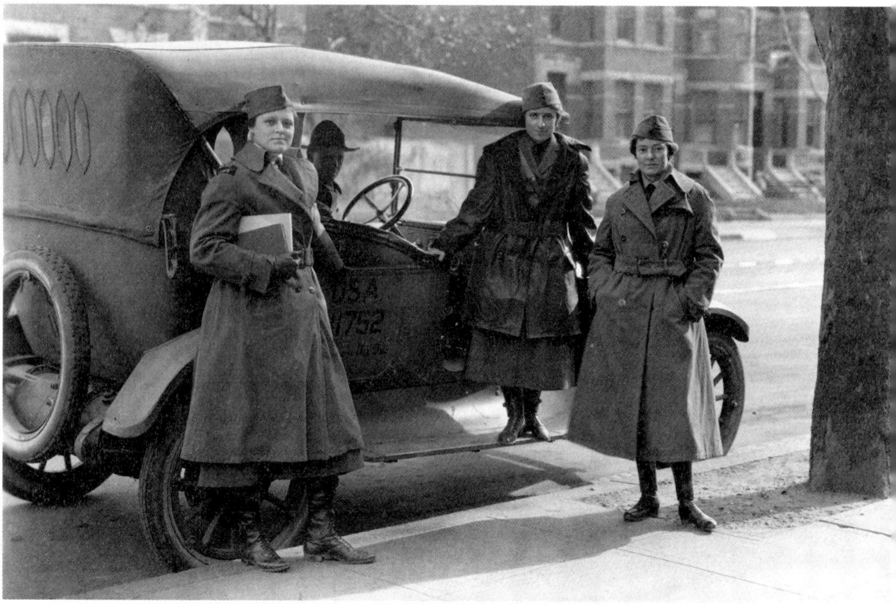

제복과 트렌치코트를 입고 군용차 옆에 선 여성들. 1919.

다. 어깨에는 계급장을 부착할 수 있는 견장이 있고, 허리 벨트에는 수류탄을 수납할 수 있는 D링이 달려 있다. 또한 어깨에 덧댄 플랩은 총을 어깨에 걸치기 편해 건 플랩(gun flap)이라 부른다. 소매의 끈은 작업 시 소매를 걷어 고정하거나, 바람이 들지 않게 조이는 역할을 한다.

전쟁 후 영국군이 비축했던 트렌치코트 재고 물량은 민간에 판매되며 퍼져나갔다. 그러나 이때까지도 트렌치코트는 최신 기능성 소재와 실용적 디자인을 접목한 군용 레인코트일 뿐이었다. 트렌치코트가 기능성과 실용성 위에 '멋과 낭만'이라는 인상을 덧붙이며 크게 유행하게 된 것은 영화의 흥행 덕분이다. 1930~1940년대 우울한 일상을 달래주던 최고의 오락은 할리우드 영화였는데, 전쟁 속의 애절한 사랑을 그린

〈카사블랑카〉는 세계적으로 큰 인기를 끌었다. 당시 할리우드 최고 스타인 험프리 보가트(Humphrey Bogart)가 트렌치코트를 입고 열연했던 낭만주의자의 모습은 많은 사람의 가슴을 설레게 했다.

사실 영국군만 트렌치코트를 입었던 것은 아니다. 제1차 세계대전 당시 참호전을 치렀던 프랑스, 벨기에, 독일 등의 군인도 참호전에 용이한 전투용 외투 또는 레인코트를 입고 싸웠다. 그러나 역사는 승자의 기록이다. 직업 군인으로만 구성한 정규군을 파병한 영국은 독일과의 참호전에서 큰 승리를 거두며 나치의 진격을 막아냈고, 버버리는 트렌치코트의 대명사가 되었다.

해군, 피코트

대부분의 국가에서 전통적으로 해군 수병 제복은 타 군복보다 더 눈에 띈다. 밝은색 상·하의, 세일러 칼라와 챙 없는 모자, 줄무늬 장식 등을 많이 사용한다. 시인성을 높이기 위함이다. 만화 캐릭터인 세일러 맨 뽀빠이(Popeye)의 복장을 생각해보면 이해가 쉬울 것이다.

해군 수병 제복의 또 한 가지 특징은 두툼한 울 원단으로 만든 짧은 겨울 외투, 즉 피코트(Peacoat)이다. 3세기 이상 전해져 온, 해군의 상징이라 할 수 있는 피코트는 리퍼(reefer) 코트라고도 한다. 피코트는 장교들이 입던 브리지 코트(bridge coat)와 길이만 다를 뿐 형태가 유사하다. 따라서 하급 간부와 병사들에게 보급하기 위해 엉덩이 길이로 짧게 변형했다고 추정할 수 있다. 피코트의 어원을 정확히 알 수는 없으나 두 가지 설을 유력하게 본다. 첫 번째는 18세기 네덜란드 해군이 입던 방

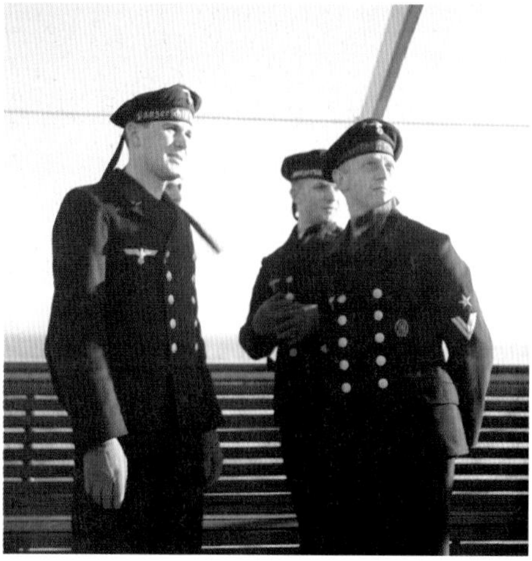

피코트 차림의 독일 해군들. 1938.

한 코트의 모직 소재명 '파이(pij)'에서 유래했다는 설이다. 두 번째 설은 한쪽 면에 기모가 있는 두꺼운 파일럿(pilot) 소재로 만들어, 소재의 앞 글자를 따 'P' 코트라 부르게 되었다는 것이다. 어쨌든 두 가지 모두 방한용 소재로 만든다는 것은 일치한다.

매서운 바람이 부는 겨울 바다 위에서 싸워야 하는 미국과 유럽의 해군은 19세기부터 피코트를 착용했다. 앞섶에 두 줄의 단추가 있는 더블브레스트(double-breasted) 구조는 바람의 방향에 따라 여밈을 바꿀 수 있도록 고안한 것이다. 유난히 큰 옷깃도 바람을 막기 위한 것인데, 옷깃을 세우고 꼬임줄이나 플랩을 단추에 고정할 수 있다.

피코트에는 보통 두 쌍의 포켓이 있는데, 가슴 아래 위치한 세로 주머니는 손을 녹이기 위한 머프(muff) 포켓이다. 하단부에 위치한 포켓은 장갑과 소지품을 수납하는 용도였다. 그러나 제2차 세계대전 중에는 원단을 절약하기 위해 머프 포켓의 위치를 아래쪽으로 이동하고 하단부 포켓을 생략하기도 했다. 피코트는 해군 제복이었기에, 바다를 상징하는 짙은 청색의 모직 원단과 닻 모양을 새긴 단추를 사용하는 것이 일반적이다.

공군, 보머 재킷

영화 〈레옹〉에서 마틸다가 입고 나왔던 그 카키색 점퍼. 우리가 흔히 항공 점퍼라고 부르는 보머 재킷(bomber jacket)은 스트리트 캐주얼 룩으로 큰 사랑을 받고 있다. 폭격기를 조종하는 비행사들이 착용하던 제복으로 플라이트 재킷(flight Jacket)이라고도 한다. 그런데 한국과 일본에서는 손목과 허릿단을 조여 더 격식 없는 형태를 띠면 '재킷'보다 '점퍼'라고 부르는 문화가 있어 항공 점퍼로 통용하고 있다.

보머 재킷은 항공전을 시작한 제1차 세계대전 시기부터 입기 시작했다. 당시 전투기는 조종석을 개방한 형태였기에 조종사 제복은 방풍과 방한에 초점을 둔 디자인이었다. 가죽 소재로 바람을 막을 수 있도록 했고 양모 안감을 덧대어 보온성을 높였다. 손목과 상의 밑단을 밴드로 조인 이유도 바람을 막기 위함이다. 또한 상의 길이는 짧고 몸통과 소매통은 넉넉하게 하여 조종석에 앉아서 움직이기 편하게 했다. 그러나 보머 재킷의 겉감으로 쓴 가죽은 바람을 막는 데는 제격이지만, 땀을 흡수하지 않고 무겁다는 단점이 있다.

이후 항공 기술 발전으로 전투기 조종석에 창문을 달게 되었고, 그에 맞춰 방풍 기능에 치중한 가죽보다 가볍고 따뜻한 소재의 재킷이 필요했다. 1950년대에 이르러 특수 가공한 나일론 겉감에 폴리에스터를 덧대어 1년 내내 착용할 수 있는 모델을 개발하고 현재의 보머 재킷 형태를 갖추게 되었다. 당시 미 공군에 보머 재킷을 납품하던 알파 인더스트리(Alpha Industries)의 상품 번호에서 유래하여 MA-1이라 부르기도 한다. 겉감 색은 짙은 청색으로 시작했으나 한국 전쟁과 베트남 전쟁 중 위장에 용이하도록 어두운 녹색 계열로 변경했다. 안감은 밝고 선명한

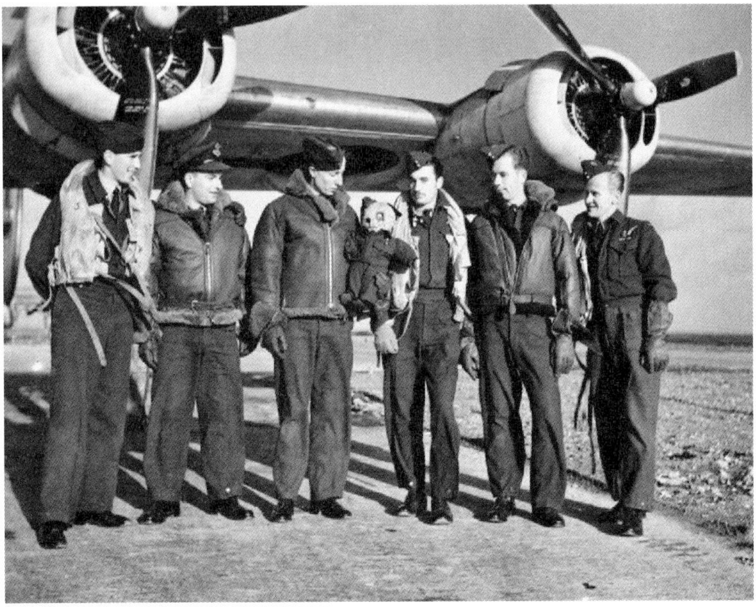

가죽 보머 재킷을 입은 영국 공군 장교들. 1944.

주황색을 사용해 조난 시 재킷을 뒤집어 구조 요청에 활용하고 있다.

전쟁이 인간의 삶을 바꿔왔듯이, 전투에 이기기 위해 기술과 지혜를 집약했던 군복은 패션에 영향을 미쳐왔다. 전쟁은 수많은 유행 현상을 낳았고 군복에서 유래한 옷이 패션 클래식으로 자리 잡았다.

그리고 이제 패션은 전쟁에 대해 목소리를 내고 있다.

2022년 러시아의 우크라이나 침공을 규탄하며 많은 패션 브랜드가 전쟁을 멈춰야 한다는 메시지를 보냈다. 조르지오 아르마니, 발렌시아가, 스텔라 맥카트니 등은 런웨이 퍼포먼스를 통해 우크라이나 지지와 반전 의사를 보여줬다. 알렉산더 맥퀸, 비비안 웨스트우드, 메종키츠네를 포함해 셀 수 없이 많은 브랜드가 SNS를 통해 반전 입장을 표명했다. 파리와 이탈리아 패션 협회와 LVMH,• 케링, 샤넬, 에르메스, 리치몬트, 프라다 등 패션 그룹은 우크라이나 국민을 위한 기부에 동참하고, 러시아 매장 철수 및 판매 중지를 선언했다. 미카 아르가냐라스(Mica Argañaraz), 지지 하디드(Gigi Hadid)와 같은 유명 모델들도 패션 위크를 통한 수익을 전쟁 피해자들을 위해 기부하며 동참을 유도했다. 이렇듯 많은 사람이 각자의 방식으로 선을 위해 행동하고 있다.

전쟁을 통해 이익을 취하는 무리는 늘 있지만, 타인의 아픔에 공감하고 비극을 멈추려 노력하는 선한 사람들도 항상 있다. 패션을 통해서 우리가 옳다고 믿는 것을 지지하고 실천할 수 있어서 참 다행이다.

• 루이비통 모에 헤네시(Louis Vuitton Moët Hennessy)의 약자로, 코냑으로 유명한 모에 헤네시와 럭셔리 브랜드 루이비통이 합병한 기업. 루이비통을 비롯해 디올, 셀린느, 지방시, 펜디, 겐조, 마크 제이콥스, 티파니 등 수많은 패션 브랜드를 소유하고 있다. 구찌, 생 로랑, 발렌시아가 등을 거느린 케링 그룹과 더불어 럭셔리 패션 그룹의 양대 산맥이라 할 수 있다.

모자 장수는 왜 미치광이가 되었나

유행 너머의 소리 없는 비명들

나에게 모자는 안 감은 머리나 부은 얼굴을 가리는 용도이다. 물론 젊은 멋쟁이들은 옷차림에 어울리는 베레모, 버킷 햇, 비니 등을 적절히 착용해 스타일의 완성도를 높이겠지만, 요즘의 나는 주로 은폐하고 위장하는 용도로 모자를 쓰고 있다.

그 의도가 무엇이든 오늘날의 일반인에게 모자는 특별함을 더해주는 아이템이다. 단조로운 스타일에 변화를 주거나, 들키고 싶지 않은 비루한 일상을 감추기 위해 부가한다.

그러나 불과 100여 년 전까지 서구 사회에서 모자는 외출 필수품이었다. 특히 19세기에는 모든 계층이 모자를 착용했고, 남자들은 모자를 쓰지 않고 외출하는 것이 옷을 입지 않고 거리로 나가는 것만큼 이상한 일이었다. 사무직 노동자들은 실내에서조차 하루 종일 모자를 쓰고 일했고, 시위 중인 공장 노동자나 도로를 보수하는 인부는 물론 넝마주이, 시골 농부 역시 마찬가지였다. 마치 코로나19가 전 세계를 강타하던 시기의 마스크와 같은 아이템이랄까. 100여 년 전만 해도 혈통, 지위, 직업을 불문하고 모자 안 쓴 사람을 찾기가 더 힘들었다.

모자, 계층의 경계선

모자는 동서양 모두에서 수 세기 동안 착용자의 지위를 나타냈다. 값비싸고 진귀한 소재로 정성스럽게 만든 상품은 권력을 차지한 사람의 몫이 되고, 이와 반대로 비교적 손쉽게 얻을 수 있는 재료로 간소하게 만든 상품은 특별할 것 없는 이들에게 돌아갔다.

재화를 독점할 수 있다는 것, 그리고 몸치장을 할 수 있다는 것은 일종의 권력을 상징한다. 장식 권력을 엿볼 수 있는 대표적 패션 아이템이 모자였는데, 일반적으로 지위가 높을수록 장식적이고 거추장스러운 모자를, 하층민일수록 작고 단순한 모자를 착용했다. 쉽게 말하자면 근로 소득으로 먹고살아야 하는 사람들은 일하기 편하도록 활동성을 고려해 간소한 모자를 착용했다는 것이다. 반대로 더 장식적이고 거추장스러운 모자를 쓴 사람일수록 크게 움직이지 않아도 되고, 누군가에게 머리를 조아릴 필요가 없는 계층일 확률이 크다. 이처럼 20세기 초까지 서구에서, 특히 남자들의 경우, 모자는 사회적 우열을 가리는 계급 표식 기능을 했다.

여기까지 읽고 나면 나처럼 반골 기질이 다분한 사람은 이렇게 생각할 수도 있다.

'모자는 옷보다 저렴하니까, 몇 달 열심히 돈 모아서 화려한 모자를 사서 쓰고 다니면 되잖아. 꼬리 칸 딱지 떼고 머리 칸 출신 행세하기도

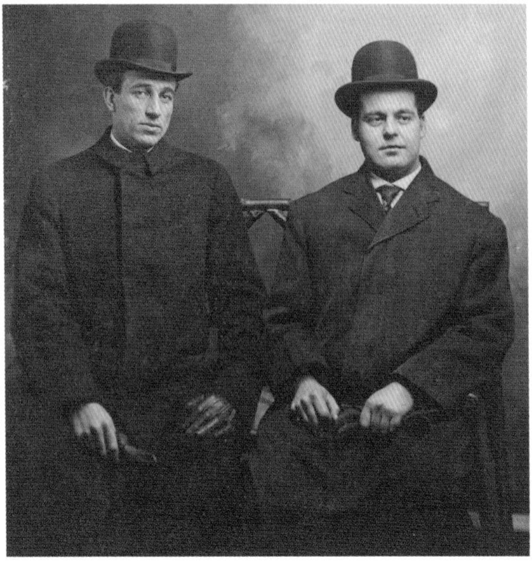

보울러 햇을 쓴 두 남자. 1909년경.

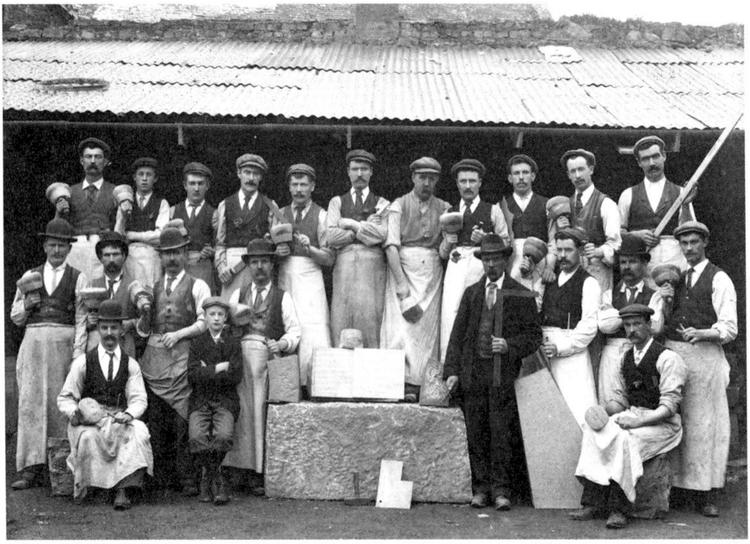

아일랜드의 석공들. 1903.

쉽겠네?'

언뜻 생각하기에 모자는 코트나 드레스보다 상대적으로 가격이 저렴하기 때문에, 다른 계층의 차림새를 모방하고 경계를 허물기에 비교적 수월할 것만 같다. 그러나 실제로 20세기 초까지 모자는 사회 계급을 허무는 것이 아니라 오히려 그 차이를 명확히 구분하는 경계선과 같은 역할을 했다. 특정한 모자는 특정한 계층의 전유물이라는 인식이 강했기 때문에 대부분은 자신이 속한 계층이 요구받는 옷차림 규범에 순종했다.

찰리 채플린(Charlie Chaplin)이 직접 연기한 페르소나, 리틀 트램프(Little Tramp)의 옷차림이 우스꽝스러운 이유가 여기에 있다. 지나치게 꼭 끼는 재킷과 너무나 헐렁하고 큰 바지의 부조화, 그리고 무엇보다 당시 중류 계급이 주로 착용하는 보울러 햇(bowler hat)은 떠돌이에게 어울리지 않는 옷차림이었다. 자기 상황과 분수에 맞지 않는 옷차림은 때로는 희극적이고, 때로는 기이하다.

모자 산업의 그늘

모자가 외출 필수품이던 시대, 모자 산업은 부를 축적할 수 있는 가장 확실한 수단이었다. 그러나 언제나 그렇듯 특정 산업이 관련한 모든 이에게 정당하고 고른 대가를 가져다주지는 않는다.

생산 수단을 지닌 자본가들이 차곡차곡 더 큰 부를 쌓아갈 때, 가진 것이라곤 자신의 노동력뿐인 계층은 생계를 꾸리기 위해 위험한 일에 내몰린다. 그리고 말 못하는 동물들은 수천, 수만 년 동안 질서 잡힌 먹이 사슬 체계와 무관하게, 난데없이 끼어든 인간들로 인해 위기를 맞는다. 단지 인간의 몸치장을 위해서!

19세기 중반 실크 햇이 유행하기 전까지 300여 년간 최고의 모자 재료는 비버였다. 16세기 후반에는 프랑스를 중심으로 유럽에서 비버 가죽 모자가, 17세기에는 유럽과 미국 전역에서 비버 모피나 펠트(felt)로 만든 비버 햇이 크게 유행했다. 비버 털은 가볍고 내구성이 좋을 뿐만 아니라 부드럽고 착용감이 좋아 최상품으로 여겼다.

서구인은 비버를 얻기 위해 북아메리카로 몰려가 남획을 했고, 늘 그렇듯 어떤 이들은 그 틈바구니에서 모피 장사로 재벌이 되었다. 아메리카 모피 사(American Fur Company), 허드슨 베이 사(Hudson's Bay Company)는 이렇게 북미 원주민과 비버 모피 거래를 통해 탄생했다.

비버의 수난에 불을 댕긴 계기는 영국의 찰스 1세(Charles I)가 내린 복제령이었다. 패션에 매우 민감했던 영국의 찰스 1세는 그의 아내 앙리에트 마리(Henriette Marie)와 함께 당시 유행의 첨단에 있던 패션 리더였다. 이러한 멋쟁이 찰스 1세가 귀족들에게 비버 햇을 쓰도록 하는 복제령을 공표하면서 무수한 비버가 멸종 직전까지 살육되었다.

찰스 1세와 앙리에트 왕비는 축복받지 못한 부부였다. 영국 의회와 귀족이 프랑스에서 가톨릭 신자로 자란 앙리에트를 못마땅하게 여겼기 때문이다. 하지만 찰스 1세는 아내를 각종 모함에서 지켰고, 앙리에트는 새로운 문학과 예술로 남편의 지적 욕구를 충족하며 서로를 지지하는 사이좋은 동반자가 되었다. 패션 취향도 서로 잘 맞았던 찰스 1세와 앙리에트는 사치스러운 의복과 장식으로 패션을 선도했는데, 왕권이 위기에 직면한 때에는 이들의 패션 스타일을 문제 삼기도 했다.

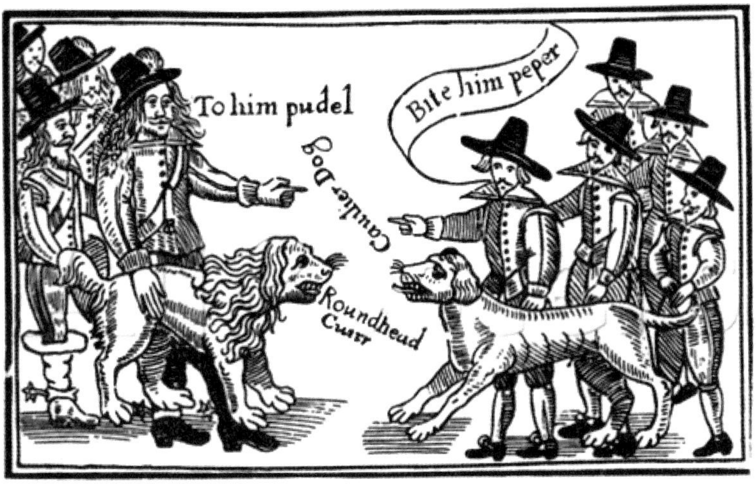

영국 남북 전쟁을 풍자하는 삽화. 카발리에와 라운드헤드는 머리 스타일이 서로 다르지만 모두 비버 햇을 썼다. 1643년경.

찰스 1세와 그를 옹호하는 왕정파는 머리카락을 길게 늘어뜨렸는데, 이들과 첨예하게 대립하던 의회파는 짧고 둥근 머리를 고수하여 헤어스타일도 대조적이었다. 의회파는 왕정파를 말 탄 기사라는 뜻의 카발리에(Cavalier)라 불렀고, 왕정파는 의회파를 라운드헤드(Roundhead)라 칭했다. 카발리에의 헤어스타일은 낡아빠지고 썩은 기사도의 유물로 비난받았고, 라운드헤드는 짧은 머리의 청교도 의회파와 이들을 지지하는 민머리 상공인들의 스타일을 모두 가리키며 천시하는 의미의 표현이었다.

결국 의회파를 이끌던 올리버 크롬웰(Oliver Cromwell)로 인해 찰스 1세가 처형당하고 라운드헤드가 득세한다. 자기 신념에 따라 다른 머리 스타일을 하고 다투다 누군가의 파국으로 끝을 맺었던 인간들의 기나긴 전쟁과 별개로, 우리는 비버의 죽음을 잊지 말아야 한다. 왕정파건

의회파건, 긴 머리건 짧은 머리건 이들 모두 모자를 썼고, 유행이 바뀌기 전까지 비버 햇의 착용을 멈추지 않았기 때문이다. 아, 가엾은 비버에게 애도를!

미치광이 모자 장수

비버 햇은 비버 가죽이나 모피를 그대로 사용하기도 하지만, 비버 털을 펠트로 만든 것이 대부분이었다. 펠트란 동물성 단백질의 축융(縮絨)을 이용하여 수분, 열, 압력을 가해 만든 피복 재료이다. 즉 동물의 털을 비벼 빨고 두들겨 펴서, 얇고 넓적한 천처럼 압착해 만든 것을 펠트라고 한다.

비버 햇의 수요를 감당할 수 없는 상황에서, 모자 장수들은 값비싼 비버 털을 대체할 다른 동물의 털을 찾고자 했다. 그러나 기름진 비버의 털과 달리 토끼나 다른 동물의 털은 단백질 분해가 잘 되지 않아, 촉감과 광택이 좋지 않았다.

특히 문제는 뻣뻣한 질감이었는데, 사람들은 우연히 동물의 털을 수은 용액에 담그는 캐러팅(carroting)• 을 거치면 더 빨리 부드럽게 되어 펠트로 만들기 쉽다는 것을 알게 되었다. 그리하여 모자 제작은 캐러팅 공정과 함께 가속화되었다. 공장 노동자들은 오직 최신 유행 모자를

• 동물 털의 단백질을 부드럽게 만드는 공정. 질산수은과 과산화수은을 사용한다. 18세기에는 수은이 캐러팅에 널리 쓰였는데, 1778년 프랑스의 인구통계학자 장바티스트 모호(Jean-Baptiste Moheau)는 '새로운 고가품이 노동자 계급을 죽음으로 몰아넣고 있다'고 비판했다.

더 빨리, 더 많이 만들기 위해 하루 종일 수은을 녹인 질산 용액에 맨손을 담그고 동물의 털을 빨아댔다. 수은 증기를 입과 코로 들이마신 노동자들은 수은 중독으로 인해 극심한 피부병은 물론 신경계 이상 증세를 보였다. 손을 떨고, 말을 더듬고, 몸을 가누지 못하거나 중얼거리는 치매 증상을 보이기도 했다. 한마디로 미친 사람처럼 보였기 때문에 '모자장이처럼 미친(mad as a hatter, 아주 화가 난)'이라는 관용어가 등장하고, 모자장이는 미치광이(mad hatter)라는 억울한 별명을 얻게 된다.

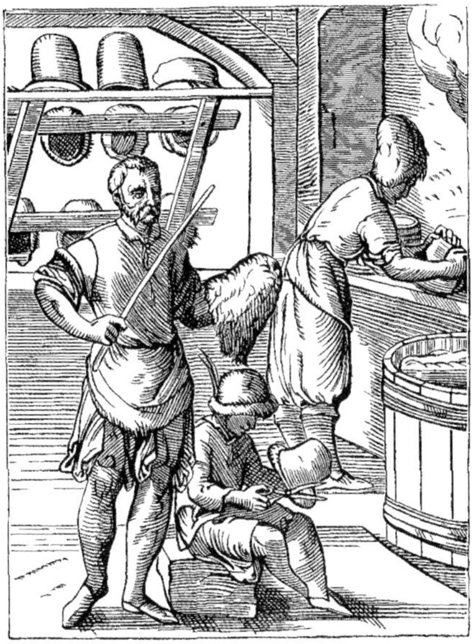

모자 제조업자를 묘사한 삽화. 맨 오른쪽 사람이 손빨래를 하고 있다. 17세기 이전까지는 동물의 소변을 이용하던 이 공정에 생산성의 논리로 수은을 활용하게 된다. 1568.

당시 의학계가 수은의 위험성을 모르는 것은 아니었다. 그러나 자본주의 시장 논리에 따라 모자 산업 노동자들은 제대로 된 정보와 적절한 보호 조치 없이 일하다가, 돌이킬 수 없는 상해를 입거나 서서히 죽어갔다.

패션의 역사 속에서 유행은 때때로 누군가의 고통과 희생을 수반한 채 유지된다. 피복 재료로 쓰기 위해 도살하는 수많은 동물, 열악한 환경의 노동자들, 그리고 유행 아이템을 획득하고 사회적 인정을 받으려 안간힘을 쓰는 사람들까지. 패션은 모두에게 항상 기쁨과 행복만 주는 것은 아니다.

모자에 대한 인간의 집착은 이후로도 계속되었고 그 대상만 비버에서 왜가리와 백로로 옮겨갔을 뿐, 멋진 모자를 머리에 얹기 위한 동물 남획은 한동안 멈추지 않았다. 1960년대 젊은 베이비 붐 세대가 문화를 주도하던 청춘 시대(Swinging Sixties)가 도래하고 나서야, 모자는 일상에서 물러나 격식이나 특별한 스타일을 위한 아이템으로 남았다.

하이힐 단상

발뒤꿈치를 들어 올렸을 때 생기는 일

라이프스타일의 흐름이 변화하며 하이힐은 우리의 일상에서 점차 잊혀 가고 있다. 일반 회사원들조차 구두 대신 운동화를 즐겨 신는 문화가 보편화하면서 이제는 또각거리는 구두 소리가 오히려 드물어졌다.

나도 그렇다. 어쩌다 차려입고 신발장 앞에서 착장을 마무리하기 위한 선택의 기로에 서면 항상 더 캐주얼한 쪽으로 손이 간다. 이를테면 편하게 입은 날엔 러닝화, 트렌디하게 입은 날엔 청키 솔 로퍼, 클래식하게 입은 날엔 캔버스 스니커스를 선택하는 식이다. 착장에 '요즘 느낌'을 내고 싶은 의도도 있지만 나이가 드니 하이힐의 불편함을 감수할 만큼의 체력이 남아 있지 않기 때문이다. 그렇게 하이힐에는 손대지 않은 지 벌써 몇 년째다.

하이힐, 잘 자고 있니?

신발장 속에서 빛바래가는 하이힐들을 보면 아련하고 풋풋한 시간이 떠올라 마치 헤어진 옛 연인 같다. '그래, 그땐 이 신발을 신고 거기에 갔었지' '저 신발은 그곳에서 일할 때 즐겨 신었었는데' '아, 그때는 추운 날 하루 종일 돌아다녀도 마냥 좋았지' 등등. 지금은 소원해진 하이힐에 얽힌 시간, 인물, 장소, 이야기가 떠오르고 나는 그때의 감정을 추억한다.

타임 슬립의 요술을 부리는 나의 신발장 맨 꼭대기에는, 심지어 한 번도 개시하지 못한 고가의 하이힐 수 켤레가 상자째로 고이 잠자고 있다. 정말 손 안 가는 신발은 버리거나, 그중 꽤 쓸 만한 건 누군가에게 주어 많이 처분했다. 하지만 구입 당시 지불한 가격을 생각하면 가슴이 쓰려 도저히 떠나보낼 수 없는 것은 유골함처럼 수년째 이렇게 모시고 있다. 그중 가장 오래된 건 호랑이 담배 피우던 시절, 생 로랑(Saint Laurent) 앞에 이브(Yves)가 붙어 있던 시절• 제품으로 14년째 영면 중이신 14센티미터 높이의 은색 플랫폼 힐이다.

보는 것만으로도 마음이 불편한 엄청난 높이의 힐, 과도하게 튀는 컬러, 긁힘과 오염에 민감한 소재, 왠지 모를 옛날 감성, 너무 차려입은 느낌 등 그 신발을 신을 수 없는 이유는 매우 분명하고 다양하다. 그런데 구입할 때를 돌이켜보면 나도 내 마음을 잘 모르겠다. 평소에 즐겨

• 프랑스 디자이너 이브 생로랑(Yves Saint Laurent)은 크리스찬 디올의 수석 디자이너를 거친 후, 1961년 자신의 이름을 붙인 패션 하우스를 설립했다. 이브 생로랑의 은퇴 후 세 번째로 브랜드를 맡은 에디 슬리먼(Hedi Slimane)은 2012년 브랜드명에서 '이브'를 떼어내고, 서체를 변경하는 등 대대적 혁신을 감행했다.

신는 스타일이 아니라 자주 신지 않을 것이 뻔한데 굳이 그렇게 모험을 강행했던 이유는 도무지 설명할 수 없다. 그냥 무언가에 마음을 빼앗겼다, 즉 홀렸다는 표현이 적당할 것 같다.

어쩌면 그 신발이 도로시의 빨간 구두처럼 나를 완전히 다른 세상으로 데려다줄지도 모른다는 기대, 그 신발을 신으면 내가 더 근사한 사람이 될 것 같은 예감, 그런 말도 안 되는 기분에 휩싸였던 것 같다. 그런데 달리 생각하면 내가 지금 이렇게 쭈그러진 채로 근사한 사람이 아닌 이유는 저 하이힐들을 신지 않았기 때문인지도 모르겠다. 못났지만 이렇게 핑계 대면 마음이 아주 조금 편안해진다.

아무튼 분명한 건 패션은 태도를 변화시키는데, 그중 하이힐은 매우 극적인 변화를 야기하는 강한 힘이 있다는 것이다. 강렬한 레드 솔(red sole)•로 하이패션 슈즈계를 평정한 디자이너 크리스티앙 루부탱(Christian Louboutin)은, 우리가 신발을 신었을 때 즉각적으로 얻게 되는 마법과 같은 효과에 대해 이렇게 말했다.

> 신발은 당신의 몸짓과 태도를 변화시킨다. 신발은 당신을 육체적으로 그리고 감정적으로 들어 올린다.
>
> –크리스티앙 루부탱

• 구두의 붉은 밑창. 레드 솔을 최초로 창조한 사람이 크리스티앙 루부탱은 아니지만, 브랜드의 디자인 특징이다. 루부탱은 2008년 미국 특허청에 레드 솔을 색채 상표로 등록했고 생 로랑과의 기나긴 레드 솔 전쟁에서 승리했다. 티파니의 블루, 에르메스의 오렌지와 같이 루부탱의 레드는 독점적 권리로 인정받는다.

하이힐의 마법

하이힐을 착용하면서 시각적으로 변화한 신체 모습은 우리의 마음도 함께 변화시킨다. 이를 뒷받침하는 연구 결과는 의상심리 분야에서 쉽게 찾아볼 수 있다. 하이힐은 우리의 뒤꿈치를 들어 올려 다리를 더 길어 보이게 만들고, 몸의 곡선을 이상적 사회 통념에 더 가깝게 만든다. 이를 통해 착용자는 자신감과 같은, 자신에 대한 긍정적 감정을 느끼게 된다.

그뿐만 아니라 연구 결과에 따르면 하이힐 착용은 여성성의 향상을 표현함으로써 여성적 우월감을 갖게 한다. 흥미로운 점은 하이힐이 주는 여성적 우월감이란 관능미와 정숙성의 상반된 속성을 동시에 내포한다는 것이다.

높은 하이힐이 주는 불편함과 발바닥의 고통을 감수하면 좀더 문화적 이상미를 지닌 여인으로 인정받을 수 있다는 점은, 19세기 서양의 코르셋(corset)과 비슷한 속성이다. 비록 이상적인 허리 사이즈를 만들기 위해 고통스럽게 허리를 졸라매야 했지만, 코르셋은 남성에게 여성적 매력을 보여주는 동시에 자기 자신을 억제하고 통제하는 측면이 있었다. 그 때문에 코르셋은 여성의 매력, 즉 관능미를 과시하는 동시에 중상류층 여성의 정숙미를 상징하는 아이템이기도 했다.

그렇다면 하이힐은 착용자가 아닌 관찰자의 마음을 어떻게 움직일까? 2014년 프랑스 남브르타뉴 대학의 니콜라 게겐(Nicolas Guéguen) 교수 연구팀은 단화보다 하이힐을 신은 여성에게 남성이 더 호의적이라는 실험 결과를 발표했다. 키를 비롯한 신체 조건이 동일한 여성이 장갑을 떨어뜨렸을 때, 하이힐을 신은 여성에게는 93퍼센트의 남성이 장갑을 돌려주려고 쫓아간 반면, 중간 높이의 힐을 신은 여성에게는 52퍼센트, 단화를 신은 여성에게는 43퍼센트만이 장갑을 집어줬다. 또한 여성이 바에 혼자 있는 경우, 낮은 굽의 신발을 착용한 여성보다 하이힐을 신은 여성에게 말을 건네는 남성의 수가 2배 많았다. 게겐 교수는 이러한 실험 결과를 두고 하이힐을 신었을 때의 걸음걸이와 자세가 더욱 여성스럽게 보이기 때문에, 매력적인 여성의 곁을 떠나고 싶지 않은 심리가 원인이라고 분석했다.

하이힐은 감정을 증폭시킨다

현대에 하이힐의 정의는 '발꿈치를 높게 들어 올리는 여성용 신발'이지만, 복식사에서는 '높은 굽이 있는 신발'로 용어의 범위를 확장하여 그 유래를 찾는다. 이렇게 볼 때 하이힐의 시초는 기원전 10세기 고대 그리스의 코서너스(라틴어 cothurnus, 그리스어 kothornos)라고 할 수 있다. (관점에 따라 9세기 페르시아 기수의 신발을 하이힐의 시초로 보기도 한다.) '비극'을 뜻하는 코서너스는 멀리서도 배우가 돋보이도록 높은 굽을 덧댄 신발이었다. 희극보다 플롯이 복잡한 비극을 연기하는 배우는 관객을 몰입시키기 위해 코서너스를 신었고, 중요한 배역일수록 굽은 점점 높아졌다.

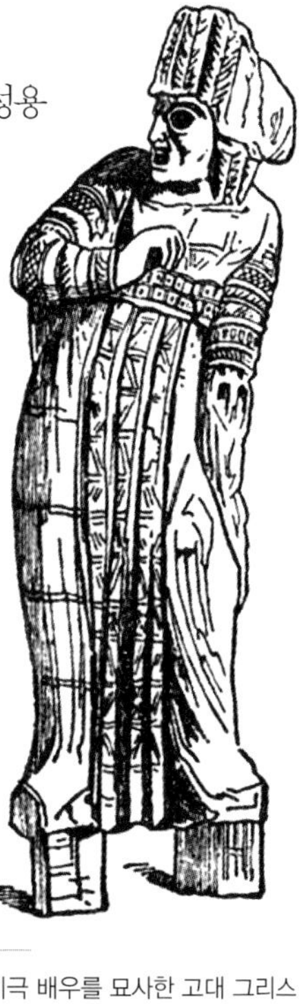

비극 배우를 묘사한 고대 그리스 석상 그림.

신체를 확장하면 움직임이 커지고 시인성이 높아지기 때문에, 몸의 언어가 전달하려는 메시지를 강조하

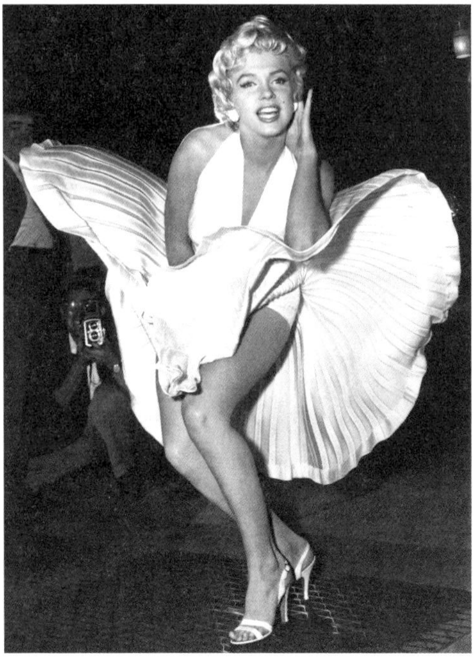

영화 〈7년 만의 외출〉에서 페라가모를 신은 마릴린 먼로. 1957.

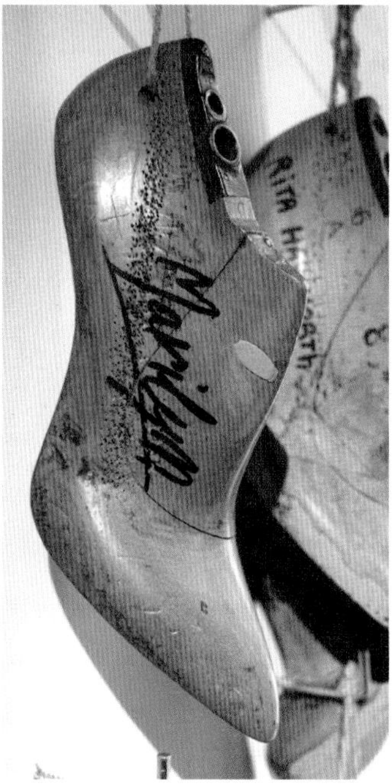

마릴린 먼로를 위한 신발 틀. 페라가모박물관. ©Sailko.

는 측면이 있다. 이를테면 침팬지가 가슴을 부풀려 자신의 힘을 과시하거나, 수컷 공작새가 꼬리를 펼쳐 구애하는 것이 그러하다. 부풀린 가슴은 더 큰 위용을, 펼친 꼬리는 더 큰 매력을 전달한다.

그렇다면 현대 패션에서 하이힐로 확대한 신체는 어떤 메시지를 전하는 걸까? 그 메시지가 무엇이든 하이힐은 신체를 확장하고 긴장시킨다. 그리고 몸의 언어를 부각한다. 이러한 하이힐의 속성을 자기 이미지를 만드는 데 잘 활용했던 사례로 마릴린 먼로(Marilyn Monroe)를 꼽을 수 있다.

마릴린 먼로는 걸을 때 엉덩이를 흔들고, 어깨와 가슴을 반대 방향으로 크게 움직이는 걸음걸이로 유명했다. '먼로 워크(Monroe Walk)'라 부른 이 특유의 걸음걸이는 마릴린 먼로를 영화 역사상 가장 유명한 섹스 심벌로 만들었다.

마릴린 먼로는 오드리 헵번, 그레이스 켈리(Grace Kelly), 소피아 로렌(Sophia Loren)과 함께 페라가모의 충성스러운 고객이었는데, 특히 10센티미터가 넘는 스틸레토 힐을 애용했다. 영화 〈7년 만의 외출〉, 〈뜨거운 것이 좋아〉의 유명한 장면에서 페라가모를 신은 마릴린 먼로를 볼 수 있다. 마릴린 먼로는 신체 반동이 큰 먼로 워크를 완성하기 위해 한쪽 굽을 0.6센티미터가량 잘라냈다고 한다.

자, 이제 우리는 매일 신발을 고르는 순간 '발꿈치를 들어 올릴 때 일어나는 마법 같은 일'을 생각해야 한다. '오늘은 어떤 신발을 신을까?'라는 사소한 선택은 지구에서 나를 얼마만큼 들어 올릴 것이고, 이를 통해 증폭시킬 나의 존재 메시지가 무엇인지에 대한 표현이 되는 것이다.

결핍과 욕망 사이 1

옷 입을 자유

지구의 수많은 생명체 중 오직 인간만이 옷을 입는다. 집을 짓거나 나뭇가지 따위로 제 몸을 장식하는 동물은 있지만, 옷과 같은 조형물을 몸에 두르고 살아가는 것은 인간뿐이다. 수십만 년 동안 인간을 특별하게 했던 옷을 통해 인간은 꾸미고, 과시하고, 무언가 표현하려 했다.

옷으로 타인과 동질감을 느끼며 소속의 안정감을 취하고, 때로는 옷으로 남과 다르게 돋보이고 싶어 한다. 패션은 언제나 이러한 모방 심리와 차별화 욕구를 적절히 줄타기하며 유행을 창조해왔다. 다시 말해 패션 산업은 사람들이 결핍을 느끼는 지점을 읽어내고 '새로운 대안'을 제시해, 그것을 욕망하도록 자극하며 성장해왔다. 그리고 유행 패션은 탄생과 확산, 쇠퇴와 소멸의 주기를 반복하며 지속적으로 바뀐다. 이것이 패션의 속성이다.

그런데 유행 패션의 주기를 인위적으로 통제하고, 개개인의 차별화 욕구를 철저히 억압하거나 획일적인 복장을 강요하면 어떻게 될까?

전쟁기의 패션

패션은 전쟁의 영향을 많이 받는다. 국가 위기에 가장 먼저 절약의 대상이 되는 것은 사치품이기 때문이다. 제2차 세계대전 시기 많은 국가에서 패션을 규제했다. 국민의 자발적 절약을 호소하거나, 법령을 제정해 패션 산업을 통제했다.

전쟁에 참여했던 많은 서구 국가는 직물 배급제를 도입했고, 영국은 1941년 유틸리티 클로스(Utility Clothes)라는 제도를 시행했다. 유틸리티 클로스는 문자 그대로 '실용복'이다. 영국 정부는 전쟁기 물자 부족을 이유로 의복 제조와 유통, 소비를 제한했다. 패션 제조업자는 1년에 50개 이하의 모델을 생산할 수 있었는데, 이는 옷감을 절약할 수 있는 간소하고 실용적인 디자인이어야 했다. 스커트의 길이와 폭, 주름과 단추 개수 등을 철저하게 규제함으로써 원단 소모량을 제한하고 장식을 배제했다. 그리고 국민은 국가가 배급한 쿠폰으로만 옷을 구매할 수 있었다. 미국의 빅토리 슈트(Victory Suit), 독일의 일반복(Everyman's Clothing)도 같은 맥락으로 시행했던, 제2차 세계대전 시기의 의복 규제 제도였다.

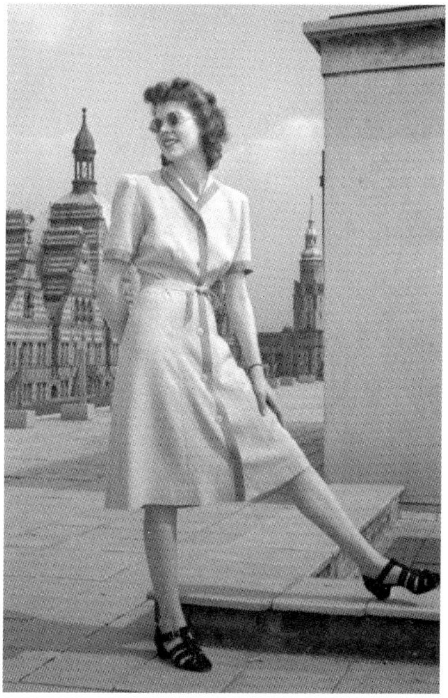

쿠폰 7장으로 살 수 있는 유틸리티 클로스. 1943.

패션을 통해 자신의 사회적 지위와 우월함을 드러내고, 남다르고 탁월한 심미안을 과시하려 하는 것은 인류 역사와 함께해온 오랜 본성이다. 이러한 본성을 인위적으로 억제한 결과 패션은 다양성을 잃고 획일화되었다. 민간인의 일상복이 군복을 닮게 변화한 것이다.

애국하는 패션

패션은 인간 내면의 정서와 가치를 드러내기 때문에 종종 피아 식별의 도구가 된다. 특정 상황에는 옷을 통해 입은 사람이 나와 같은 생각을 지녔는지 가늠할 수 있다. 특히 국가가 위기에 빠졌거나 사회가 크게 분열해 첨예하게 대립할 때 패션은 착용자의 노선을 강하게 드러낸다. 어떤 옷을 입었는가에 따라 어떤 사상, 어떤 세력을 지지하는지 예측 가능하다.

패션의 이러한 속성을 선동의 도구로 이용하기도 한다. 전쟁과 같은 시기에는 패션을 통해 국가 이념에 동조하기를 강요한다. 어떤 옷을 입었는가로 그가 애국자인지 반역자인지를 판가름한다. 소비를 부추기는 것이 숙명인 패션지도 제2차 세계대전 중에는 '옷으로 애국하기' 운동을 거들었다. 1942년 런던 〈보그〉는 '옷 치장은 시대에 뒤떨어진 행위'라고 규탄하며 물자 절약을 강조했다.

일제 치하에 있던 우리 민족에게도 이러한 논리가 적용되었다. 일제는 1942년 부녀자를 방공 훈련에 동원하고 노동력을 착취하기 위한 '표준 복장'을 제정해 일하기 편한 옷을 입게 했다. 조선 여성도 '표준 복장' 시행령에 따라 한복 치마를 벗고 일하기 편한 일 바지, 일명 '몸빼'를 착용하도록 강요받았다.

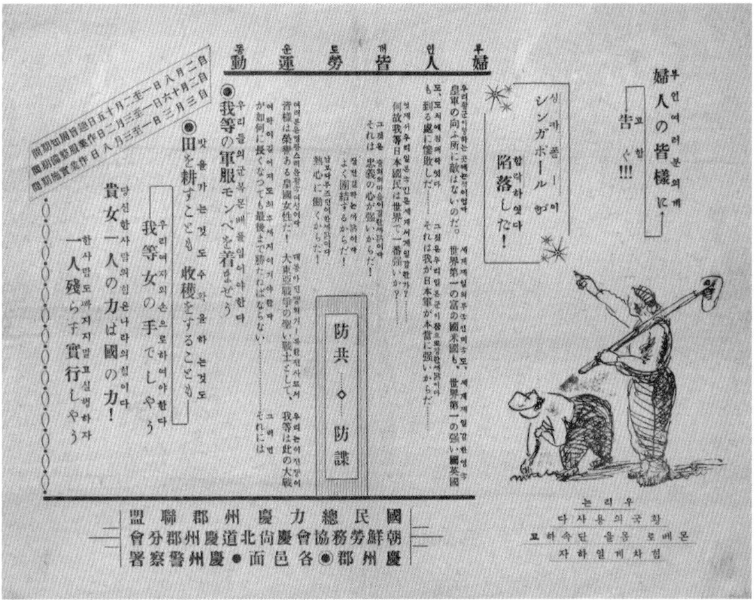

(사진 오른쪽 아래) "우리는 황국의 용사다. 몬베로 몸을 단속하고 힘차게 일하자." 일제 강점기 몸뻬 입기를 선동하는 인쇄물. 국립민속박물관.

우리에겐 속옷이나 다름없던 바지를 입은 채 일제에 부역하는 것은 수치스러운 일이었을 것이다. 조선 여자들이 일본식 일 바지 입기를 거부하자, 일제는 몸뻬를 입지 않으면 외출 금지 수준에 달하는 규제를 했다. 몸뻬를 착용하지 않은 모든 부녀자는 관공서, 학교, 상점을 비롯한 공공장소 출입은 물론 전차와 버스 탑승을 금지당했고, 식량 배급을 제한당했다. 몸뻬를 거부하는 자에게는 '반역'과 '사치'뿐만 아니라, 퇴폐적이고 타락한 '창부'라는 오명을 씌워 경찰 단속을 시행했다.

한 가지 스타일이 지배적일 때 가장 적극적으로 반발하며 각자의 개성을 드러내는 계층은 언제나 10~20대의 젊은 세대이다. 제2차 세계대전 당시 간소하고 실용적인 옷을 강요하던 사회 분위기에 크게 맞선 세력은 주티(Zooties)라는 청년 하위문화 집단이었다.

주티는 주트 슈트(zoot suit)를 입은 사람을 뜻하는데, 주트 슈트는 미국 재즈 문화에서 시작되어 1930년대 후반에서 1940년대 사이에 유행한 크고 화려한 스타일이다. 과장한 어깨와 긴 길이의 더블브레스트 재킷, 풍성한 페그탑 팬츠(peg-top pants), 챙이 넓은 모자, 화려한 넥타이, 긴 시곗줄 등등. 주티들의 차림새는 'zoot'의 어원 그대로 '지나치게 화려한' '최신 유행의' 스타일이었다.

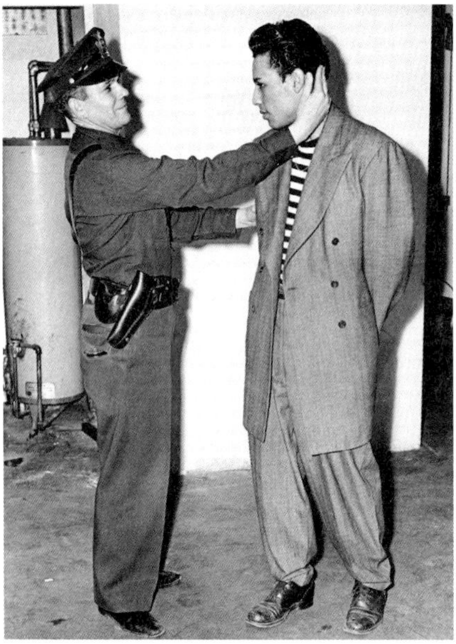

로스앤젤레스 경찰에게 체포되어 조사를 받는 주티. 1943.

물자 절약을 강요하며 복제령을 시행하던 전쟁기에 과장하고 화려한 의상을 입는다는 것은 국가 정책을 위반하는 행위였다. 미국 정부는 주트 슈트를 입는 것을 비애국적 행위로 정의하고 단속했다. 그러나 단속과 탄압에도 유행의 불길은 쉽게 꺼지지 않았다. 미국 젊은이들은 아프리카와 멕시코, 이탈리아계 이민자, 즉 '비주류'를 중심으로 오히려 더 적극적으로 주트 슈트를 착용함으로써 정부 정책에 대한 반발심을 드러냈다.

주트 슈트를 입은 비주류 청년과 전쟁에 참여하는 백인 청년의 사회적 갈등은 깊어졌다. 이들 간에 폭력 사태가 벌어지거나 사회적 문제가 생기면 정부와 경찰은 노골적으로 이민자들을 탄압하고 차별했다. 이에 분노한 이민자들은 1943년 6월 로스앤젤레스에서 폭동을 일으켰고, 이는 미국 여러 도시로 번져 일주일 이상 이어졌다. 언론은 이를 '주트 슈트 폭동'이라 명명했고, 비미 활동 위원회(House Un-American Activities Committee)는 나치가 사주해 국가 체제를 전복하려 한 폭동이라는 오명을 씌우기도 했다.

무엇을 입고 있느냐로 국가와 사회에 이바지하는 모범 시민인가 아닌가를 판단할 수 있을까?

전쟁 등 국가 위기 상황이 아닌 이상 말도 안 되는 소리 같지만, 1980년대 후반까지도 우리나라 학교에서는 학생들에게 국산품 애용과 애국심을 강조했다. 외제 필기구를 사용하지 않는지 불시에 필통 검사를 하고, 외제 옷은 물론 영어 단어 등 외국어가 새겨진 옷도 금지했다. 정책에 동참하면 깨어 있는 모범 시민이고 그렇지 않으면 계도가 필요한 우매한 자였다. 경제 성장을 최우선 가치로 두던 시대에 개인의 취향은 중요치 않았고, 모두의 이익을 위해 개인의 욕망을 제거당했다.

어두운 과거를 지나 이제 우리는 무한 자유의 시대에 있다. 사회 집단마다 요구받는 옷차림과 문화적·정서적 허용치는 존재하지만, 사적 영역에서 개인이 입어야 할 것과 입지 말아야 할 것을 국가가 간섭하지는 않는다. 나를 꾸미고, 드러내고, 표현하는 '옷 입을 자유'를 마음껏 누리자.

결핍과 욕망 사이 2

패션, 그 무언가를 채워주는 것

현대 사회에서 패션은 생필품의 의미를 넘어선다.

옷은 인간이 삶을 영위하는 데 꼭 필요하다. 그러나 인간은 꼭 필요한 만큼 이상의 옷을 갖고 싶어 한다. 옷장에 한가득 옷이 차 있음에도 불구하고 새로운 옷에 마음을 빼앗겨 또 지갑을 연다. 새로운 옷의 실루엣, 소재, 색상 또는 디테일. 알 수 없는 그 무엇은 인간이 갈구하는 어떤 지점을 자극하고, 인간은 소유하고자 욕망한다.

패션은 '새로움'을 요구받기 때문에 생성과 소멸의 주기가 있다. 새로운 옷은 이전의 것과 다르다는 이유로 소비자의 선택을 받는다. 그러나 많은 사람이 채택한 옷은 더 이상 새롭지 않기 때문에, 시간이 흐르면 다시 외면당한다. 물론 이러한 패션의 주기와 무관하게 꾸준히 사랑받는 스타일의 옷도 있다. 예를 들면 트렌치코트나 피코트 같은 것인데, 이와 같이 트렌드를 벗어나 지속적으로 채택하는 아이템이 '클래식'이다.

새롭다는 이유만으로 모든 패션을 수용하는 것은 아니다. 앞서 말했듯 그 새로움이란 인간이 갈구하는 어떤 지점을 자극하는 것, 즉 내면의 결핍을 채워주는 것이다. 그리고 이러한 새로운 패션 스타일이 시대적 공감을 이끌어낼 때, 큰 유행 현상을 만들어낸다.

패션 역사상 가장 극적으로 유행이 변했던 사례는 제2차 세계대전 직후이다.

창의성은 결핍에서 온다

치마 길이가 짧아질수록 양말 산업이 흥한다. 당연한 이치이다.

스커트가 점점 짧아져 다리를 드러내게 된 1920년대 이래로, 여성들은 다리를 더욱 매끈하고 아름답게 보이도록 하는 스타킹을 애용해 왔다. 그러나 얇고 부드럽게 다리를 감싸는 실크 스타킹은 가격이 매우 비쌌다. 이를 해결하기 위해 실크 대용 소재인 레이온이 등장했으나 과도한 빛 반사가 인조임을 드러내 큰 인기를 얻지 못했다. (레이온은 인조 실크, 즉 인견이라 부른다.) 이후 듀폰 사가 개발한 나일론은 가격, 탄력, 촉감 등 모든 측면에서 만족스러운 소재였다. (나일론은 인류 최초의 완전한 합성 섬유라 칭한다.)

1939년 뉴욕 만국박람회에서 최초의 나일론 스타킹이 세상에 등장했고, 곧 대중은 열광했다. 거미줄보다 가는 나일론 원사는 마찰에 강하고 신축성이 높아 다리를 더욱 탄탄하고 매끈하게 감쌌으며, 저렴하고 오래 입을 수 있었기 때문이다. 나일론은 스타킹을 지칭하는 대명사가 되었다.

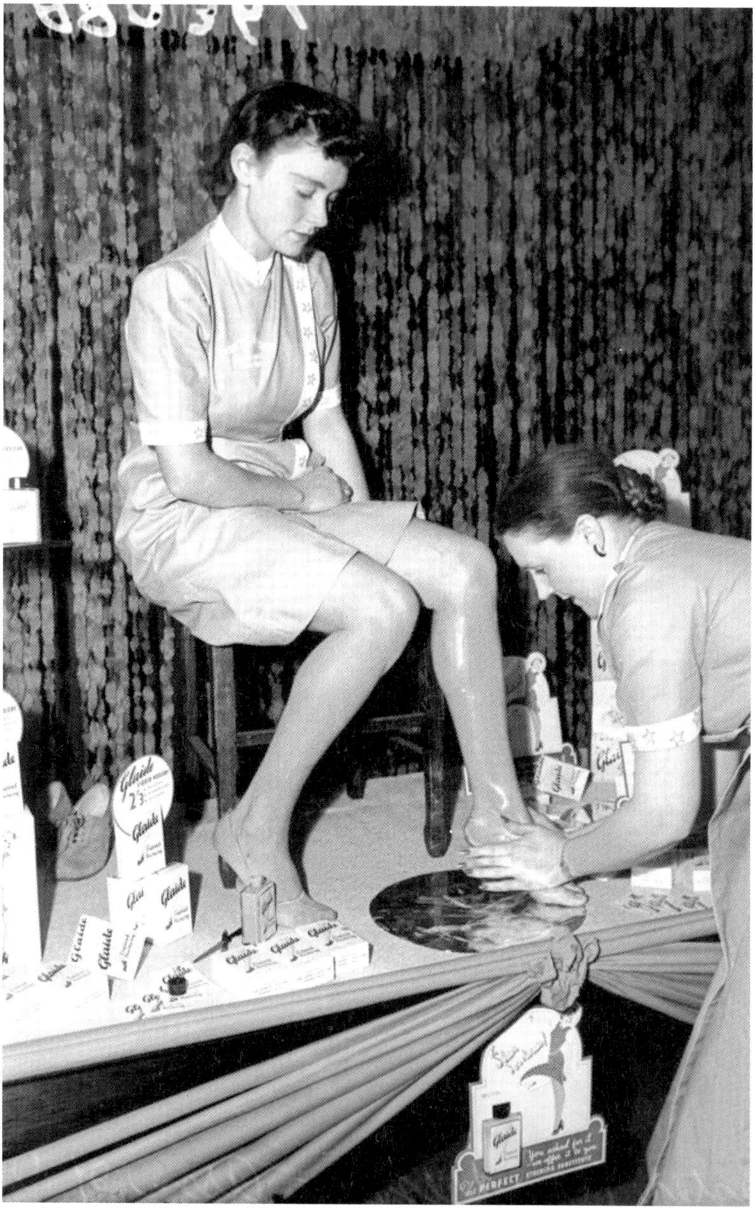

오스트레일리아 브리즈번 백화점에서 액체 스타킹 시연을 받는 모델. 1941.

그러나 얼마 지나지 않아 제2차 세계대전이 발발하고, 모든 나일론 공장은 패션 아이템이 아닌 낙하산과 로프 같은 군수 용품을 생산해야 하는 상황이 되었다. 결핍은 창의성을 가져온다고 했던가. 전쟁으로 나일론 스타킹을 더 이상 구할 수 없게 되자, 아름다움을 향한 인간의 욕구는 더욱 창의적인 레그웨어(legwear) 발명으로 이어진다.

멋쟁이들은 마치 스타킹을 신은 것 같은 착시 효과를 주기 위해, 액체 또는 크림 형태의 레그 파운데이션을 다리에 바르기 시작했다. 백화점에는 고객을 불러 모으기 위한 레그 메이크업 서비스 바가 등장해 소비 심리를 자극했다. 또한 색을 칠하는 데 그치지 않고, 다리 뒤쪽에 눈썹연필로 봉제 솔기를 그려 넣는 디테일까지 추가해 완벽하게 눈을 속였다. 한편 선 긋기에 재능 없는 사람을 위해서 혼자 손쉽게 솔기를 그려 넣을 수 있는 도구도 발명했다.

완전히 새로운 '뉴룩'의 탄생

제2차 세계대전이 끝나고 난 뒤 유럽 국가 대부분은 전쟁 후유증을 극복하는 데 많은 시간이 필요했다. 전쟁이 남긴 폐허 속에서 보통 사람들의 삶은 여전히 궁핍했고, 영국은 의복 배급 제도를 1950년까지 지속했다. 그러나 좌절로 가득한 시대에도 사람들의 마음속에는 언제나 우아하고 아름다운 것에 대한 갈망이 살아 있다.

이러한 소비자의 욕구를 간파하고 시의성 있는 상품으로 전 세계인을 사로잡은 패션 디자이너는 바로 크리스티앙 디오르였다. 1947년 크리스티앙 디오르가 발표한 컬렉션은 전쟁으로 인한 암울한 패션 역사에 종지부를 찍을 새로운 스타일, 즉 '뉴룩(new look)'이었다.

"당신의 옷은 정말 새로운 룩이군요(Your dresses have such a new look)!"

패션지 〈하퍼스 바자(Harper's Bazaar)〉의 편집장 카멀 스노(Carmel Snow)는 새로운 시대가 열리게 될 것을 예감하며, 디오르의 컬렉션을 '뉴룩'이라 불렀다. 꽃부리를 뒤집어놓은 듯한 코롤 라인(corolle line)의 스커트, 잘록한 허리와 페티코트, 부드럽게 경사진 어깨의 뉴룩은 군복처럼 딱딱한 의상에 신물 난 대중을 매혹하기에 충분했다.

18미터의 풍부한 직물을 사용한 디오르의 스커트는 무분별한 낭비라는 비난을 받기도 했고, 잘록한 허리를 위해 착용했던 코르셋이 여성을 다시 속박한다는 시선도 있었다. 그러나 대중은 피폐한 마음을 달래 줄 아름답고 풍요로운 시절의 향수를 원했고, 디오르는 여성을 꽃에 비유했다. 여성은 뉴룩과 함께 다시 낭만을 꿈꿀 수 있었다.

> 여성은 내가 그들을 아름답게 만들고 싶어 할 뿐만 아니라, 행복하게도 만들고 싶어 한다는 것을 본능적으로 알았다.
>
> –크리스티앙 디오르

뉴룩은 삽시간에 전 세계적 인기를 얻으며 프랑스 국가 경제를 이끌었고, 나치 치하에서 황폐해졌던 파리 패션은 자존심을 회복했다. 크리스티앙 디오르를 비롯해 크리스토발 발렌시아가, 피에르 발맹(Pierre Balmain), 위베르 드지방시 등 프랑스의 쿠튀리에들이 선보인 우아한 프랑스의 하이패션은 10여 년간 트렌드를 주도했다. '뉴룩'을 시작으로 오트 쿠튀르 전성시대가 도래한 것이다.

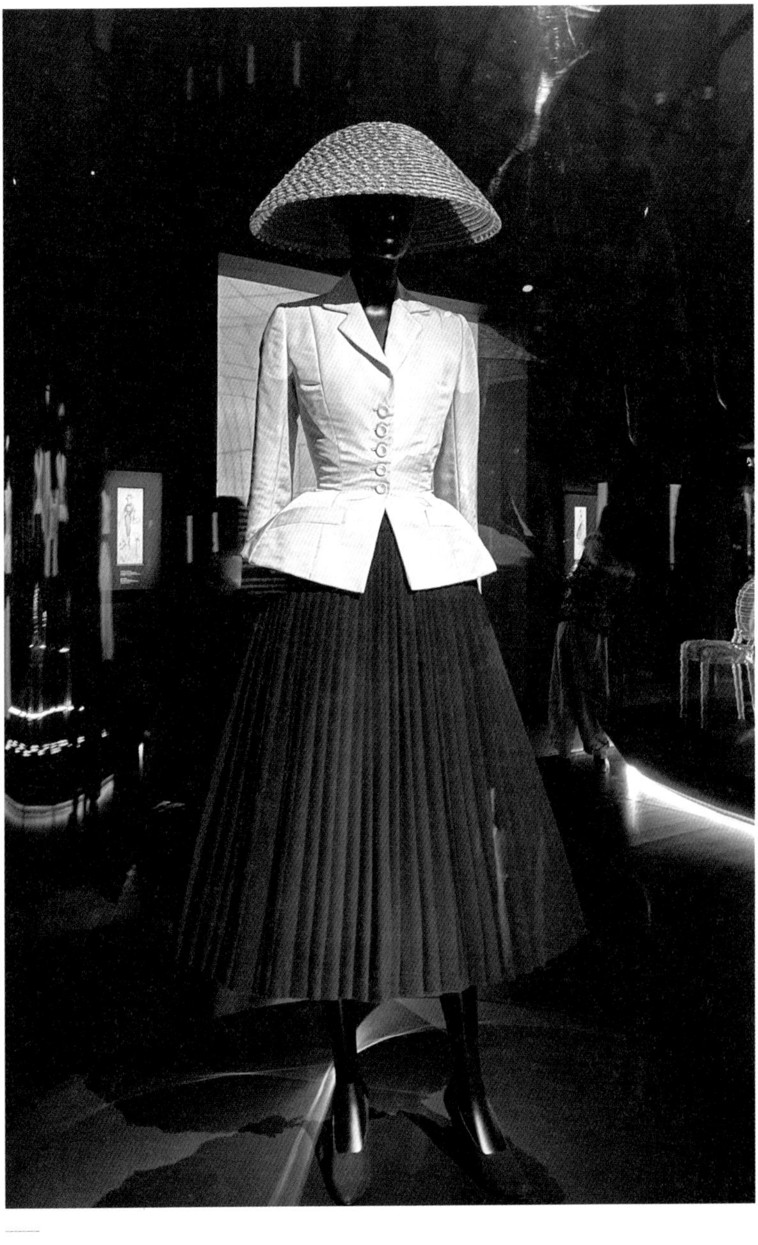

크리스챤 디올에서 1947년 발표한 뉴룩. ©Yeonyi Jung.

디오르는 자신이 여성에 대해 잘 안다고 말했다. 그는 꽃 같은 여성을 디자인함으로써 전쟁의 상처 속에서 사람들에게 결핍한 낭만을 불러일으켰다. 또한 당대 여성이 타인에게 어떻게 보이고 싶으며, 어떤 이미지를 갈망하는지 이해했다. 혹은 소비자 자신도 미처 알아채지 못한 욕망을 읽어내 디자인을 기획했고, 적중했다. 위대한 디자인은 그렇게 결핍과 욕망 사이에서 탄생한다.

행복을 파는 백화점

시대의 욕망을 수집해놓은 곳

2021년 2월 여의도에 개점한 더현대 서울 백화점은 여러모로 큰 화제가 되었다. 온라인 쇼핑과 해외 직구가 보편화하며 백화점의 위상은 예전 같지 않았고, 코로나로 소비 심리가 위축된 시기였다. 게다가 직장인들이 빠져나가고 나면 유령 도시처럼 황량해져, 백화점이 오래 살아남지 못하는 여의도라는 지역적 한계가 있었다. 그런데 현대백화점은 이곳에 '라이프스타일 랜드마크'를 세우겠다며 거대한 포부를 밝혔고, MZ세대를 정조준했다.

백화점은 나이 든 사람이 드나드는 곳이라는 기존의 인식을 깨고 더현대 서울은 가장 '핫'한 곳으로 떠올랐다. 패피라면 마땅히 SNS에 방문 인증 숏 하나쯤 올리는 것이 한동안 유행이 되어 주차 대기만 두어 시간 걸렸고, 지하 식품관에 입점한 유명 카페는 대기 번호가 600번까지 이어진다는 간증 글이 넘쳐났다. 많은 사람이 밀집한 실내 공간에 강한 거부감을 가진 나 같은 사람도 얼마나 핫한지 궁금한 마음을 누르지 못하고 개점 초기에 다녀왔으니, 더현대 서울의 전략은 들어맞은 셈이다.

일단 더현대 서울은 오늘날의 거대 백화점이 매장을 구성하는 문법을 따르고 있다. MZ세대를 사로잡을 인디 감성의 브랜드를 발굴해 입점시켰고 한남동·연남동·성수동발 화제의 F&B(Food and Beverage)가 즐비하다. '인스타그래머블(Instagramable)' 실내 장식과 '비주얼 머천다이징(visual merchandising)'에 한껏 힘을 주었다.

이러한 큰 흐름 가운데 유독 이곳이 화제가 되는 이유는 자연 친화적 휴식 공간 때문이다. 이미 알려진 대로 더현대 서울은 '리테일 테라피 공간'이라는 콘셉트로, 소비자들이 휴식을 통해 힐링할 수 있도록 많은 투자를 하고 있다. 더현대 서울이 자랑하는 '사운드 포레스트'에는 자연 채광 아래 가득한 나무와 꽃, 거대한 폭포 조형물을 멋들어지게 구성해 놓았다. 그리고 마음을 즐겁게 하는 이 실내 정원에 가장 많은 사람이 모여 있다.

지금 우리에게 결핍되어 있는 것

백화점 안 모든 식당에 대기 중인 수십 명의 인파를 보고 좋아하는 메뉴를 고르는 것은 사치라는 것을 깨달았다. 너무 힘들다고, 그냥 아무 데나 앉아 먹으라고 시위하는 나의 고관절 탓에 빈자리가 난 곳에 그냥 앉고 보니 사운드 포레스트의 수제 버거 매장이었다.

'음, 나 고기 싫어하는데'라는 불평도 잠시. 어디선가 들려오는 청량한 새소리 덕분에 가슴속에 시원한 바람이 부는 것 같았다. 주변을 둘러싼 울창한 초록 식물이 자연광에 반짝이며 이는 모습에 마음이 말랑해졌다. 아주 오래전 여행할 때 보았던 아름다운 숲의 풍광과 행복했던 추억이 떠올랐고, 고함치며 실내를 가로질러 뛰어가는 아이들을 미소로 바라볼 만큼 너그러워졌다. 비록 스피커를 통해 재생하는 소리이고, 유리를 통해 비치는 채광이지만, 자연 닮은 공간은 이렇게 휴식이 된다.

그리고 이내 조금 이상한 기분이었다.

> "황사와 미세 먼지로 뒤덮인 시궁창 같은 현실에서 도망쳐 자연을 훌륭하게 흉내 낸 인공물 속에서, 나는 지금 위안을 받고 있구나."

디스토피아 세계관의 공상 과학 영화에서나 일어나는 일인 줄 알았는데, 이미 우리는 이렇게 살고 있다. 어쩌면 지금 우리에게 결핍되어 있기에 우리가 그토록 욕망하는 것은, 바로 훼손되기 이전의 자연환경이 주는 안식일지 모른다. 인간의 욕망으로 파괴되어가는 그 자연 말이다.

욕망을 수집해놓은 백화점

백화점의 탄생은 소비 행위를 문화로 탈바꿈시켰다. 1852년 파리에 문을 연 세계 최초의 백화점, 르 봉 마르셰(Le Bon Marché)는 의식주와 관련한 각종 상품을 한곳에 모아놓고 상표를 비교하며 상품을 구매할 수 있도록 했다. 정찰제 도입, 자유로운 시착, 교환 및 환불 보장 등 당시로서는 파격적인 정책으로 편리한 쇼핑을 제공하며 사람들을 끌어들였다.

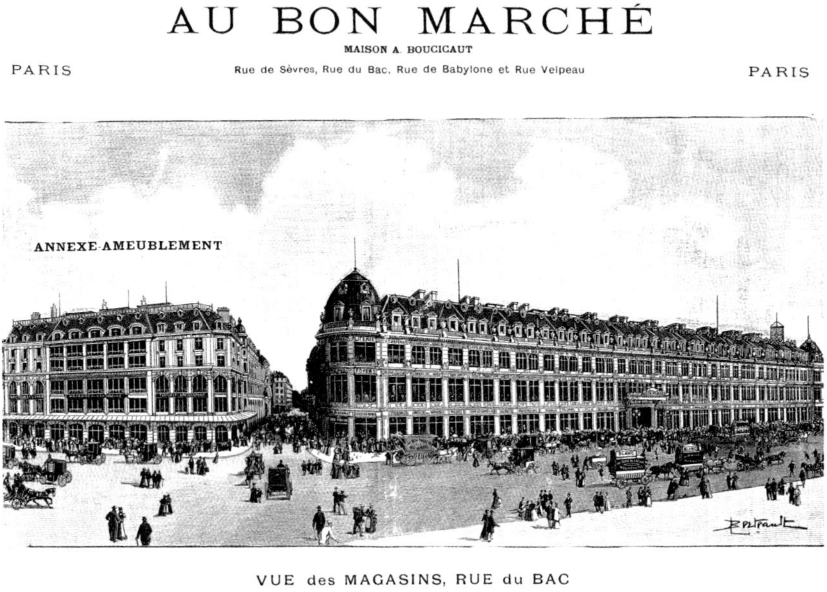

르 봉 마르셰 백화점 거리의 전경. 1900년경.

르 봉 마르셰의 화려하고 세련된 실내 장식과 잘 교육한 판매 사원들의 고객 응대는 소비자가 대접받는 느낌이 들도록 했다. 소비자본주의 사회에서 소비 행위는 곧 '갑'의 위치를 획득함을 의미한다. 또한 휴게 공간을 설치해 쇼핑 도중 휴식이 가능하도록 했고, 연주회와 무도회를 개최하여 사교의 장으로 기능하기도 했다. 백화점은 단순히 필요한 물품 구매를 위한 공간이 아니며, 쇼핑은 부르주아의 여가 활동이 되었다.

> 진정한 상인이 갖추어야 할 덕목은 많이 파는 것이 아니라, 얼마나 비싸게 파는가 하는 것이다.
>
> –에밀 졸라, 《여인들의 행복 백화점》 중에서

에밀 졸라(Émile Zola)는 매력적인 상품으로 소비자의 구매 욕구를 자극하는 르 봉 마르셰 백화점과, 소비문화에 길들어 가는 인간 심리를 면밀히 고찰하고 소설로 남겼다. 《여인들의 행복 백화점》에서 백화점은 '소비 사회'라는 신흥 종교의 주축, '현대의 대성당'으로 묘사되었다. 그의 생각은 백화점이 교묘하게 연출해놓은 덫 속에서 중산층이 소비라는 쾌락에 눈을 뜨며, 불필요한 물건을 욕망하게 된다는 것이다. 사회 현상과 인간 심리를 냉철하게 파헤친 자연주의 작가 에밀 졸라는 근대의 백화점을 인간의 욕망을 뒤섞어놓은 곳으로, 소비 욕구를 감염되기 쉬운 일종의 정신병으로 그렸다. 에밀 졸라가 설정한 등장인물은 백화점의 전략에 굴복하여 욕망을 주체하지 못한 결과, 과소비를 일삼거나 물건을 훔치기도 한다.

소비하는 인간

프랑스의 근대 백화점과 부르주아 문화를 분석한 마이클 밀러(Michael Miller)는 르 봉 마르셰가 소비자를 현혹하고 이성을 마비시키는 환경을 의도적으로 연출해, 소비 욕구를 부추겼다고 지적했다. 백화점의 각 층은 방향 감각을 잃도록 설계하고, 매력적인 상품을 곳곳에 가득 쌓아 고객의 눈을 사로잡으며, 사치품은 손에 쉽게 닿을 수 있는 동선에 배치해놓았다. 소비자는 백화점의 강렬한 유혹에 이끌린 채 소비하며 욕망을 채워나간다.

현대 사회에서 소비 행위는 필요보다는 욕망에 따른 것이다. 그리고 인간은 끊임없이 무언가를 욕망하고 소비한다. 우리는 쇼핑의 유혹에 빠져들어, 물질을 소유하려는 욕망뿐만 아니라 정신적 쾌감과 감정의 평온을 위해서도 소비한다. 이를테면 '무소유의 깨달음'을 얻기 위해 운치 좋은 사찰에서 운영하는 템플스테이 체험을 '결제'하는 것처럼 말이다.

어디에서 뭘 입고, 뭘 먹고, 뭘 하고 노는가 하는 소비 성향이 개인의 취향을 드러내고, 자아 정체성을 형성한다는 것은 부인할 수 없다. 인간은 소비를 통해 자신의 존재를 확인받고 싶어 하고, 타인의 가치를 평가하기도 한다.

나 또한 그리 이성적이고 합리적인 소비자가 아니다. 많이 아는 것이 현명함을 뜻하지 않듯이. 그래서 욕망을 자극하고 소비를 부추기는 마케팅임을 알아채지만, 곧잘 유혹에 걸려들어 지갑을 열고 만다. 내가 소유한 물건이 나의 본질이 아니라는 것은 너무나 잘 알고 있다. 그러나 쇼핑이 주는 쾌감과 좋은 물건을 소유할 때의 만족감도 내 삶의 행복을 구성하는 것 중 하나이기 때문에, 아마도 이렇게 의식적으로 또는 무의식적으로 무언가를 끊임없이 소비하는 인간으로, 행복을 사들이며 살게 될 것 같다.

저항에 대한 저항

펑크 패션과 글램 패션

나는 디자인할 때 음악을 듣는다. 둠칫 두둠칫- 머리를 흔들거나 삐걱거리며 팔을 휘젓기도 한다.

남편은 나에게 음악 들으면서 어떻게 집중하느냐고 하지만, '나의 일은 고도의 정밀함을 요하는 것이 아니라 심상을 표현하고 만들어내는 것이기에 가능하다'고 합리화를 해본다. 다시 생각해보면 남편의 의문은 내가 중·고등학교 시절 엄마에게 들었던 잔소리와 비슷하다. "아이고~라디오 들으면서 공부가 참~잘도 되겠다!" 그때는 엄마 말이 옳았다. 라디오에서 나오는 노래를 따라 부르며 내가 미적분을 제대로 해냈을 리 없다.

그런데 어떤 경우는 음악이 몰입을 확실히 돕는다. 음악은 인간의 감정을 증폭시키면서 어떤 분위기 속으로 깊숙이 끌어들인다. 우리가 헨델의 '나를 울게 하소서'의 가사 의미를 알아듣고 눈물을 흘리는 것이 아니듯, 언어를 전혀 이해하지 못할지라도 음악이 담은 정서에 공감하면서 흥이 나기도 하고, 전율하거나 울기도 한다.

그런 면에서 음악의 힘은 강력하다. 소리 자극은 매우 직접적으로 감각 기관을 자극하고 즉각적인 반응을 일으키기 때문에, 음악은 다른 어떤 장르보다 강렬하고 인상적인 경험이다. 그래서 사람들은 음악을 좋아하나 보다.

패션 하는 사람들도 음악을 좋아한다. 내가 경험한 디자인실에는 모두 음악이 흘렀다. 패션 디자이너는 음악에서 받은 영감을 디자인으로 풀거나, 자신의 디자인 의도를 음악 형식으로 설명하기도 한다. 표현하고 싶은 톤 앤 매너(tone and manner)를 보충하려 할 때는 음악이 더없이 효과적이기 때문이다. 디올과 생 로랑을 거쳐 지금은 셀린느를 이끄는 에디 슬리먼은 록 음악을 사랑하는 대표적인 디자이너다. 에디 슬리먼은 록 음악에서 영감을 얻은 컬렉션을 꽤 자주 선보이고, 뮤지션을 런웨이 모델로 캐스팅하거나, 음악으로 콘셉트를 설명한다. 또한 메종키츠네는 음반 레이블로 시작해 정체성을 패션으로 확장한 경우이고, 카녜이 웨스트(Kanye West)나 퍼렐 윌리엄스(Pharrell Williams)처럼 자신의 패션 브랜드를 만들어 창작에 대한 욕구를 확장하는 뮤지션도 많다.

정서를 표현하고 공유하는 문화 장르 중, 음악과 패션은 다른 어떤 것보다 서로 유착되어 있다. 그래서 음악은 패션을 유발하고 패션은 음악을 표현해왔다. 특히 강렬하고 독특한 메시지가 있는 음악일수록 패션의 힘을 빌어 스타일을 완성한다. 기존의 진부하고 상업적인 관행을 깨부수려는, 급진적인 음악인 펑크와 글램이 그 예이다.

펑크 록과 펑크 패션

펑크는 펑크 록을 중심으로 전개된 청년 하위문화로 1970년대에 시작했다. 기존의 주류 상업 문화와 규범화된 록 음악에 대한 반발로 발생한 펑크 록은 거칠고 단순한 사운드와 냉소적인 가사가 특징이다.

펑크 록 밴드가 외치던 '네 멋대로 해라(Do it yourself)'의 아마추어 정신, 그리고 '미래는 없다(No Future)'는 허무주의적 공격성은 펑크 패션에도 고스란히 나타났다. 찢고 파괴한 티셔츠, 옷에 새긴 위협적인 문구, 검은 가죽의 바이커 재킷과 금속 스터드(stud) 장식, 요란한 헤어스타일. 우리가 펑크를 얘기할 때 연상 작용처럼 따라붙는 패션 스타일의 전형이다.

이러한 펑크 패션의 기호를 만들어가며 대중에게 각인시킨 디자이너는 비비언 웨스트우드(Vivienne Westwood)이다. 1970년대 초 웨스트우드와 연인 맬컴 매클래런(Malcolm McLaren)은 런던에서 함께 부티크를 운영했다. 두 사람은 의상을 리폼하거나 제작해 판매했고, 펑크 록 신(scene)의 첫 번째 그룹 중 하나인 뉴욕 돌스(New York Dolls)의 무대의상을 만들기도 했다. 부티크의 이름은 'Let it Rock'으로 시작해, 'Too Fast To Live, Too Young To Die'를 거쳐 'SEX'로 정착했다.

이들은 자신의 매장에 드나들던 단골 고객과 음악 이미지에 맞는 멤버를 발굴하고 조합하여 펑크 밴드를 탄생시켰다. 펑크의 대중화에 공헌한 이 밴드의 이름은 섹시한 젊은 암살자를 뜻하는 '섹스 피스톨스(Sex Pistols)'이다.

맬컴과 나는 무언가를 하고 있었고 사람들은 그것에 펑크라는 이름을 붙였다. 나는 패션 디자이너라기보다 옷을 입는 방식으로 부패한 현상에 맞서고자 하는 사람이었다.

–비비언 웨스트우드

비비언 웨스트우드와 맬컴 매클래런은 섹스 피스톨스의 스타일을 연출하면서 펑크 문화를 확산시켰다. 섹스 피스톨스는 품격 있는 어른들과 완전히 차별화된, 파격적인 패션과 태도를 취했다. 제멋대로 찢고 파괴한 혐오스러운 의상을 입고, 무대 위에서 침 뱉기나 욕설은 기본이며, 먹은 음식을 토하기까지 했다. 제도권을 향한 적개심을 거침없이 드러내고, 상상 밖의 해프닝을 통해 허무주의와 무정부주의를 극적으로 표현했다.

펑크 문화가 영국을 중심으로 확산한 것은 당시 영국의 경제 상황 때문이었다. 높은 인플레이션과 실업률로 좌절을 느끼던 젊은 세대의 정서는 펑크의 '허무와 절망' 그 자체였다.

청년 하위문화는 기존 주류 문화와 거리를 둔 집단에서 발생해, 제도권에 대항하거나 고유한 정체성을 추구한다. 그리고 시대상이 변모하고 세대가 바뀌면 대개 소멸하거나, 또는 점차 영향력이 넓어져 주류로 편입하고 더 이상 하위문화로 부르지 않게 된다. 펑크는 후자의 경우에 해당한다.

펑크는 핵심을 감싸고 있는 표현 방식만 시대 흐름에 맞게 변화하면서 현재까지 지속하고 있으며, 펑크 패션은 하이패션을 포함해 폭넓은 영역에서 이어지고 있다. 하이패션에서 펑크가 이어진다는 것이 의외라고 생각할 수 있으나, 사실이다. 펑크는 다양한 모습으로 변형하여 의

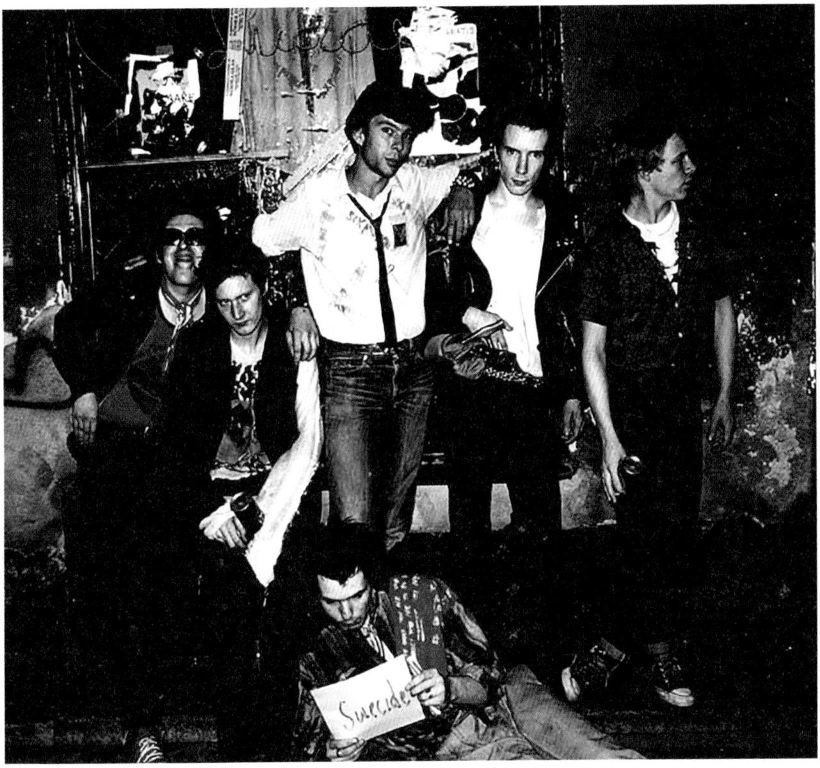

펑크 록 그룹 섹스 피스톨스. ©TommyD2019.

식하지 못하는 사이 우리의 옷장 속에 녹아 있다.

뉴욕 메트로폴리탄미술관의 패션 큐레이터 앤드루 볼턴(Andrew Bolton)은 펑크와 하이패션이 미적 지향점은 다르지만, 수작업을 통해 나에게 맞는 하나뿐인 옷을 만든다는 점이 같다고 말했다. 매우 흥미로운 지적이다. 태생적으로 새로움을 추구하는 패션계에서 펑크처럼 찢고 파괴하는 것은 무척 매력적인 표현 방식이다. 그래서 패션 디자이너들은 젊음과 반항, 거친 에너지의 이미지를 표현하기 위해 펑크를 차용한다.

글램 패션

이름에서 알 수 있듯 글램 패션은 글램 록에서 파생되었다. 글램 록은 1970년대 초반 영국과 미국에서 유행한 록 음악의 한 장르인데, 당시 글램 록 뮤지션들은 매우 화려한 퍼포먼스와 독특한 비주얼을 보여주었다. 언론은 이들의 매력 넘치는 스타일을 글래머러스(glamorous)라고 표현했고, 글램(glam)은 이들이 대변하는 장르가 되었다.

글램의 어원은 아이슬란드 신화와 스코틀랜드 고어에 뿌리를 두고 있으며, 달의 정령을 가리킨다. 그래서 조금은 비일상적일지라도 신비로운 아름다움으로 유혹하는 것을 '글래머러스'라고 표현한다.

잘 알 수 없는 것, 경계가 불분명한 것, 극단의 특징이 한데 어우러진 혼종적인 것은 묘한 매력이 있다. 마치 엘프가 인간 세계와 신의 세계 그 사이 어딘가에 있듯이, 글램 록과 글램 패션도 어떤 경계를 가로지르는 매력이 있다.

글램 록은 저항 문화인 록 음악이 주류로 편입되어 '정통 록'이라는 평가를 받는 모순에 대항하려는 움직임이었다. 로큰롤·하드 록·아트 록·신스팝을 결합한 형태로, 고착화한 록 음악과 거리를 둔 글램 록은 고유의 정체성을 만들어갔다. 획일적 문화, 엘리트주의, 지배적 이데올로기에 대한 저항 정신은 글램 록 스타들의 패션 스타일에도 반영되었다. 이들은 여성의 전유물로 여기던 하이힐과 진한 화장, 반짝이는 화려한 의상 등으로 성의 경계를 넘나들었다.

글램 록 스타일을 상징하는 대표적 인물은 데이비드 보위(David Bowie)이다. 데이비드 보위 이외에도 티렉스(T-Rex), 뉴욕 돌스, 록시 뮤직(Roxy Music) 등이 1970년대 글램 록을 꽃피웠으며, 퀸(Queen)과 엘턴 존(Elton

John)의 패션 스타일을 글램으로 보기도 한다. 정형화한 규범에 반발하던 그들의 음악적 범주를 구분하고 줄 세우는 것 또한 모순일지 모르겠으나, 어쨌든 현재의 글램 패션에 가장 큰 영향을 미친 인물은 데이비드 보위라 할 수 있다.

데이비드 보위는 패션을 통해 음악에 서사를 부여하는 사람이었다. 1972년 발표한 앨범 〈지기 스타더스트의 흥망성쇠와 화성에서 온 거미들(The Rise and Fall of Ziggy Stardust and the Spiders from Mars)〉은 큰 반향을 일으켰는데, 그는 음악적 콘셉트를 표현하기 위해 자신의 페르소나와 세계관을 창조하고 스타일링을 했다. 데이비드 보위가 연기하는 '지기 스타더스트'라는 캐릭터는 그 이름에서 유추할 수 있듯이 우주에서 왔다. 지기는 성별이 분화하지 않은 모호한 존재이며, 음악을 들려주는 주체이자 모든 서사의 주인공이다.

음악을 시각적으로 표현했던 데이비드 보위의 모든 방식은 대중에게 매우 낯설었다. 그는 드레스를 입음으로써 진지한 형식주의와 전통적 남성 이미지를 뒤집고, 과장한 장식과 인위적 메이크업을 통해 부르주아적 고급문화를 비틀었다. 데이비드 보위는 음악과 스타일로 정통 고급문화/상업 대중문화, 남성/여성, 중심/주변으로 나누는 이분법적 사고를 마구 해체하고 패러디한 셈이다.

우리는 때로 알 수 없는 것에 강하게 이끌린다. 성 구별의 인식도 그렇다.

1920년대 장 콕토(Jean Cocteau)가 물랑 루즈의 여장 남자 곡예사인 바베트(Barbette)의 아름다움에 찬사를 보낸 것처럼, 알 수 없는 기이함에는 때로 초자연적인 아름다움이 있다. 남자의 몸에 갇힌 아름다움도

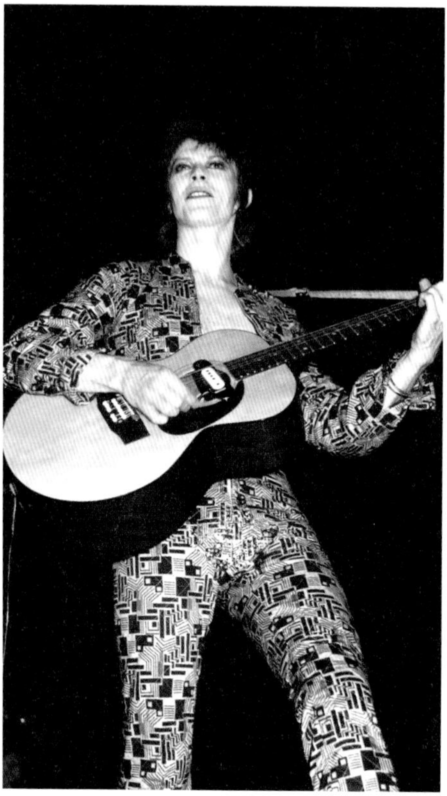

지기 스타더스트로 공연 중인 데이비드 보위. 1972. ©Rik Walton.

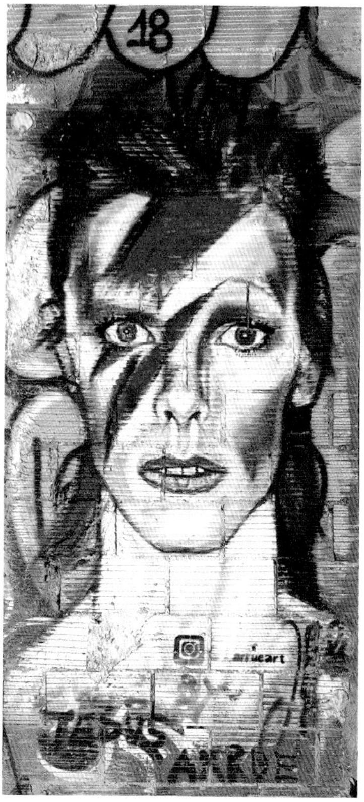

데이비드 보위 그라피티. ©Brunoramoslara.

아니고, 여자를 패러디하는 남자도 아니며, 그 자체로 충분히 아름답다.

글램 패션은 낯설고 모호하지만, 아름답고 매력적이다. 데이비드 보위는 패션계에 큰 영감을 주었고, 패션 디자이너들은 퇴폐적인 데카당스(décadence)의 분위기를 표현할 때 종종 글램 스타일을 빌려온다. 음악으로서 글램 록은 강렬히 등장했다가 이내 불꽃처럼 사라졌지만, 패션 스타일로서 글램은 지속적으로 인용되고 있다. 지난 2016년 데이비드 보위가 사망했을 때, 많은 패션 디자이너가 그를 추모하는 작품을 발표했다. 패션이 열렬히 사랑한, 자기 별로 돌아간 뮤지션을 영원히 기억하기 위해!

로큰롤이 더 이상 저항의 의미를 지니지 않는 것에 반발해 등장한 펑크와 글램은 저항에 대한 저항, 대안에 대한 대안이었다. 펑크 록과 글램 록의 메시지는 행위와 스타일링을 통해 더욱 강렬하게 전해졌다. 펑크가 자기 파괴의 직설적 방식으로 부조리한 사회를 고발한다면, 글램은 퇴폐적인 패러디 형식으로 사회 통념을 흔든다. 패션은 음악의 저항 정신을 공유하며 시간을 뛰어넘는 문화적 생명력을 불어넣었다. 그래서 펑크 패션과 글램 패션은 일시적 유행이나 단순한 태도가 아니라, 우리 사회를 관통하는 미학으로 남았다.

이상한 패션 나라

표절, 패러디 그리고 오마주

21세기 초엽까지만 해도 패션 디자이너에게 해외 출장이란 상품 조사를 위한 것이었다. 아직 국내에 수입하지 않은 브랜드 혹은 그 상품을 이리저리 살펴보고 입어보며 디자인 동향을 파악하는 것이 주목적이었다. 잘 기억하기 위해 탈의실에서 몰래 상품을 촬영하기도 하고, 소재나 패턴 등을 참고할 만한 상품은 회사 비용으로 구매하기도 했다. 매우 부도덕한 행위일 수 있으나 그때는 그것이 디자이너의 열정을 가늠하는 지표와 같았다. 출장에서 돌아오면 수천 장의 사진을 정리해서 최신 트렌드를 디자인실에 공유하고, 사비를 탈탈 털어 잔뜩 구매한 최신 상품을 동료들에게 소개하는 것으로 패션에 대한 나의 열정과 회사에 대한 충심을 증명했다.

쫄보인 내가 쇼핑을 즐기는 돈 많은 관광객인 양 연기를 하는 것은 정말 쉽지 않았다. 좀더 솔직히 고백하면 그런 식의 해외 출장은 나에게 너무나 큰 스트레스였다. 경험 많은 매장 종업원이라면 고객이 옷을 만지고 고르는 태도에서부터 쇼핑의 목적이 보일 것이고, 순수한 고객이 아님을 알아챌 것이다. 실제로 어떤 이들은 노골적으로 나에게 싫은 티를 내며 응대 자체를 하지 않았고, 어떤 이들은 그럼에도 불구하고 나를 잠정 고객으로 대했다. 멋지고 세련된 공간에서 새로운 트렌드를 만날 때는 신나고 가슴이 뛰기도 했지만, 동시대 누군가의 창작물을 참고해 무언가를 또 창작해야 하는 상황은 참 싫었다. 종종 자괴감이 들었다.

이미 증명된 타사 사례를 분석해야 소비자 욕구에 적중해 잘 팔리는 상품을 더 빠르게 만들 수 있다는 산업 생태계 논리는 알고 있다. 다만 디자이너가 창의성의 열매를 맺도록 투자하고 기다리지 못하는 패션 산업의 주기가 야속할 따름이었다.

다른 기업의 디자인과 톤 앤 매너를 교묘하게 짜깁기하는 업계 종사자. 그리고 좋아하는 패션 브랜드의 최신 상품을 갖고 싶어 월급을 아낌없이 털어 넣는 충성스러운 고객. 그때 나는 그 둘 사이 어딘가에 있었을 것이다.

모두 머나먼 시절의 부끄러운 이야기였다.

지금은 우리나라에 수입하지 않는 브랜드가 거의 없을뿐더러, 홈페이지만 둘러봐도 상품의 이미지와 소재 정보를 매우 상세하게 공개해 비행기를 타고 날아가서 몰래 사진을 찍는 수고를 할 필요가 없다. 심지어 청담동 럭셔리 매장에서 드러내놓고 상품 사진을 찍어도 말리는 사람이 없다. 정보는 모두에게 알리고, 누구나 자기 의견을 낼 수 있으며, SNS나 미디어에서 언급하고 화제성이 높아질수록 브랜드 가치가 올라가는 세상이다.

레플리카

레플리카(replica)의 원래 의미는 창작자가 스스로 제작한 사본이다. 이를테면 문화재를 보호하기 위해 진본 대신 사본을 전시하거나, 패션 브랜드의 아카이브 중에서 의미 있는 모델을 재생산할 때 이것을 레플리카라고 부른다. 창작자가 스스로 제작한다는 점, 그리고 사본이라는 점을 명시한다는 점에서 모조품(imitation)과는 구별한다.

디자이너 마르틴 마르지엘라(Martin Margiela)는 독일군의 훈련용 운동화에서 영감을 받아 1999년부터 스니커스 모델을 선보였다. 1970년대 후반 서독 육군에게 보급하던 GAT(German Army Trainers)의 빈티지 상품을 구입해, 텅(tongue)에 숫자 상표를 붙이고 페인트로 칠하거나 그라피티를 추가하는 방식이었다. 이 모델 안창에는 'REPLICA'라는 상표가 붙어 있는데, 레플리카 시리즈는 마르지엘라가 원본과 가장 유사한 재료와 기술을 사용해 다시 제조한 캡슐 컬렉션이다. 마르지엘라는 2000년대 중반부터 빈티지 상품 업사이클링이 아닌 자가 제조 방식으로 전환했고, 이 모델은 메종 마르지엘라의 스테디셀러로 꾸준히 사랑받고 있다.

마르지엘라의 모델은 상표에 적은 문자 그대로 레플리카이다. 즉 GAT를 원본으로 놓고 거의 그대로 복제한 사본, 복제품이다. 그렇다면 독일군 운동화를 실제로 납품하던 제조사의 제품은 원본일까?

독일 구두공의 두 아들인 루돌프 다슬러(Rudolf Dassler)와 아돌프 다슬러(Adolf Dassler)는 제1차 세계대전 후 '다슬러 형제 신발 공장(Gebrüder Dassler Schuhfabrik)'을 함께 운영했다. 형제는 1936년 베를린 올림픽에서 스포츠화로 입지를 다지며 사업을 성공적으로 이끌었다. 그러나 때로 기대 이상의 성공은 구성원 사이의 불화를 일으킨다. 두 형제는 전쟁 발발, 군대 징집 등을 겪으며 관계가 악화해 갈라섰다. 형 루돌프의 회사 이름은 자신의 이름과 성을 축약한 루다(Ru-da)로 부르다 훗날 푸마(Puma)로 정착했고, 동생 아돌프 역시 자신의 이름을 줄여 아디다스(Adidas)라는 회사를 설립했다. 둘 다 우리에게 매우 익숙한 바로 그 스포츠웨어 브랜드이다.

1970년대 후반 서독 육군의 훈련용 운동화 납품 건으로 계약을 체결하려 푸마와 아디다스는 치열하게 경쟁했다. 그러나 독일 국방부 공식 기록에 따르면 어느 곳도 실제로 납품한 사실이 없다. 아디다스는 1980~1990년대에 GAT를 생산했다고 주장하며, 푸마는 납품 사실이 없다고 부인했으나 디자인의 원형을 제공한 것으로 추정한다. GAT의 디자인 창작자가 누구인지 명확히 밝힐 수는 없다. 그러나 다슬러 형제가 스포츠화를 개발하고 발전시켜 독일 군용 운동화의 전형을 만드는 데 기여한 사실은 부인할 수 없다. 독일 디자인 특유의 간결함과 실용성, 그리고 마르지엘라가 덧붙인 가치로 GAT가 크게 인기를 끌자, 아디다스도 2017년부터 독일군 운동화를 부활시켜 'BW 아미' 모델을 출시하고 있다.

현재 마르지엘라와 아디다스 이외에도 수많은 브랜드가 GAT 모델을 판매하고 있다. 그러나 많은 사람이 마르지엘라의 레플리카를 GAT 스타일의 표준으로 생각한다. 그것은 마르지엘라의 제품이 아디다스의 제품보다 4배가량 비싸다거나, 원본을 더 충실하게 복제했다거나 따위의 이유 때문이 아니다. 벼룩시장에서 거래하던 낡은 군용 물품을 패션계의 수면 위로 끌어올리고, 어떤 스타일과 태도로 수용해야 할지 제시한 것이 마르지엘라이기 때문이다.

마르지엘라는 GAT를 대중에게 패션 아이템으로 각인시켰고, 시간을 초월한 클래식으로 자리 잡도록 영속성을 부여했다.

패러디와 표절, 오마주

미국에서 시작된 힙합 음악은 샘플링의 작법을 적극적으로 활용하며 1980년대 뉴욕 할렘의 하위문화로 자리 잡았다. 같은 시기 대퍼 댄(Dapper Dan)이라는 사람이 힙합 뮤지션이나 스포츠 스타들을 대상으로 한 맞춤 의상실을 할렘에 오픈했다.

대퍼 댄의 디자인은 흡사 힙합 음악과 같았다. 그는 주로 루이비통, 구찌, 펜디, 디올 등 유명 럭셔리 브랜드의 로고가 뒤덮인 모노그램 원단을 사용해 매우 화려하고 과시적인 의상을 만들었다. 대퍼 댄의 로고마니아적 의상은 바비 브라운(Bobby Brown), 엘엘 쿨 제이(LL Cool J) 등 당시 래퍼와 유명인들이 착용하며 인기가 높았다. 말하자면 그의 작업 방식은 힙합식 샘플링인 셈이다.

대퍼 댄이 만든 옷은 구찌의 로고와 상징적인 색상을 사용했지만, 사람들은 그것을 전혀 구찌의 옷이라고 생각하지 않았다. 구찌는 그런 옷을 만들 리가 없기 때문이었다. 이런 면에서 대퍼 댄의 의상은 표절이라기보다 패러디에 가까웠다. 그러나 타사의 로고를 그대로 사용해 원단을 생산한 것은 엄연한 불법 행위가 맞다. 로고를 도용당한 럭셔리 브랜드들이 가만히 있을 턱이 없었다. 게다가 1980~1990년대 주류 패션계에서 로고를 범벅해서 과시하는 것은 전혀 우아한 방식이 아니었다. 대퍼 댄은 타사의 로고를 무단 도용했을 뿐만 아니라 브랜드의 가치와 명예를 훼손한 셈이다. 럭셔리 브랜드들의 소송으로 대퍼 댄 부티크는 1992년 폐업했다.

그로부터 25년의 시간이 흐른 2017년 5월 구찌의 크루즈 컬렉션이 공개되었을 때, 대퍼 댄을 기억하는 사람들은 놀라움을 금치 못했다. 당시 구찌를 이끌던 알레산드로 미켈레(Alessandro Michele)의 창작 방식이 여러 가지 요소를 복잡하게 뒤섞는 절충적 디자인이라는 것은 차치하고, 어떤 디자인은 지나치게 대퍼 댄의 것과 유사했다. 언더 디자이너의 것을 표절했다는 비난 속에서 구찌 하우스는 적극적인 해명 없이 한동안 침묵으로 일관해 많은 이들을 실망케 했다.

구찌가 몇 개월 뒤 제시한 해결책은 '구찌×대퍼 댄 컬래버레이션'이었다. 대퍼 댄을 구찌 남성복 캠페인의 광고 모델로 섭외하고, 그가 할렘에 디자인 스튜디오를 다시 열도록 지원했다. 구찌는 대퍼 댄과 협업한 컬렉션을 2018년 가을에 출시했고, 미켈레는 표절한 것이 아니라 대퍼 댄을 오마주한 것으로 마무리되었다.

럭셔리 브랜드의 로고를 무단으로 도용해 화려하고 과장된 스타일을 만들던 대퍼 댄. 그는 한때 경박한 짝퉁 물건을 만들던 부도덕한 재단사로 치부되다가, 이제는 힙합 정신을 표현한 할렘 패션의 전설로 존경받게 되었다.

이상한 리셀 현상

패션에 관심 좀 있는 사람들은 몇 년 전 패션계를 뜨겁게 달구던 슈프림 현상을 보았을 것이다. 슈프림은 1994년 뉴욕에서 시작한 패션 레이블로 스케이트보드 문화와 함께 태동했다. 슈프림 매장은 스케이트보드 문화를 중심으로 멋진 크루와 옷 잘 입는 사람들이 모여 노는 공간이었다. 슈프림은 뉴욕의 새로운 보수주의에 저항하는 스트리트 패션을 표방하며 스케이터, 힙합 뮤지션, 패셔니스타들을 중심으로 퍼져나갔고, 쿨함과 반항적 정서는 슈프림의 정체성과 같다.

슈프림 직원들은 어쩌나 무심하고 시크한지, 고객에게 매우 불친절하기로 유명하다. 그리고 제품은 도무지 종잡을 수 없다. 티셔츠와 작업복에서 실크 셔츠와 가죽 재킷까지, 거기에 갑자기 등장하는 아웃도어 용품 등. 슈프림의 제품은 슈프림다운 디자인이지만 정해진 범주를 크게 넘나든다.

게다가 그들은 매우 소량으로 생산한다. 잘 팔린다고 추가 생산하면서 질척거리는 일 따위는 없다. 이는 럭셔리 브랜드가 구사하는 전략과 비슷하다. 슈프림의 공식 매장은 전 세계에 몇 군데 없는데, 만약 당신이 신제품이 출시되는 매주 목요일 '드롭 데이(drop day)'에 득템 못하면 그 상품은 생전에 영영 만날 수 없을지도 모른다. 어쩌면 당신은 '품절의 고통' 속에 몸부림치다 생을 마감할 수도 있다. 그래서 슈프림 마니아들은 목요일 상점 앞에 긴 줄을 서서 기다리다가 손에 예상치 못한 상품이 잡히더라도 일단 사고 본다. 슈프림 로고가 있으면 벽돌, 소화기, 반려견 식기, 음주 측정기 등 필요하지 않은 물건도 일단 산다. 왜냐하면 슈프림 제품은 언제든지 더 높은 가격에 되팔 수 있기 때문이다.

슈프림이 크게 성공한 이유는 여기에 있다. 쿨한 태도와 확고한 브랜드 정체성, 그리고 희소가치. 물론 디자인의 미감은 기본값이다.

반항적인 하위문화를 근간으로 한 브랜드로서, 초창기부터 슈프림은 잘 알려진 팝 문화를 패러디하는 방식을 구사했다. 그런데 이 패러디 방식이 반(反)팝 문화로서 저항의 의미인지, 타 브랜드의 유명세에 무임승차해 이익을 취하려는 것인지 모호하고 아슬아슬했다. 슈프림은 1994년 브랜드 창립과 동시에 고소당했다. 캘빈 클라인의 광고 위에 숟가락 얹듯 슈프림 로고를 찍은 광고를 게재했기 때문이다. 어쨌거나 노이즈 마케팅은 적중한 셈이다. 관종 전략 성공!

또한 슈프림은 사람들이 익히 아는 온갖 브랜드의 로고와 상징 문양을 가져다 썼다. 패러디인지 표절인지 모를 경계에서 줄타기를 하다가, 2000년 루이비통의 고소로 슈프림은 해당 재고를 폐기 처분했다.

만약 슈프림이 단단한 브랜딩으로 현재의 충성스러운 마니아를 확보하지 못했더라면, 과거의 행적은 부도덕하고 몰상식한 짓으로 치부되었을 것이다. 그러나 오늘날 스트리트 패션의 막강해진 영향력과 슈프림의 명성 덕분에 그 모든 행보는 패기 넘치던 젊은 브랜드의 역사로 평가받는다. 이를 증명하듯 2017년 루이비통은 슈프림에게 러브콜을 보냈다. 브랜드의 노후화를 막으려는 럭셔리 브랜드들은 젊은 고객을 끌어들이기 위해 종종 스트리트 패션과 손을 잡는다.

루이비통과 슈프림의 만남은 많은 사람을 들뜨게 했다. 가장 뜨거운 럭셔리 브랜드와 거리 문화의 결합이라는 상징성, 표절 분쟁으로 다투던 두 브랜드의 화해가 극적이었기 때문이다. 2017년 루이비통과 슈프림이 함께 작업한 남성복 가을 컬렉션을 출시하기 며칠 전부터 전 세계 루이비통 매장에는 수많은 인파가 몰렸다. 두 브랜드의 역사적 만남과 세기의 한정판에 흥분하며 캠핑하듯 매장 앞을 지켰다.

이 희귀한 협업 상품들은 출시 직후 중고 거래 플랫폼에 등장했고, 매장 가격보다 수십 배 더 높은 가격에 리셀(resell)되고 있다. 더 재미있는 것은 2000년 표절 분쟁으로 폐기 대상이 되었던 슈프림 티셔츠가, 2017년 정식 출시된 제품 못지않게 높은 가격에 되팔리는 현상이다.

인류 역사에서 패션 현상은 대부분 상류층을 모방하려는 상향 지향적 욕망으로 설명할 수 있었다. 그러나 오늘날의 패션 트렌드라는 것은 하이엔드에서 스트리트로, 위에서 아래로 흐르는 일방향이 아니다. 과거 패션의 메카라 불렸던 파리나 런던 같은 몇몇 도시에서 시작해 변방 국가로 전파되는, 중심에서 주변으로 번지는 것이라 할 수도 없다.

우리는 경직된 사고에서 벗어나 경계를 허무는 해체주의적 시대에 살고 있다. 그래서 패션은 비틀고 변형하며, 조합하고 중첩해서 새로운 이미지를 생산해낸다. 그 과정에서 표절과 패러디, 조롱과 오마주, 진짜와 가짜의 경계가 매우 모호해진다.

우리는 이상한 패션 나라에 살고 있다.

3부

패션에 관한 불편한 진실

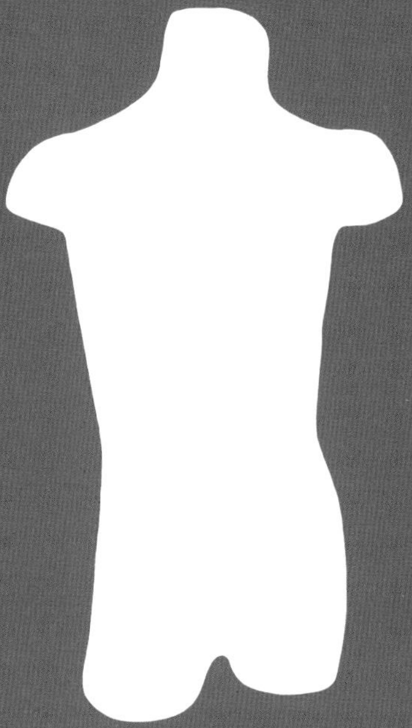

패션과 젠더

확연히 구분하거나, 모호하게 뒤섞거나

"남자라면 언제나 핑크지." "요조숙녀에겐 역시 국방색이야."

나는 남편과 이런 농담을 곧잘 한다. 성 고정 관념을 비트는 농담을 유쾌하게 주고받음으로써, 우리는 스스로를 개방적이고 진보적인 생각의 소유자라고 자랑스레 여겼을지도 모르겠다. 그런데 성을 구별 짓는 것을 소재로 한 농담 자체가 어쩌면 이미 고리타분한 발상일 수 있다. 요즘 세대는 생각보다 성 경계에 매우 유연하다.

여성스러운 게 뭔데요?

내가 패션 강의를 막 시작했을 때, 패션을 문화 및 예술의 관점에서 살펴보는 교양 수업을 맡아 강의한 적이 있다. 패션의 유행 현상 이면에 어떤 시대정신이 반영되었는지 다양한 관점에서 살펴보는 과목이었다. 어느 날 1920년대와 1930년대의 시대상을 비교하며 패션이 어떻게 변했는지 설명하는 중이었다.

1920년대는 기계화와 대량 생산이 가속화하던 시기였다. 참정권을 얻은 여성들의 사회 활동이 활발해졌고, '플래퍼(Flapper)' 또는 '가르손(Garçonne)'• 이라고 부르던 신여성이 패션을 주도했다. 이들은 짧은 머리와 짙은 눈화장, 그리고 가슴이나 허리를 강조하지 않고 발목을 드러내는 드레스로 소년 같은 분위기를 선호했다.

1929년 미국을 중심으로 경제 대공황 시기가 불어닥쳤고, 곧 제2차 세계대전이 발발했다. 산업화한 서구가 길고 극심한 불황에 빠져 실업 문제가 심각해지자, 가정과 직장에서 이중으로 일하는 여성을 집으로 돌려보내자는 운동이 일어났다. 당시 미 노동부 장관은 '용돈벌이 노동자는 사회를 위협하는 존재'라고 규탄했고, 남성 실업의 원인을 일하는 여성에게 돌렸다. 사회가 기대하는 여성의 역할은 가정에서 아이들을 돌보고 가사를 하는 것이었기에, 전통적 어머니 같은 여성상을 이상으로 여겼다. 다시금 여성들의 옷은 가늘고 길어져 허리를 조이고 머리를 틀어 올렸다. 1930년대의 시대상에 따라 여성들의 옷차림은 유연한 실루엣의 '페미닌(feminine)' 스타일로 변한 것이다.

이와 같은 강의 내용에 대해 한 학생이 중간 강의 평가를 통해 문제

• 플래퍼는 기존 규범을 거부하며 적극적이고 독립적인, 1920년대의 젊은 신여성을 가리킨다. 짧은 머리와 발목을 드러내는 직선형의 드레스, 클로슈 햇(cloche hat) 차림새를 즐겼다. 가르손은 플래퍼와 유사한 유럽식 표현으로, 1920년대 중·후반 경제 활동을 하며 남성과 대등하게 자유로운 삶을 추구하는 여성을 말한다. 이들 스타일의 특징은 성적인 매력을 강조하고 불편했던 과거 패션의 답습을 버리고, 편안하고 활동적인 옷을 추구했다는 점이다.

전형적인 플래퍼 패션의 미국 배우 루이즈 브룩스(Louise Brooks). 1927.

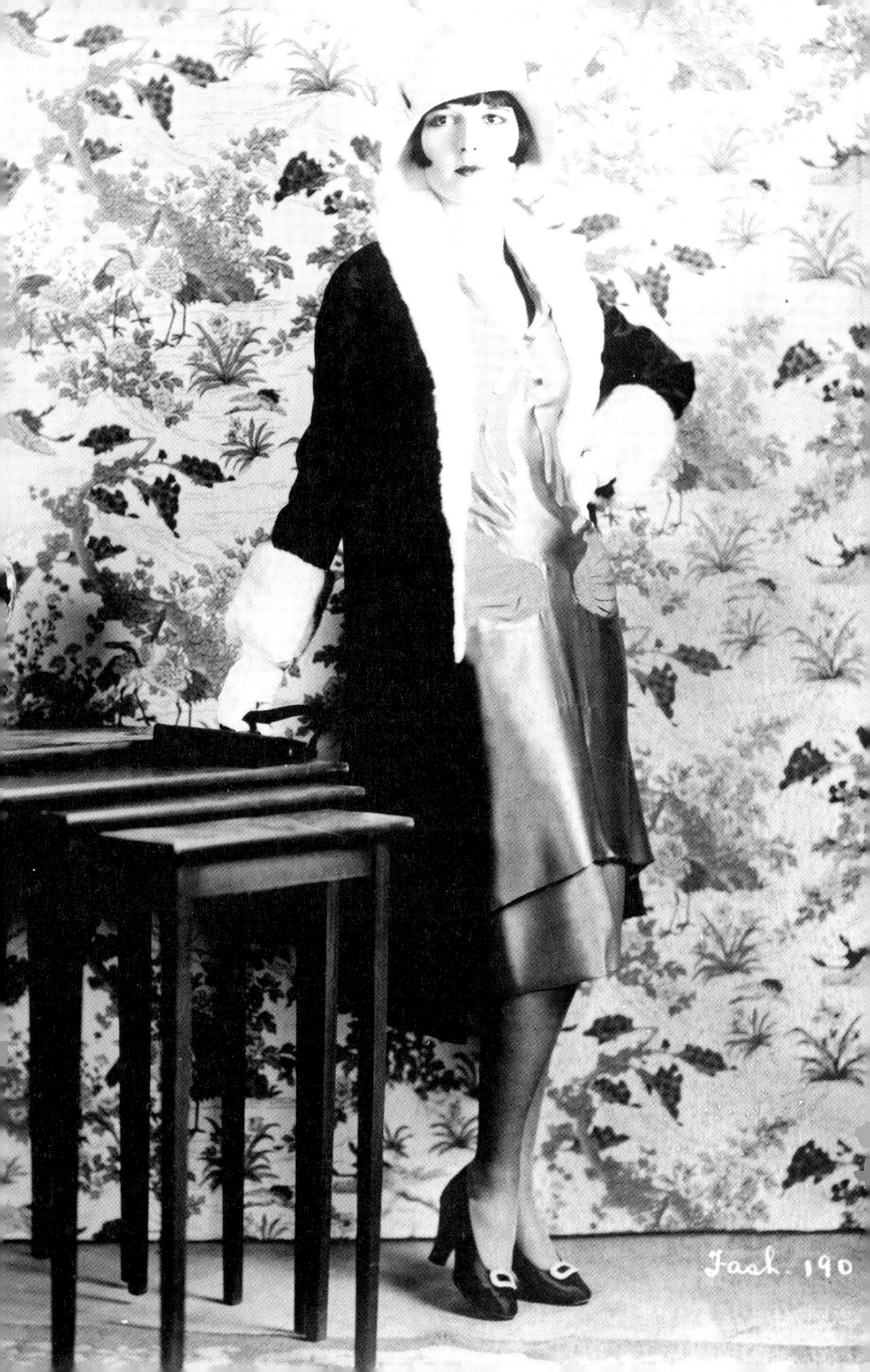
Fash. 190

를 제기했다.

"페미닌한 게 뭔데요? 인체 곡선을 강조하는 것이 여성스러운 건가요? '페미닌하다'는 차별적 표현은 듣기 불편합니다."

나는 큰 충격에 빠졌다. 왜냐하면 그동안 나는 스스로 페미니스트에 가깝다고 생각했기 때문이다. 나는 꽤나 성평등 문제에 진보적이며, 성 불평등을 묵인하지 않고 불합리한 제도에 저항하는 사람이라고 여겼다. 그런데 한편 곰곰이 생각해보면 나는 성과 관련한 불평등을 직접 크게 겪어본 적이 없는 것 같다. 남자 형제 없이 자라서 아들딸 차별을 겪어보지 않았고, 여대를 나와서 남자들과 갈등 구조에 있었던 적이 없다. 사회생활을 할 때는 디자이너가 일을 주도하는 패션업계에서 일을 했는데 디자이너는 대부분 여성이었다. 커피나 복사 심부름, 청소 같은 허드렛일을 강요하거나 정서적 괴롭힘도 있었지만, 어쨌든 가해자도 피해자도 여자였으니까 성 불평등이라고 할 수는 없다. 게다가 패션 하는 사람 중에는 남자건 여자건 아주 보수적이거나 강경한 사람은 드물었다. 늘 색다른 무언가를 찾아 헤매는 사람들이라서 비교적 유연한 사고를 가졌기에 나는 성 불평등으로 고생한 기억이 별로 없다. 또한 아이가 없어서 출산과 육아로 인한 경력 단절 및 좌절감을 겪지 않았다. 그러니까 어쩌면 나는 오늘날 20대가 느끼는 젠더 갈등에서 완전히 제3자일지도 모른다.

'페미닌하다'는 표현은 어디부터 잘못된 것일까?

부끄러운 일이지만 패션 하는 사람들은 소위 '보그 병신체'를 입에 달고 산다. 보그 병신체란 패션지에서 남발하는 국적 불명의 언어이다. 우리말로 옮길 수 있지만 굳이 외국어를 섞어 사용하는 이유는 업계 관행 때문일 때도 있고, 우리말로 전달하기 어려운 어떤 뉘앙스 때문일 때도 있다. 실루엣이나 분위기를 설명할 때는 '페미닌하다' '매니시(mannish)하다' '걸리시(girlish)하다' '보이시(boyish)하다'는 표현을 무척 자주 사용한다. 물론 성의 차이에 기인한 표현만 쓰는 것은 아니다. 시크(chic), 쿨(cool), 스타일리시(stylish), 그로테스크(grotesque), 엘레강스(elegance), 소피스티케이티드(sophisticated), 노블(noble), 영(young), 힙(hip), 로맨틱(romantic), 에스닉(ethnic), 모던(modern), 내추럴(natural) 등 이미지를 묘사하는 어휘는 주로 영어 단어를 사용한다. 변명같이 들리겠지만 그래서 나는 '페미닌'이라는 표현이 문제가 될 것이라고 한 번도 생각해본 적이 없었다.

이 학생의 문제 제기에 다소 충격을 받고서 패션업에 종사하는 주변 지인들에게 말해주었더니, 모두 나처럼 눈이 동그래지면서 놀라워했다. 외국에서도 흔히 사용하는 스타일 표현을 차별 요소로 받아들인다면 요즘 아이들이 너무 예민한 것 아니냐는 반응이 대부분이었다. 나 역시 학생의 문제 제기를 처음 들었을 때는 조금 억울하기도 했다. 내가 전하고자 하는 메시지는 패션은 시대정신을 반영하며 사회 구성원의 의식을 따라 변한다는 것이었고, 당시 사람의 사고방식을 해석했을 뿐이다. 그런데 작은 표현 하나를 두고 내 의도 전체를 곡해하는 것 같아 내심 서운했다.

그 일을 계기로 오랫동안 곰곰이 생각해보았다. '나의 성 인지 감수성은 시대를 따라가지 못하고 과거에 머물러 있는 것인가?'

나는 오랜 생각 끝에 만약 누군가 불편한 감정을 느낀다면 다시 고민해볼 필요가 있고, 잘못된 것이라면 바로잡아야 한다는 결론에 이르렀다. 학생들은 젠더 문제에 내 생각보다 큰 관심이 있었으며, 의도와 별개로 더 정제한 표현을 바랄지도 모른다. 달을 가리키면 달을 봐야지, 왜 내 손가락 모양이 불쾌하다고 하는 거냐고 불평해서는 안 될 일이다. 어떤 손가락 모양이 누군가의 마음을 다치게 하는데 계속 고집한다면, 그것 또한 폭력이 될 수 있으니까.

여성적인 혹은 남성적인

패션을 통해 착용자에 대해 알 수 있는 가장 강력한 단서는 성별이었다. 체형과 인체 굴곡을 세밀하게 반영한 옷은 그럴 수밖에 없다. 생물학적 성차에 따른 신체적 특성은 남자와 여자가 서로 다르니까.

그런데 남자 혹은 여자가 마땅히 따라야 할 것으로 고착한, 사회적 역할과 문화적 관습 또한 패션에 그대로 적용해왔다. 이상적 아름다움에 대한 시대적 기준이 달라지면 그에 맞춰 패션도 다양한 모습으로 탈바꿈했지만, 언제나 남성과 여성의 경계를 뚜렷하게 구분해왔다.

남자 옷은 이러해야 하고 여자 옷은 저러해야 한다는 관념은 신생아의 옷에도 무섭도록 뿌리 깊게 박혀 있다. 이를테면 남자아이는 하늘색 바탕에 곰돌이나 우주선을, 여자아이는 분홍색 바탕에 리본이나 꽃무늬를 그려놓은 옷을 입히거나 포대기로 감싼다. 우리는 대부분 자신이 누구인지, 무엇을 좋아하는지 자각하기 전부터 그렇게 길러졌다.

젠더를 구분하는 건 촌스러운 발상이야!

나는 지난 몇 년 동안 디자인 수업을 진행해왔다. 학생들은 졸업 심사를 위해 자신의 콘셉트와 스토리텔링을 세우고 디자인을 도출해, 마지막에는 작품으로 완성해야 한다. 두 학기에 걸친 긴 시간 동안 학생들은 자신의 모든 역량을 동원해 고군분투한다. 열정과 에너지를 쏟는 만큼 작은 평가와 피드백 하나하나에 울고 웃는다. 물론 대범하고 당차 보이는 학생들도 있지만 대부분은 매우 예민하고 연약하다.

디자인 스케치를 놓고 몇 주째 나와 의견이 대립하던 한 학생이 있었다. 콘셉트가 모호한 여러 가지 요소가 복잡하게 섞여 있는 스케치가 마뜩잖아 나는 더 정리를 하거나 강약을 조절하자고 학생을 설득하고, 학생은 디테일을 줄이거나 삭제하고 싶지 않다는 주장을 굽히지 않는 중이었다. 몇 주째 실랑이를 벌이느라 다른 친구들에 비해 진도가 뒤처지니 본인도 답답했던 모양인지, 어느 날 그 학생이 내 앞에서 또르륵! 눈물을 흘렸다. 나는 당황한 나머지 한 발 물러서 화제를 전환하려 말을 건넸다.

"어 …… 근데 이게 남성복이었나? 남자 모델에게 입힐 거죠?"라는 나의 물음에 학생은 울면서 대답했다.

"그건 생각해보지 않았는데요. 다 만들고 나서 더 어울리는 사람에게 입힐 거예요."

아! 순간 머릿속에 경종이 울렸다.

나는 "패션에 있어 젠더 구분의 강요는 이제 촌스러운 발상이다. 지금은 젠더리스의 시대다"라고 입으로는 수없이 말해 왔으면서, 이쪽과 저쪽을 구분하는 이분법에 여전히 빠져 있었나 보다. 콘셉트의 범주를 분명히 나눠야 한다는 강박 때문에 어쩌면 요즘 젊은 세대의 감성을 헤아리지 못하고 있을지도 모른다.

앤드로지너스

앤드로지너스(androgynous)란 그리스어로 남자를 뜻하는 앤드로스(andros)와 여자를 뜻하는 지나케아(gynacea)의 합성어로, 남성과 여성의 특징을 한 몸에 지닌 것을 말한다. 앤드로지너스 룩은 남성과 여성의 특성을 한데 겹쳐서 표현한다. 다시 말해 남자가 여자의 옷을, 여자가 남자의 옷을 입는 젠더 플레이 룩이라 할 수 있다. 앤드로지너스 패션은 남성과 여성의 특성이 혼재한 채 섹슈얼리티를 전면에 내세우기도 하고 지우기도 한다. 양성적이거나 중성적이거나.

양성성의 매력은 무척 역설적이다. 자신의 생물학적 성과 일치하지 않는 몸치장을 차용할 때 드러나는 묘한 분위기는 섹슈얼리티를 더욱 부각하기도 한다. 예컨대 배우 마를레네 디트리히(Marlene Dietrich)의 매니시 룩은 그녀의 성적 매력을 더욱 돋보이게 했다. 허스키한 목소리의 마를레네 디트리히는 1930년대 영화에서 팜 파탈 캐릭터로 최고의 인기를 구가하던 배우였다. 그녀가 영화 〈모로코〉에서 남장을 하고 등장했을 때 대중은 그 묘한 매력에 압도되었다. 남성 슈트 차림에 짙은 화장을 하고 담배를 피우는 그녀의 모습은 거친 듯하지만 매력적이고 관능적이었다.

마를레네 디트리히는 실제로 양성애자였다고 한다. 그리고 여자들의 바지 착용을 자연스럽게 받아들이지 않았던 1930~1940년대에 바지를 즐겨 입었기 때문에 '할리우드에서 가장 옷 잘 입는 남자'라는 별칭이 붙었다.

앤드로지너스 룩이 남장을 즐기는 여자들의 패션, 즉 남성을 모방하는 여성의 옷차림만을 일컫는 것은 아니다. 남자들도 다양한 방법으로 소위 여성의 전유물로 여기던 패션 요소를 즐겨왔다. 1970년대 짙은 화장, 화려한 의상, 하이힐의 데이비드 보위와 같은 글램 록 스타들, 1980년대에 큰 인기를 끌었던 컬처 클럽(Culture Club)의 보이 조지(Boy George)를 떠올리면 이해가 쉬울 것이다.

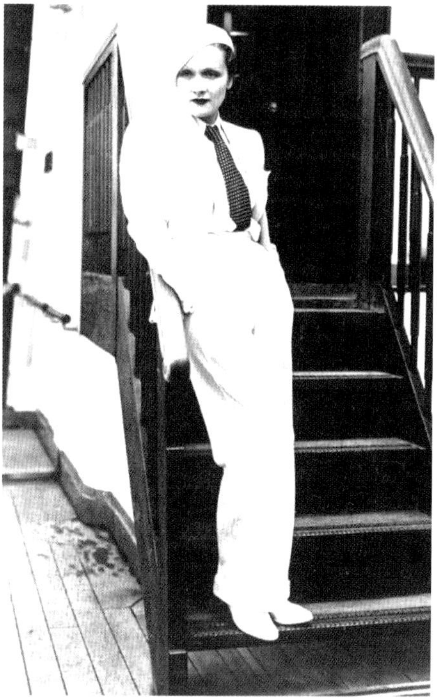

바지 정장을 입은 배우 마를레네 디트리히. 1933년경.

패션의 본질은 새로운 이상을 좇는 것이다.

앤드로지너스 룩은 고착화한 성 관념을 뒤섞는 방식으로 새로운 성의 낯설고도 아름다운 모습을 표현한다. 그렇게 새로운 제3의 무엇은 보는 이의 마음을 빼앗는다.

유니섹스

앤드로지너스 패션이 언제나 섹슈얼리티를 부각하는 것은 아니다. 어느 한쪽의 성적 특성에 치우친 패션은 오히려 성차를 지움으로써 성적 매력을 감소시킨다. 유니섹스 룩이 그러하다. 유니섹스 룩은 남성적인 마스큘린 룩(masculine look)에 치우친 남녀 복장의 단일화로, 중성적 모습을 지향한다.

1960년대 서구에서는 민주주의가 성숙하며 흑인, 여성, 청소년 등 사회적 약자의 권리와 지위를 향상하려는 움직임이 일어났다. 또한 사회에 진출한 여성이 많아지면서 남녀평등을 위한 여성 해방 운동의 물결이 거세졌다. 이러한 사회 현상은 1960년대 후반 남성과 여성의 차이를 지우는 유니섹스 룩의 등장과 큰 유행으로 이어졌다.

유니섹스 룩은 접두어 'uni-'가 의미하듯 남녀의 생물학적 차이를 지우고 단일화하는 패션을 말한다. 유니섹스 룩은 크기만 다를 뿐 남성과 여성을 대상으로 동일한 디자인의 옷을 제안했다. 백화점에는 유니섹스 패션을 다루는 '히즈 앤 허즈(His 'n' Hers)' 코너가 생겨났고, 캠퍼스에는 같은 옷을 입은 남녀 연인들이 나타났다.

당시 크게 인기를 끌었던 혼성 듀엣 가수 소니 앤 셰어(Sonny and Cher)도 같은 디자인의 무대 의상을 착용하곤 했다. 또한 가정에서 만들어 입는 홈패션 패턴도 남녀 구분이 없는 것을 판매했다. 즉 동일한 디자인이지만 다른 치수의 패턴으로 유니섹스 룩을 만들어 엄마, 아빠, 아들, 딸을 포함한 온 가족이 같은 옷을 유니폼처럼 입을 수 있었다.

고대 사회나 동양에서는 오래전부터 남녀 혼용 의상이 존재했다. 그러므로 남성과 여성의 구별이 없는 유니섹스 룩이 1960년대 처음 등장한 것이라 말할 수는 없다. 하지만 이때 유니섹스 룩은 남녀평등이라는 이념과 함께 재등장했기 때문에 주로 남성화한 여성의 이미지가 지배

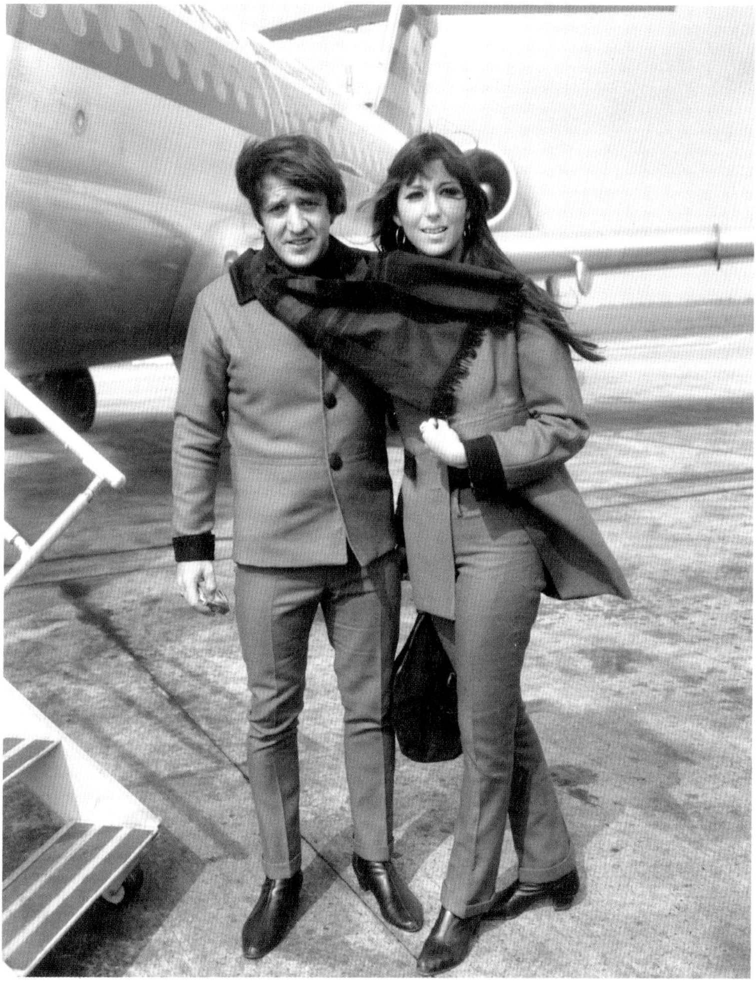

같은 디자인의 의상을 입은 미국 가수 소니 앤 셰어. 1966.

적이었다. 이렇게 섹슈얼리티를 제거한 유니섹스 룩은 오랫동안 패션의 기능 중 가장 중요하게 여겼던 '섹스 어필'이 불가능하다.

이러한 현상은 젊은 베이비 붐 세대가 사회 분위기를 이끌던 당시 시대상과도 관련이 깊다. 이들에게 이상적 아름다움이란 전통적인 모습과는 거리가 있었다. 이들은 더 이상 우아한 여성이나 강인한 남성의 기존 모습을 좇는 것이 아니라 밝고 쾌활한 어린아이와 같은 모습을 지향했다.

그러나 1960년대 후반 등장한 유니섹스 룩은 10여 년 뒤 주류 흐름에서 쇠퇴했다. 1970년대 오일쇼크로 인해 불황과 실업 문제가 대두하면서, 여성에게 다시 보수적인 이미지를 기대한 사회 분위기 때문이다.

젠더리스

젠더리스는 생물학적 성이든 사회학적 성 역할이든 그러한 구분 자체를 해체한다. 젠더리스 패션은 2010년대 중반부터 하나의 트렌드로 각광받기 시작했고, 다양성을 존중하는 Z세대의 지지 속에 이제는 패션을 넘어 거대한 문화 현상으로 자리 잡았다.

그동안 패션 브랜드들은 전통적으로 여성복 혹은 남성복의 범주에서 디자인을 기획하고 제품을 양산해왔다. 소비자는 자신의 성 정체성을 겨냥한 패션 상품을 선택하는 것이 일반적이었다. 물론 일반적인 소비 양상을 역행하는 소수는 늘 있었지만 말이다. 그런데 언제부턴가 경계를 의식하지 않고 자신의 취향을 따라 선택하는 소비 흐름이 생겨났고, 그들을 향한 부정적 시선이 차츰 줄어들었다.

케이팝 아티스트들의 패션에 대한 세간의 평가를 살펴보면 그런 변화를 실감할 수 있다. 나는 BTS의 팬이기에 관련 유튜브 영상이나 기사를 많이 찾아본다. 불과 4~5년 전만 해도 '남자가 왜 화장을 하느냐'

혹은 '사내가 왜 샤넬 귀걸이를 하느냐'는 부정적 반응이 꽤 많았다. 심지어 '케이팝'은 '게이 팝'이냐고 비아냥거리는 마초 관점의 외국인도 많았다. 그런데 이제는 BTS의 지민이 치마를 입었다고, 샤이니의 태민이 배꼽티를 입었다고, 위너의 민호가 진주 목걸이를 했다고 '너의 성 정체성이 도대체 무엇이냐'고 따져 묻지 않는다.

성의 구분이 앞으로 무색해질 것이라는 시대 감성을 읽어낸 패션 브랜드들은 몇 년 전부터 성 개념을 배제하고 브랜드 자체에 집중하기 시작했다. 구찌, 발렌시아가, 버버리, 톰 브라운과 같은 영향력 있는 럭셔리 브랜드는 남성복과 여성복으로 구분해 진행하던 컬렉션을 통합해 선보이며 이러한 변화에 앞장섰다.

구찌는 밀라노 남성복 패션 위크의 부흥이란 사명을 떠안고 2020년 가을부터 남성복 단독 컬렉션을 부활시켰다. 그러나 남성복과 여성복 패션쇼를 따로 선보이고 있을 뿐, 디자인만 놓고 보면 성의 경계가 없는 젠더리스 패션이다.

아주 오래전부터 오버사이즈 스타일을 사랑했고, 마음에 드는 옷이라면 남성복도 서슴없이 구매하던 나로서는 최근의 젠더리스 열풍이 무척 반갑다. 파는 사람은 효율을 우선시하고 사는 사람은 자신의 취향과 미감을 따르면 되는 것이니, 모두가 행복한 일 아닌가!

젠더리스 패션은 성을 특정하지 않는다. 그것은 성 정체성을 무시하거나 패러디하는 것과는 다르다. 무언가를 이쪽과 저쪽으로 나누던 경계의 개념을 초월하는 것이다. 무언가를 특정하지 않는다는 것은 편견 없이 그 자체를 바라본다는 의미이기도 하다. 사람을 그냥 사람으로.

앞으로 여자의 옷은 이래야 하고, 남자의 옷은 저래야 한다는 관념은 점점 더 희미해질 것이다. 그리하여 임의의 규범에 갇히지 않은 우리는 더 자유롭고, 무엇이든 원하는 대로 입을 수 있다. 있는 그대로의 나 자신을 드러낼 수 있다.

코르셋 유감 1

아름다움에 대한 강박

나는 20세기 끝자락에 공립 중·고등학교를 다녔다. 당시에는 남학생과 여학생을 구분해 반을 배정하는 일이 흔했고 심지어는 건물을 분리하기도 했다. 그리고 학생들은 그러한 이분법 아래 각각의 교육 과정에 놓였다.

그리하여 20세기 소녀인 나는 내 의지와는 무관하게 '가사'와 '가정' 과목을 공부해야만 했다. 당시 나는 두 과목의 차이를 제대로 인지하지 못해서, 막상막하로 흥미롭지 않은 쌍둥이 같은 과목을 두 개나 해야 한다는 게 큰 불만이었다. 교과목의 목적이나 필요성을 제대로 이해하지 못한 사춘기 아이가 공부를 제대로 했을 리 없다.

앞치마 만들기, 한복 저고리 축소 모형 만들기 등의 실습 시간은 재미있기도 했지만 5대 영양소가 균형을 이룬 식단 짜기, 계면 활성제의 원리와 의류 소재별 세탁 방법 이해, 모유 수유의 장점과 영유아 접종 순서 등을 외우는 일은 죽어라 싫어했다.

"이건 엄마들이 하는 일이잖아. 나랑 상관도 없는 걸 내가 왜 알아야 하지?"

반항심 가득한 사춘기 시기여서 그랬는데, 나는 그 두 과목을 '엄마들이 하는 집안일과 양육 의무'에 대한 교육으로 이해하고 특히 싫어라 했다. 마치 '모든 여자아이는 자라서 엄마가 될지니, 가정과 가사에 충실하라!'는 계명처럼 느껴졌고, 내 미래가 '엄마'로 살도록 결정되어 있는 것 같아 억울했다.

마흔을 훌쩍 넘긴 지금은 안락한 가정이 한 인간의 삶을 어떻게 지탱하는지, 효율적인 가사가 왜 중요한지 절절히 체감하고 있다. 또한 엄마가 된다는 것이 얼마나 숭고한 일인지 알고 있다.

교양 있는 숙녀

중·고등학교 시절에 가정과 가사 과목 공부를 게을리한 것을 구구절절 변명해봤다. 불성실한 학생이던 내가 지금까지 강렬히 기억할 정도로 당시 가정과 가사 선생님이 강조하던 내용이 있었는데, 그것은 바로 '조신한 숙녀의 옷차림과 태도'였다.

선생님 말씀이 무릇 단정한 옷차림의 여성은 한여름일지라도 공식석상에서 맨다리를 내보여서는 안 되고, 코르셋을 착용해 군살이 드러나지 않게 해야 한단다. 그리고 허리를 꼿꼿이 세우고, 입을 다물고 웃어야 교양 있는 숙녀라고 했다.

20세기의 나는 교양도 없고 숙녀도 아니었지만, 교양 있는 숙녀로 자라날 꿈나무로서 코르셋을 착용했다. 중학생이었던 열여섯에 엄마는 내게 코르셋을 처음 사주셨다. 색상별, 용도별 꽤 여러 개의 코르셋을 갖게 되었고 나는 제법 오랫동안 코르셋을 착용했다.

오버사이즈 룩이 본격적으로 유행하기 전, 불과 몇 년 전까지도 코르셋은 늘 옷장 한편에 있었다. 그리고 '잘 차려입어야 할 때'에는 코르셋을 입곤 했다. 회사의 큰 대외 행사가 있다거나, 많은 사람 앞에서 프레젠테이션을 한다거나.

코르셋의 엄청난 탄성은 나의 물렁한 허리를 잘록하게, 퉁퉁한 똥배를 납작하게, 축 늘어진 엉덩이를 위로 잡아 올린다. 코르셋을 착용했을 때의 압박감은 몸과 마음을 한껏 긴장시킨다. 배가 불편해 허리를 앞쪽으로 구부정하게 하지 못하고, 음식을 양껏 먹거나 크게 입 벌려 웃는 것이 쉽지 않다. 저절로 소위 '교양 있는 숙녀' '제대로 교육받은 여자'가 되어버린다.

코르셋의 역사

도대체 여자들은 왜, 언제부터 코르셋을 입기 시작했나?

복식사 서적 대부분은 크레타섬 크노소스 궁에서 발견한 기원전 1600년경 '뱀의 여신'에서 코르셋의 원형을 찾는다. 그러나 실제 그 역할과 기능에 대해서는 밝혀지지 않았으니 단정 지을 수 없다.

중세를 거쳐 르네상스에 이르면 여성 의상은 상·하의, 즉 보디스(bodice)와 스커트의 분리가 보편화한다. 겉옷을 제외한 거의 모든 의상은 허리 위치를 드러내게 되었다. 이로 인해 여자 옷 형태는 느슨하게 걸치는 드레이퍼리(drapery)에서 허리를 조이는 실루엣으로 이행한다.

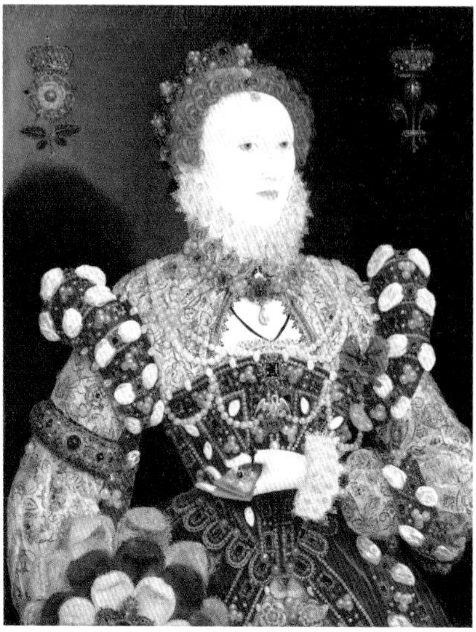

복부를 압박하며 단단하게 고정하는 스터머커를 입고 있는 모습. 니컬러스 힐리어드(Nicholas Hilliard), 〈엘리자베스 1세의 초상〉, 1575년경, 워커미술관 소장.

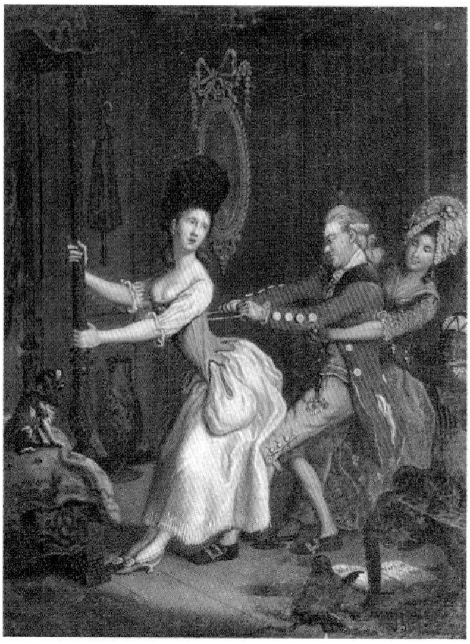

코르셋에 관한 18세기 풍자화 〈졸라매기(1777)〉. 존 컬릿(John Collet), 대영박물관.

르네상스 시기의 코르셋은 속옷이라기보다 옷의 일부였다. 여성 드레스의 가슴부터 배까지 다양한 장식의 스터머커(stomacher)를 덧붙였는데, 이 스터머커 안에 고래수염과 같은 구조물을 삽입해 배를 납작하게 만들었다. 스터머커는 어찌나 뻣뻣하고 견고했는지, 방심하고 상체를 숙였다가 갈비뼈가 부러지는 사고가 종종 있었다고 한다.

당시 돈 많고 지체 높은 여성들은 스터머커의 끝을 뾰족한 예각의 형태로 해 허리를 더욱 가늘고 날렵하게 보이도록 하고, 스커트는 기하학적으로 부풀렸으며, 목둘레에는 마치 후광처럼 보이도록 큰 러프 칼라(ruff collar)를 부착했다. 당시 사람들은 '새로운 세상에 걸맞은 진취적인 인간상'은 이러한 몸을 가져야 한다 여겼을 것이다.

바로크 시기의 여성 드레스는 잠시 느슨해진 것처럼 보이지만, 사실 더욱 촘촘하게 뼈대를 넣어 '코르셋'이라는 명칭의 의류를 고안했다. 이후 코르셋은 스터머커와 분리되어 드레스 안쪽으로 숨어들어갔을 뿐 여성 패션에서 사라지지는 않았다. 그 후로도 수백 년간 코르셋은 여성들의 허리를 조여왔다.

아름다움이라는 권력

그렇다면 왜 여성들은 잘록한 허리에 집착하게 된 걸까?

자신의 우월함을 내세워 타인에게 영향력을 행사하려는 것은 인간의 본능이다. 아름다움의 기준은 시대 흐름에 따라 달라지지만, 시대에 부합하는 아름다움을 지닌 사람은 어디에서건 환영받는다. 특히 여성의 경우 외적 아름다움을 통해 더욱 긍정적인 평가를 받는 것은 예나 지금이나 매한가지이다. 기원전 600년경 시인 사포(Sappho)는 "예쁘면 다 착하다"며 여성의 외모를 성격과 결부한다.

시대상에 맞는 매력을 갖춘 여성은 더 많은 호의와 기회, 명예, 부를 얻는다. 그리하여 수백 년 전 여성들은 납 가루를 얼굴에 발라 창백하게 만들고, 가학적인 구조물 속에 몸을 구겨 넣어 미인의 전형이 되기 위해 애썼다. 그러나 미인이 되기 위한 그런 노력조차 모두에게 허용된 것은 아니었다. 코르셋은 일단 너무 불편하다. 극도로 뻣뻣하고 또 화려한 코르셋을 입는다는 것은 노동하지 않는 계층을 의미한다. 물론 코르셋을 입는 하층민도 있었다. 단지 이들이 입었던, 느슨하고 엉성한 지지대가 들어간 코르셋은 마구간을 치우고 감자를 캘 때 갈비뼈를 부러뜨리지 않을 정도의 신체 압박이었을 것이다.

유럽의 왕가와 귀족 여성들은 더 가는 허리를 만들려 경쟁적으로 애썼다. 프랑스 앙리 2세(Henri II)의 왕비 카트린 드메디시스(Catherine de Médicis)는 허리둘레를 13인치로 만들고자 노력했다(성공했다는 기록은 없다). 오랫동안 서구 사회에서 사회적 지위가 높은 여성들은 자신이 가진 것을 더욱 확연하게 드러내기 위해 허리를 옥좼다. 코르셋 속에 몸을 욱여넣기 위해 분투하며 시중드는 사람의 힘을 빌려 몸을 변형시켰다.

코르셋을 논할 때 빼놓을 수 없는 인물은 오스트리아의 엘리자베트 폰 비텔스바흐(Elisabeth von Wittelsbach) 황후이다. 엘리자베트는 시시(Sissi)라는 애칭으로 많은 사랑을 받았으며, 당시 유럽 여성들에게 선망의 대상이었다. 왜냐하면 그녀는 당대 미의 기준인 '잘록한 허리'의 대명사! 무려 16인치의 허리를 유지했기 때문이다.

코르셋의 역사와 모순을 이야기할 때 시시 공주를 언급할 수밖에 없는 이유가 하나 더 있다. 시시는 잘록한 허리와 아름다운 외모를 가꾸는 데 집착이 대단했고, 파리에서 특별 주문한 가죽 코르셋을 입는 데 한 시간 이상을 투자해 모두가 칭송하는 예쁜 몸매를 지켰다. 또한 마지막 죽음의 순간에도 코르셋은 그녀를 얼마간 지켜주었다.

1898년 시시가 스위스 제네바에서 괴한에게 습격당했을 때 불행하게도 칼이 그녀의 심장을 관통했다. 그럼에도 불구하고 시시는 100여 미터를 걸어가 도움을 청하고 몇 시간을 버텨낸 후 숨을 거두었다고 한다. 부검의들은 그녀가 사랑했던 특별한 코르셋이 지혈 작용을 한 덕분에 사망 시간이 지연되었다고 했다. 시시 공주 일화는 내가 복식사에서 찾아낸, 몇 안 되는 코르셋의 순기능 중 하나이다.

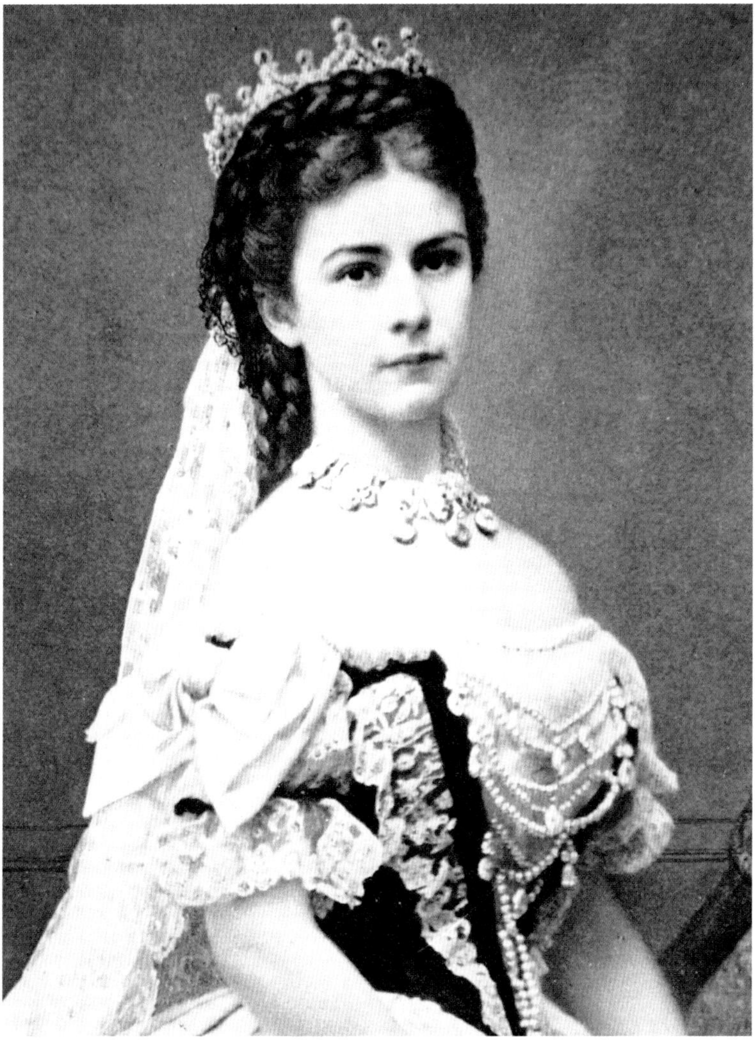

유난히 가는 허리로 유명했던 시시 황후.

사실 내가 코르셋에 관하여 하고 싶은 이야기는 그것의 역사와 유래가 아니다. 일단 엄청난 고통을 감수해야 할 만큼 신체를 왜곡하고 억압하는 아름다움이 가치 있는 것인가 하는 의문은 차치하고, 만약 당신이라면 그들과 다른 선택을 할 수 있었을지 생각해보았으면 한다.

시대의 이상적 미를 좇으며 외모를 가꾸고 유행을 따르는 것이 오롯이 한 개인의 자발적 선택일까? 어떤 틀 속에 있도록 강요하는 사회적 압력으로부터 개인은 얼마나 자유로울 수 있을까? 오늘날 우리가 받아들이는 유행도 의심해볼 필요가 있다.

코르셋 유감 2

노출과 존엄의 상관관계

여성스럽거나 혹은 남성스럽거나. 오늘날의 성 인지 감수성으로 볼 때 이런 이분법은 전원일기만큼 촌스럽다. 그뿐만 아니라 타인의 외양을 통한 범주화는 폭력과 억압이 될 수 있기에, 그러한 기준과 평가는 지양해야 한다. 하지만 불과 몇 년 전까지만 해도 우리는 모래시계처럼 가슴과 엉덩이를 부풀리고, 허리를 한껏 조여서 몸을 조작한 실루엣을 소위 '여성스럽다'고 표현했다. 반대로 어깨를 강조하고 허리와 엉덩이의 편차를 줄이면 '여성스럽지 못하다'고 평하곤 했다. 우리는 오랫동안 그러한 관념 속에 있었다.

우리 몸을 둘러싼 패션은 시대가 요구하는 이상적 아름다움을 좇아 우리 몸을 조작해왔다. 옥죄고 부풀리고 과장하면서. 우리 몸에 대한 미적 평가 기준은 시대에 따라 끊임없이 바뀌어왔으나 그 변화는 줄곧 여성의 가슴, 허리, 엉덩이, 다리 위에서 이루어졌다. 무엇보다 획일화한 기준에 부합하도록 여성을 가두던 대표적인 아이템이 바로 코르셋이다. 코르셋은 기나긴 역사 속에서 여성을 더욱더 여성'답게' 했다. 코르셋으로 한껏 도드라진 여성의 굴곡진 몸, 그러니까 잘록한 허리, 풍만한 가슴과 엉덩이는 가장 큰 여성의 매력 자본이 되었다. 이는 누군가에게는 지위와 힘을 부여하고, 또 다른 누군가에게는 결핍과 착취의 원인을 제공했다.

헐렁한 옷은 페미니즘의 표현인가

최근 전 세계 젊은 세대에게 가장 영향력 있는 뮤지션 중 한 명인 빌리 아일리시(Billie Eilish)는 음악과 SNS, 언론 인터뷰를 통해 자신의 생각을 거침없이 쏟아내며 주목받았다. 특히 헐렁한 오버핏의 독특한 패션 스타일을 고수하는 이유에 대해서, 타인이 자신의 몸을 평가하는 것을 듣고 싶지 않기 때문이라고 말했다.

> "오버사이즈 의상을 입으면 내 몸매를 드러내지 않기에, 누구도 내 몸에 대한 의견을 낼 수 없다."

빌리 아일리시의 이런 행보는 여성 몸의 성적 대상화를 거부하는 많은 이의 지지를 얻었다. 그런데 빌리 아일리시는 2019년 패션지 〈V〉 인터뷰에서, 그러한 지지 속에도 슬럿 셰이밍(slut shaming)• 이 숨어 있어 달갑지 않다고 말했다. 많은 사람이 '당신이 소년처럼 옷을 입어서

• 보수적 사회 통념에 어긋나는 여성의 옷차림이나 태도를 비난하는 것.

너무 기뻐요. 덕분에 다른 여성들도 소년처럼 옷을 입고 헤픈 여자가 되지 않을 수 있어요'라는 식의 응원을 보냈다. 하지만 그렇게 말하는 사람들 역시 여성을 어떤 관념 속에 가둔다는 것이다.

> "나처럼 입고 싶지 않은 사람들을 비난하는 방법으로, 나를 지지하는 이상한 흐름이 싫다."

실제로 그녀의 패션 스타일을 '정형화한 여성상에 대한 저항 메시지'로 해석하는 사람이 많았다. 하지만 정작 본인은 그건 사실이 아니라고 했다. 자신은 어떤 콘셉트를 의도한다기보다 그냥 이런 스타일이 편해서 입는 것이고, 더 중요한 것은 자기 자신을 편하게 드러내는 것이라고 강조했다.

코르셋은 비난받아야 하는가

어쨌든 빌리 아일리시는 자신의 몸에 대해 왈가왈부하는 것을 원천적으로 차단해왔다. 오버사이즈의 패션 스타일을 고수하는 방식으로.

그녀의 뛰어난 음악적 재능과 더불어 패션 스타일도 늘 세상의 관심을 받았다. 그리고 수많은 사람은 각자의 해석에 따라 그녀의 오버사이즈 패션 스타일을 지지했다. 파격적 콘셉트의 화보를 촬영하기 전까지는.

2021년 6월 영국 〈보그〉에 실린 빌리 아일리시의 화보는 많은 이를 충격에 빠뜨렸다. 코르셋을 착용한 채 맨살을 과감하게 드러낸 모습은

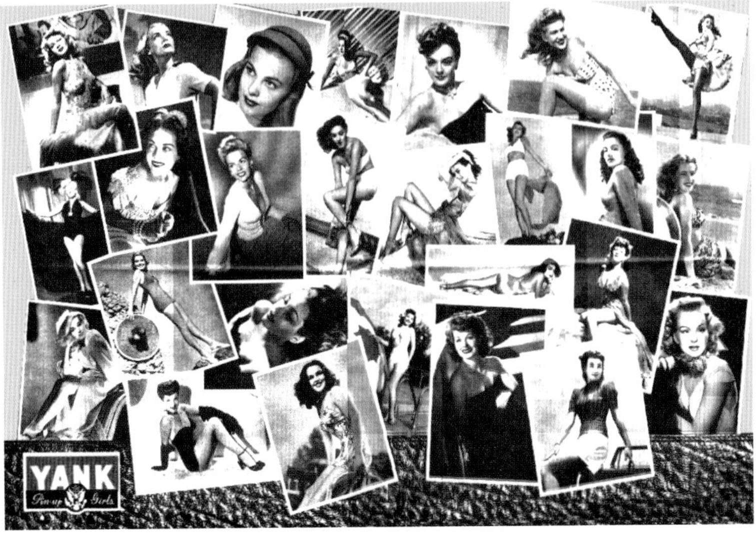

핀업 걸 이미지.

전형적인 핀업 걸(pin-up girl)• 스타일이었다. 더구나 이 화보의 콘셉트를 빌리 아일리시가 직접 제안했다는 사실에 사람들은 더욱 놀라움을 금치 못했다. 여성을 성적 대상화하는 핀업 걸 패션 스타일을 빌리 아일리시가?!

이 화보 콘셉트가 이전의 행보와 다르기에 논란이 될 수 있다는 것을 본인도 이미 아는 듯, 빌리 아일리시는 〈보그〉 인터뷰에서 이렇게 말했다.

• 미적 혹은 성적으로 이상화한 모습을 연출한, 사진이나 그림 속의 여성. 벽에 핀으로 꽂아놓고 보곤 했다. 제2차 세계대전 중 군인들이 핀업 걸 이미지를 주로 소비하면서, 1950년대 패션 광고에 선정적 핀업 걸 이미지가 만연했다.

"몸 긍정주의를 실천하며 대체 왜 코르셋 화보를 촬영하느냐는 비판을 받을 수 있다. 하지만 나는 내가 하고 싶은 일이라면 뭐든 할 수 있다고 믿는다."

빌리 아일리시의 진의와는 별개로 어떤 사람들은 갑작스러운 변화에 실망을 감추지 못했다. 〈보그〉 화보 촬영 이후 이어진 몇 번의 노출 패션을 두고 더 이상 노출하지 말아 달라고 부탁하는 팬들이 있는가 하면, 전형적 내로남불이라고 비난하는 사람도 많았다.

이를 계기로 인스타그램 팔로어 중 무려 10만 명이 이탈했다. 빌리 아일리시 자신도 이러한 반응을 예견한 듯 앞선 〈보그〉 인터뷰에서 이런 말을 남겼다.

"당신이 살을 노출하고 싶으면 갑자기 위선자가 되는가? 쉬워 보이고 헤픈 여자가 되는가? 몸과 살을 보여주든 아니든, 그것이 개인의 존엄성을 결정하지 않는다."

어떤 쪽이든 나의 선택이라면

유명인의 신체 노출로 인한 논란은 드문 일이 아니다. 특히 여성 인권 문제에 목소리를 높이던 사람이라면 그 파장은 더욱 커진다. 배우 엠마 왓슨(Emma Watson)의 사례가 그렇다. UN 여성 친선 대사로 활동하는 엠마 왓슨이 2017년 패션지 〈배너티 페어(Vanity Fair)〉와 촬영한 화보는 논란을 일으켰다. 엠마 왓슨은 브래지어를 입지 않은 채 흰색 굵은 루프로 성글게 만든 케이프를 걸쳤는데, 이러한 연출에 일부 사람은 '왜 페미니스트가 가슴을 노출하느냐, 자신을 성적으로 보이게 하느냐'며 비난을 퍼부었다. 페미니스트를 자처하며 가슴을 상업적으로 이용하는 것은 모순이라는 지적이다.

얼핏 맞는 의견처럼 보이는, 페미니즘에 대한 오해에 똑순이 엠마 왓슨은 아주 명료하게 대응했다.

"페미니즘은 다른 여성을 이기기 위한 도구가 아니라 여성에게 선택권을 부여하는 것이다."

그녀가 말하는 페미니즘은 성별이라는 틀에 갇히거나 여성성을 거부하는 것이 아니며, 남성 혐오의 동의어는 더더욱 아니다. 페미니즘은 한 인간으로서 자기 결정을 온전히 행사할 수 있는 자유와 권리에 관한 것이다.

신체 노출을 얼마만큼 허용하고 받아들이는가는 사회적 공감대에 따라 달라진다. 우리나라의 경우 1970년대에는 허벅지를 드러내는 미니스커트가 법적 단속 대상이었고, 1990년대에는 배꼽을 드러내는 상의가 그러했다. 가려야 할 곳을 가리지 않아 미풍양속을 해치고, 타인에게 수치심과 불쾌감을 유발한다는 이유였다. 그러나 '가려야 할 곳'은 시대에 따라 다르게 인식하며 '불쾌감'의 기준도 모호하다. 2024년 현재 대한민국의 법은 '공개된 장소에서 공공연하게 성기·엉덩이 등 신체의 주요한 부위를 노출하여, 다른 사람에게 부끄러운 느낌이나 불쾌감을 준 사람'을 처벌 대상으로 정의하며 시대적 인식 변화를 일부 반

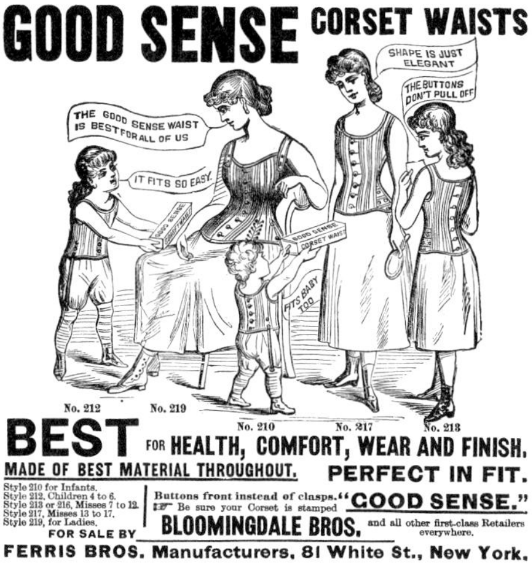

성인을 포함하여 유아, 아동, 청소년 여성을 대상으로 한 19세기 코르셋 광고. 교양 있는 여성이라면 응당 코르셋을 착용해야 했다.

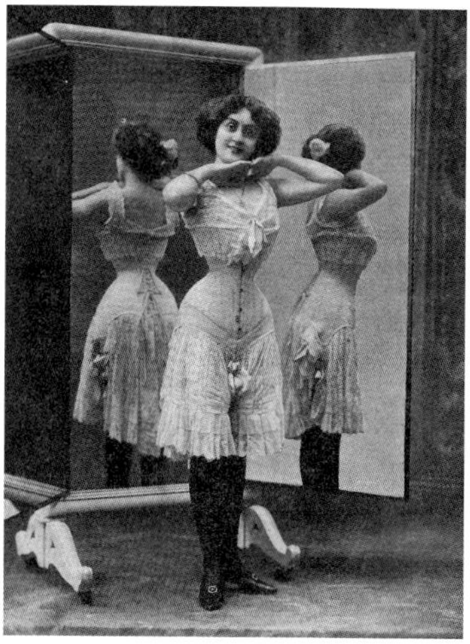

비정상적으로 잘록한 허리를 선호하던 시대의 잡지 속 코르셋 화보. 1908.

영했다. 그러나 우리 사회의 통념은 여전히 여성에게 더욱 엄격한 정숙을 요구하기에, 여성과 남성의 몸에 이중 잣대를 들이댄다.

패션도 이를 거들어왔다. 코르셋은 일하지 않아도 되는 상류층의 장식에서 여성의 관능적 매력을 표현하는 수단으로 변화하며, 하나의 권력으로 기능했다. 동시에 여성들은 자의 반 타의 반으로 그 안에 몸을 욱여넣고 어떤 기준에 부합하기 위해 부단히 애써왔다. 과거에는 코르셋을 입지 않는 여성이 교양 없는 시민이었다면, 이제 코르셋을 벗자고 말하는 사람들이 코르셋을 입은 사람들을 비난하기도 한다.

21세기에 옷 입는 방식을 두고 이쪽과 저쪽으로 편 가르고 싸우는 모습은 좀 우스워 보인다. 입든지 벗든지, 그게 뭐 어떻단 말인가? 그저 옷일 뿐이다.

그냥 내가 멋지다고 생각하는 모습, 나다운 모습으로 표현해주는 것. 패션은 그래야 한다.

그래서 더 이상 패션이 나의 존엄을 타인에게 평가받거나, 나를 누군가에게 종속하는 굴레가 아니었으면 좋겠다. 패션이 나를 자유롭고 기쁘게 하는 것이기를 희망한다.

바지 입는 여자 1

당돌한 여자들의 출현

어느 날 수업 시간에 20세기 시대상과 문화, 그리고 거기에 영향을 받은 유행 의상을 학생들에게 설명하고 있었다. 당대 최신 유행에 민감했던 젊은이들의 실제 모습을 시각 자료로 보여주는데, 한 학생이 이렇게 질문했다.

"옛날 여자들은 거의 전부 치마를 입었네요?"

1950년대 밑단이 넓은 우아한 스커트, 1960년대 모즈 룩(mods look)의 미니스커트, 1970년대 디스코 열풍과 반짝이는 시퀸 스커트 또는 사이키델릭한 히피풍의 롱스커트. 내가 제시한 수업 자료를 보면 그렇게 생각할 만도 하다.

20세기 여자들에게 바지가 금지된 것은 아니었지만, 1980년대 여피와 빅 룩이 상륙하기 전까지 '잘 갖춰 입어야 할 때' 주로 치마를 입었던 것은 사실이다.

치마의 한계

서양 복식의 역사에서 여성복 바지가 수면 위로 떠오른 시기는 빅토리아 시대이다. 영국의 빅토리아 여왕이 통치하던, 19세기 중엽부터 20세기 직전까지의 이 시기에는 산업 혁명의 수혜로 경제적 번영을 이룬 부르주아들이 정교한 예술과 문화를 꽃피웠다. 후기 빅토리아 시대부터 제1차 세계대전이 발발하기 전까지를 서유럽 역사상 가장 풍요롭고 아름다운 호시절, 즉 '벨 에포크(Belle Époque)'라고 한다. 이 시대 서구 열강 국가 여성들은 제국의 풍요를 누리며 집안을 꾸미고, 차와 파티 문화를 즐기며, 일상의 모든 것을 예쁘고 보기 좋게 가꿨다. 그리고 자신의 몸도 더욱 정교하게 옥죄 다듬었다. 금속 아일렛(eyelet)으로 더 꽉 조일 수 있는 코르셋을 입음으로써.

스커트의 폭과 네크라인은 조금 길어지거나 유행의 흐름을 타고 조금씩 변해갔다. 보트넥에서 하이칼라(high collar)로, 크리놀린(crinoline)에서 버슬(bustle)•로. 그러나 언제나 변치 않는 한 가지가 있었으니, 이는 바로 코르셋으로 조인 허리와 치렁치렁 무거운 스커트였다.

• 크리놀린은 스커트를 부풀리기 위해 딱딱한 버팀살로 만든 페티코트로 19세기 중엽에 크게 유행했다. 과도한 부피의 크리놀린 실루엣으로 인한 다양한 일화가 전해지고 있는데, 한 여성이 자살하려 투신했을 때 뜻하지 않게 크리놀린이 낙하산 기능을 했다고 한다. 버슬은 크리놀린이 쇠퇴하기 시작한 19세기 말에 유행한 것으로, 엉덩이 뒷부분만 볼록하게 부풀리는 페티코트이다.

최초의 여자 바지

미국 여성의 참정권 운동이 일어나던 1850년경, 신체를 압박하고 행동을 제약하는 여성 복식을 개선해야 한다는 인식도 함께 생겨났다. 이 무렵 엘리자베스 스미스 밀러(Elizabeth Smith Miller)라는 여성이 최초로 바지를 입고 외출했다. 엘리자베스 스미스 밀러는 여성 인권 운동가였으며 빅토리아 시대 복장 개혁에 앞장선 깨어 있는 지식인이었다. 그리고 미국 노예 해방 운동가인 아버지와 어머니의 딸이자 노예제 폐지론

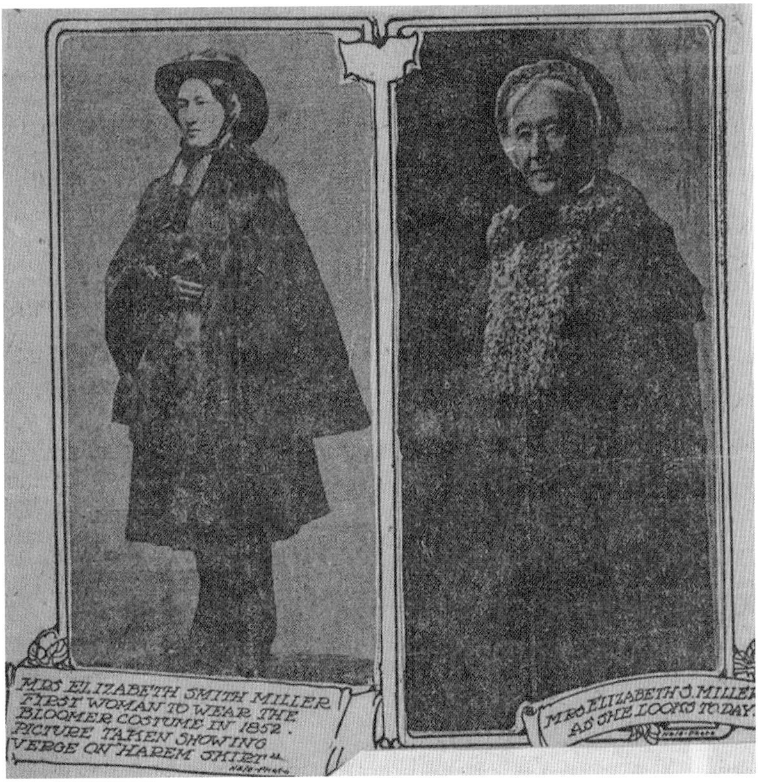

바지를 입은 엘리자베스 스미스 밀러의 사진. 1852.

자의 아내이기도 했다.

엘리자베스 스미스 밀러가 1851년 선보인 최초의 여성 외출복 바지는 짧은 스커트 밑에 덧입은 터키식 바지 형태였다.

> 정원에서 일하며 많은 시간을 보내던 나는 길고 거추장스러운 스커트에 불만이 컸다. 그리고 더 이상 이 족쇄를 참지 말아야 한다는 결정에 이르렀다.
>
> –엘리자베스 스미스 밀러

당돌한 여성들의 바지, 블루머

엘리자베스 스미스 밀러의 친구이자 이웃인 어밀리아 블루머(Amelia Bloomer)도 새로운 '자유의 옷' 입기에 적극적으로 동참했다. 어밀리아 블루머는 여성 신문 〈더 릴리(The Lily)〉의 발행인이었고, 언론을 통해 바지가 여성에게 주는 자유를 알렸다. 바지를 입으면 여성들도 '자전거'라는 당대의 혁신적인 이동 수단을 즐기고 남성과 동등하게 활동할 수 있음을 강조하여, 많은 여성으로부터 큰 공감과 지지를 얻었다. 빅토리아 시대 당돌한 여성들의 바지는 어밀리아 블루머의 이름을 따서 '블루머'라 불렀다. 그리고 블루머는 행동의 자유에서부터 인간의 권리를 되찾을 수 있다는 믿음 속에 조용히 확산해갔다.

그러나 그 시절 세상은 바지 입는 여자들에게 그리 호락호락하지 않았다. 블루머 착용을 포함해 남성의 영역이던 흡연, 음주와 같은 것을 탐하는 소위 '여성들의 일탈 행동'을 블루머리즘(Bloomerism)으로 지칭했다. 남자처럼 바지를 입고 외출하는 여성은 조롱과 비판의 대상이었

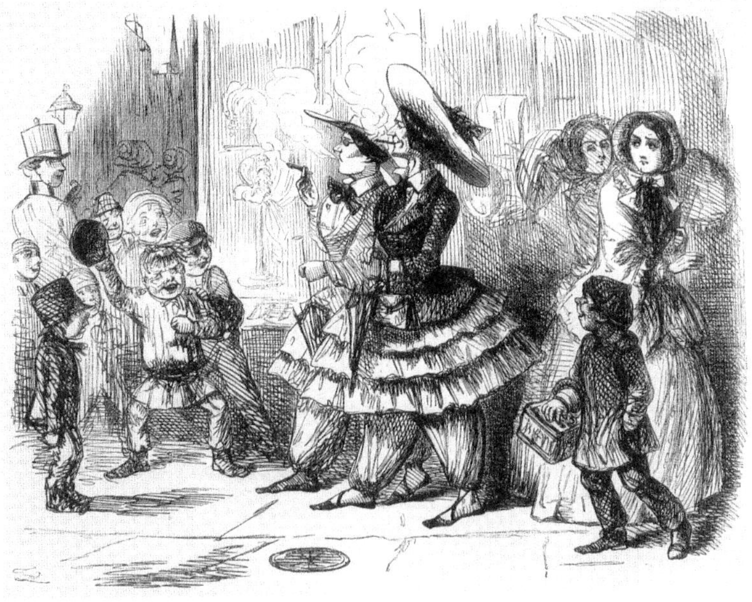

블루머리즘을 부정적으로 묘사한 삽화. 1851.

다. 블루머를 입고 거리를 걷는 여성들은 남자들의 고함 소리, 구경거리처럼 따라다니며 비아냥대는 소년들, 감히 무례하게 바지를 입는다는 비판적 여론에 직면했다. 메리 리버모어(Mary Livermore)라는 여성 운동가는 블루머의 착용을 '매일 십자가에 못 박히는 심정'이라고 표현했다.

그리고 이런 당돌한 여자의 가족 또한 다양한 압박을 겪어야 했다. 블루머를 입는 아내나 딸을 둔 정치인은 반대 이념에 부딪혀 불이익을 당했다. 그리하여 블루머는 급진적 미국 여성 운동가들의 짧은 해프닝처럼 10여 년 만에 사라졌다.

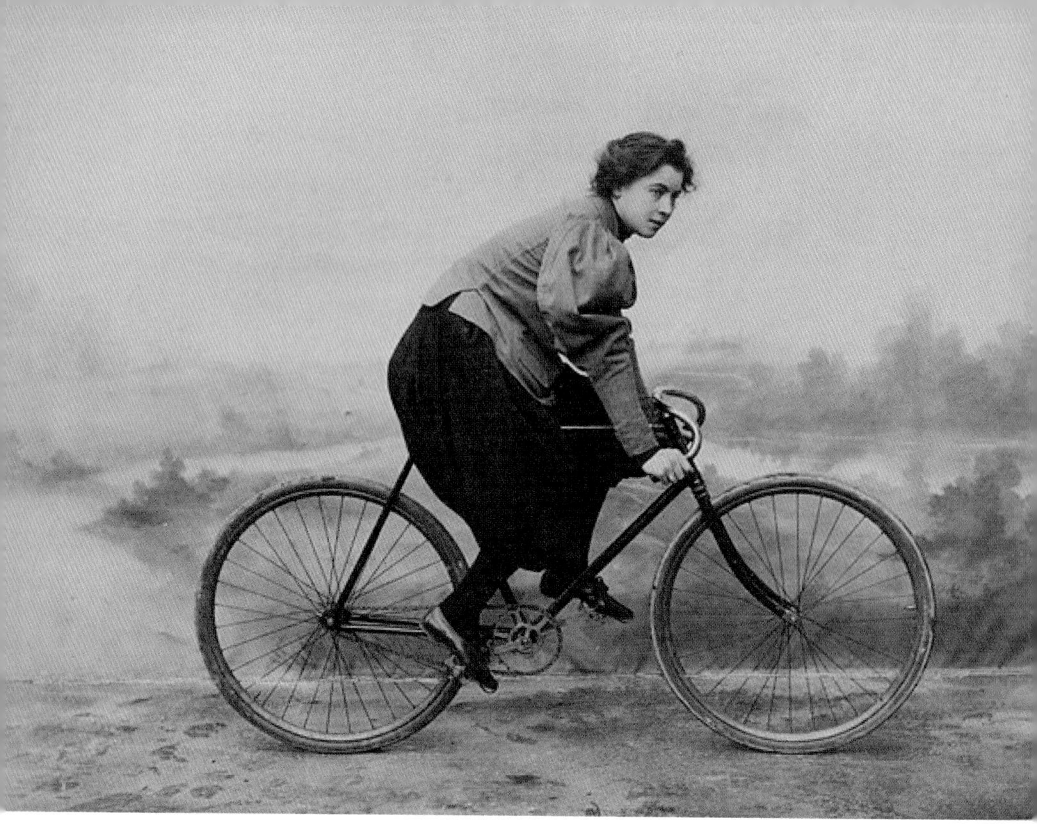

블루머 변형 바지를 입은 프랑스 자전거 선수 마리 튀알(Marie Tual). 1896~1897.

몸 움직일 자유

당돌한 여자들의 블루머는 이내 사라졌지만 19세기 말 세계로 보급된 자전거의 인기에 힘입어, 여성복은 더 편하고 합리적인 개량으로 자연스럽게 이행했다. 그리고 블루머가 부활했다. 자전거 타기라는 취미가 거추장스러운 복식 형태를 도태시킨 것이다.

미국의 교육자 프랜시스 윌러드(Frances Willard)는 자전거를 일컬어 '지금껏 이 행성에서 고안한 이동 수단 중 놀랍도록 기발하고 고무적인 것'이라고 말하며 53세의 나이에 자전거 타기를 배웠다. 프랜시스는 자전거 조종하기를 이렇게 인생에 비유했다.

> "자전거와 같은 짐승을 완벽하게 조종하는 것에 성공한 여성은 같은 방식으로 자신의 인생을 통달할 수 있다."

자전거, 불경한 여자들의 취미

자전거는 건전한 야외 활동임에 분명했지만, 사회가 자전거 타는 여성을 불편하게 바라보는 것은 여전했다. 사람들은 다리를 벌려 앉는 자세가 정숙하지 못하다고 손가락질하고, 일부 의사들은 잘못된 지식을 기반으로 자전거 안장이 불임을 초래한다고 주장했다. 그리고 특권을 나누기 싫어하던 남성들은 자전거 탄 '바지 입는 여자'를 해로운 존재로 생각했다. 1897년 케임브리지 대학에서 여성의 학위 취득을 격렬히 반대하던 남학생들의 시위 사진을 보면 이러한 관점을 확인할 수 있다.

유구한 역사를 지닌 케임브리지 대학은 여러 개의 칼리지로 구성되어 있었다. 비록 남자보다 매우 늦게 허용되었지만 여학생은 남학생과 같이 수업을 듣고 시험을 치를 수 있었다. 그러나 학위만은 취득할 수 없었다. 마지막 보루인 학위를 여성에게 수여하지 않음으로써 정식 구성원으로 인정하지 않은 셈이다. 1897년 여학생 학위 수여에 대한 전체 투표를 앞두고 수많은 남학생은 반발했다. 바지를 입고 자전거 타는 여성 인형의 목을 매달아 교수형에 처하는 방식으로, 여자들을 받아들일 수 없다는 의지를 강하게 표명하며 거리 시위를 벌였다.

케임브리지의 1897년 투표는 부결되었고, 1921년에 한 차례 더 부결

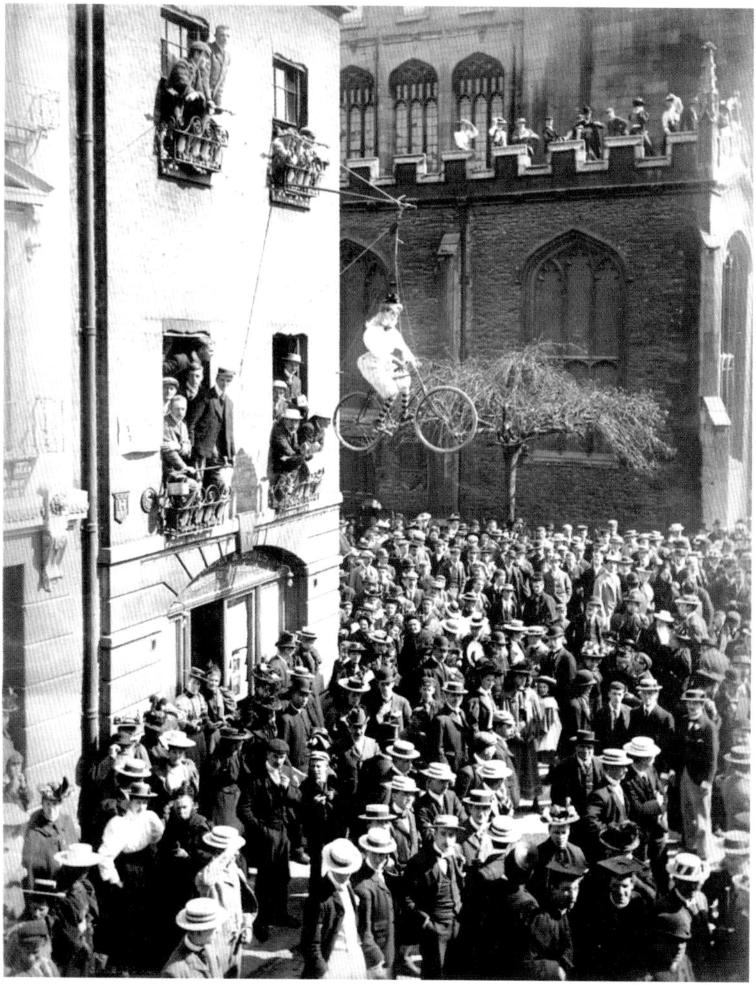

바지 입고 자전거 타는 여성 형태의 인형을 목매달고, 자신들의 특권을 지키려 시위하는 케임브리지 대학 남학생들. 1897. Graphic Arts Collection of Princeton University.

되었다. 남자보다 지적으로 열등한 존재로 간주했던 여자가 감히 남자와 같은 학위를 갖는다는 것을 당시 사회는 쉽게 용납하지 않았다. 바지 입은 여자 인형을 교수형에 처한 그해로부터 50여 년이 지나서야, 여자들은 케임브리지의 구성원으로서 학위를 받을 수 있었다.

최고의 지성인들이 모인 케임브리지 대학에서조차 불과 100여 년 전까지 이런 일이 있었다니. 놀랄 만한 일이지만 또 한편으로는 전혀 놀랍지도 않다. 많이 가진 기득권층이 타인에게 기회를 부여하는 것을 극렬히, 게다가 상스럽게 반대하는 웃긴 풍경은 예나 지금이나 수없이 반복되고 있으니까.

케임브리지의 남학생들이 반대했던 것은 여학생들에게 부여하는 학위 자체가 아니다. 여자에게 동등하게 부여한 기회가 가져올 남녀의 경쟁, 그것이 자신들의 특권을 침해할까 봐 두려웠을 것이다. 마찬가지로 당대 일부 의사들이 걱정했던 것은 자전거 타는 여자의 생식 능력 저하가 아니다. 집안에서 고분고분하게 엄마와 주부로 기능해야 마땅한 여자들이 활동 반경을 넓혀 가부장의 통제를 벗어나는 것이 못마땅했을 것이다.

물리적 제약은 정신적 자율성을 제한한다.

과거에 인간은 사회 통념 때문에 옷 속에 갇혀 살기도 했다. 지금도 여전히 문화와 종교의 영향으로 옷 입을 자유가 불충분한 사회가 존재한다. 하지만 그 외 많은 현대인은 내 의지에 따라 옷을 입고 나를 드러낼 수 있다. 빌리 아일리시가 했던 말처럼 우리는 자신이 원하는 무엇이든 될 수 있고, 자유롭게 표현할 수 있다. 이 얼마나 행복한 일인가!

바지 입는 여자 2

실용성과 심미성 사이

초등학교 4학년 무렵 나는 친한 친구들과 함께 '바지 클럽'을 만들었다. 피아노 학원과 걸스카우트에서 만나 친해진 우리 네 명은 반이 서로 달랐기 때문에, 함께 만나서 놀 명분이 필요했던 것 같다. 바지 클럽이라는 이름은 나의 아이디어였지만 왜 그런 이름을 붙였는지 이유는 정확히 기억나지 않는다. 분명한 사실은 우리는 바지만 입기를 고집하는 아이들은 아니었다는 것이다. 어떤 날은 밑단이 넓은 치마를 입고, 리본 장식을 달고, 레이스 달린 양말을 신기도 했고, 순정 만화를 좋아하는 또래 여자아이와 다를 바 없었다.

우리 네 명은 내 방에 모여 비장하게 '바지 클럽'의 발대식을 했다. 포도 주스를 나눠 마시며 '여자들의 영원한 우정을 지키자'라며 피의 맹세를 했다. 어디 가서 재현하기 매우 부끄럽지만 우리 모임의 단가도 있었고, 구호도 있었다. 30여 년이 지난 지금도 여전히 종종 통화하고 만나며 서로의 안위를 걱정하는 친구로 지내고 있으니, 발대식의 염원

대로 영원한 우정으로 이어질 것 같다.

아무튼 바지 클럽의 멤버이던 우리 넷은 뭔가 분주히 활동하기를 갈망하고 호기심이 많은 여자아이들이었던 것 같다. 우리는 서로를 암호명으로 불렀고, 매일 만나 같이 놀면서도 예쁜 편지지에 정성스러운 글을 써서 자주 주고받았다. 그리고 어느 해 겨울엔 각자 역할을 분담해 잡지를 만들었다. 일회성으로 그쳤지만 말이다. 나의 암호명은 갤럭시(Galaxy). 잡지에서 나는 만화와 옷 입기에 대한 그림 그리기, 글쓰기를 담당했다. 우리는 20년 뒤 모습으로 드레스 코드를 정하고 분식집에서 만나기도 했다. 어느 날은 라디오 방송 흉내를 내며 디제이와 게스트 역할을 분담해 카세트테이프에 녹음을 하고, 입원 중이신 친구 어머니에게 위로차 가져다드리기도 했다.

우리의 공통점은 모두 형제 중 막내라는 것이었다. 부모님의 기대감 측면에서 손위 형제보다는 부담이 덜했고, 중산층 가정이어서 부모님께 용돈을 넉넉히 받을 수 있었다. 우리는 용돈으로 함께 수영장, 스케이트장을 참 많이 쏘다니며 놀았고 여의도 광장에 자전거를 타러 가기도 했다. 학급에서는 반장 또는 부반장을 맡기도 하고, 인기투표든 시험이든 경쟁에 적극적으로 참여하는 편이었다.

어느 날 고등학생이던 언니가 나의 바지 클럽에 대해 코웃음을 치며 물었다. "너희 뭐냐? 너네 페미니스트야? 왜 이름이 바지 클럽인데?" 나는 페미니스트가 뭔지도 모르는 어린이였고, 그냥 가져다 붙인 이름이었다. 바지가 좋아서.

실용성과 심미성 사이

1851년 자전거라는 혁명적 이동 수단을 즐기고 활동 반경을 넓히려던 여성들이 블루머라는 바지를 처음 입기 시작한 이래로, 여자의 바지가 거리에서 용인되기까지는 100여 년의 시간이 걸렸다.

그러나 보이지 않는 곳에서 여성은 바지를 입기도 했다. 탄광, 군수품 공장 등 노동 강도가 높은 일터에서 남자들을 도와 허드렛일을 하는 노동 계층의 여성들은 바지를 입었다. 또한 19세기 상류층 여성들은 휴양지와 같은 격리된 공간에서 바지 차림으로 스포츠를 즐겼다.

하지만 일상에서, 직장에서, 또는 잘 차려입어야 하는 공적 공간에서 여성 대부분은 오랫동안 바지가 아닌 치마를 선택했다. 즉 여성의 바지는 드러나지 않는 곳에서의 활동성을 위한, 철저히 실용 목적의 아이템이었던 것이다.

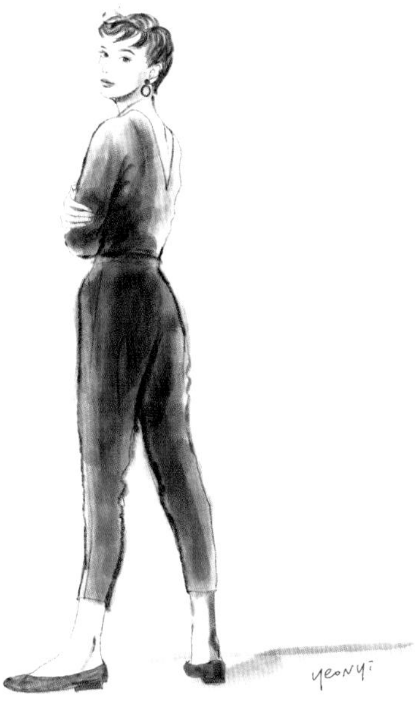

사브리나 팬츠를 입은 오드리 헵번. ©Yeonyi Jung.

그럼 여자들은 언제부터 바지를 즐겨 입게 되었을까? 사회학자 다이애나 크레인(Diana Crane)은 1950년대에 이르러 비로소 여성의 바지 착용을 일상으로 받아들였다고 말한다. 제2차 세계대전을 치르는 동안 바지 입은 여성의 노동력이 사회에 일조한 이후에야 '바지 입은 여자'에 대한 부정적 인식이 차츰 없어졌다. 일례로 1954년 영화 〈사브리나〉에서 오드리 헵번이 입고 등장한, 발목이 드러나고 몸에 꼭 맞는 지방시의 바지는 '사브리나 팬츠'로 불리며 대중에게 크게 유행했고 당시 패션지에도 자주 등장한다.

바지는 남자의 전유물인가

여자가 바지를 입으면 잡아가기라도 했나? 놀랍지만 사실이다. 1938년 미국 로스앤젤레스에서는 한 여성이 바지 차림으로 법원에 증인으로 나섰다가 구속되었다. 유치원 교사인 헬렌 휴릭(Helen Hulick)은 강도 용의자에 대한 증언을 하기 위해 법원에 갔다. 당시 판사는 그녀의 바지 차림 때문에 집중을 할 수 없다며 드레스로 갈아입고 법원에 다시 출석하기를 명령했다.

> "나는 드레스를 입으라는 명령을 거부하겠습니다. 나는 바지 차림으로 돌아올 것이고, 판사가 나를 감옥에 가둔다면 그것이 여성을 '바지 반대 주의(anti-slackism)'에서 해방하는 데 도움이 되기를 희망합니다."

헬렌 휴릭은 5일 뒤 다시 바지 차림으로 법원에 출석했다. 판사는 법의 질서와 집행을 방해한다고 격노했고 그녀는 법정 모독죄로 구속되었다.

패션의 도시 프랑스 파리도 예외는 아니었다. 파리에서는 1800년부터 여성의 '바지 착용 금지법'이 시행되었다. 1892년에는 승마할 때만, 1909년에는 자전거를 탈 때만 여성의 바지 착용을 허용하는 등 조금씩

개정을 거쳐 완화했으나, 경찰의 허가 없이 바지 입은 여자는 체포 대상이었다. 20세기에 서서히 법이 사문화하여 유명무실해졌지만 관련 조항을 완전히 공식 폐기한 것은 2013년이다.

여자가 바지를 입으려면 허가를 받아야 한다는 차별법은 '바지는 남성의 영역'이라 여기는 오랜 인식에서 발생했다. 그렇다면 치마 입는 남자는 처벌을 받았을까? 눈치챘겠지만 일반적으로는 그렇지 않았다. 제복을 지정한 상황에서 바지를 공식 복장으로 규정하거나, 직장에서 반바지 착용을 금지하는 사례는 종종 있다. 그러나 남성이 치마를 입으면 안 된다는 규정은 찾기 힘들다. 근대 이후 서구 사회에서 남자가 치마를 입는다면 때때로 곱지 않은 시선을 감당해야 할 수도 있었겠지만, 법적인 제재는 거의 없었다. 치마, 즉 허리를 천으로 둘러 입는 옷은 인류 최초의 의복 형태로 '옷의 원형'이기 때문이다. 다시 말해 바지가 등장하기 이전에 치마가 있었고, 치마는 우리 모두를 위한 것이었다.

여자들의 턱시도 슈트, 르스모킹

1960년대에 이르러 베이비 붐 세대가 문화를 주도하면서, 젊고 역동적인 분위기 속에 사회적 약자 및 소수를 위한 움직임이 생겨났다. 성 불평등을 해소하기 위해 폭넓은 담론을 형성했고, 미국과 유럽에서는 제2세대 페미니즘의 물결이 거세졌다.

그럼 이제 여성복에 바지가 대세가 되었을까? 이 시기에 여성을 위한 바지 패션이 없었던 것은 아니지만, 공적 영역에서 혹은 가장 돋보여야 하는 순간에 갖춰 입는 옷차림은 여전히 치마였다. 바지는 남자의 영역이라고 여기는 오랜 관습 탓이었다.

이러한 관습에 의문을 제기한 하이패션 디자이너는 당대 가장 주목받던 젊은 쿠튀리에 이브 생로랑이었다. 그는 1966년 남자의 턱시도를 연상시키는 여성의 이브닝 웨어, 르스모킹(Le Smoking)•을 발표해 논란을 일으켰다. 르스모킹은 프랑스어로 턱시도를 뜻하는데, 세련되고 정교하게 재단한 여성용 바지 정장은 '바지가 여성의 매력을 감소시킨다'는 통념을 깨기에 충분했다. 르스모킹은 우아한 동시에 강인한 여성의 이미지를 재건했다.

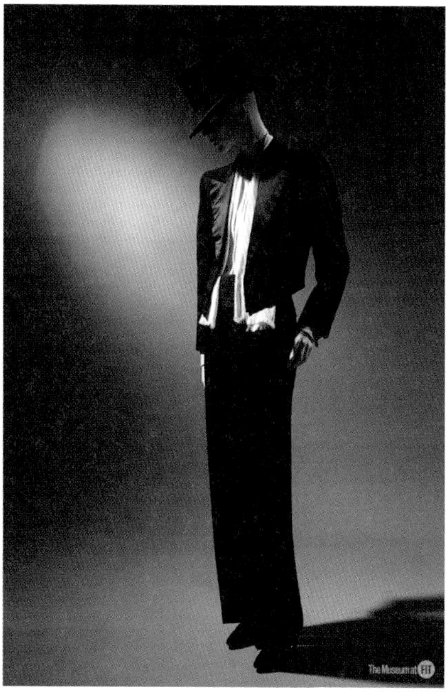

이브 생로랑의 르스모킹 슈트. ©The Museum at FIT.

이브 생로랑 이전에도 여성을 위한 바지 스타일을 제안한 디자이너는 종종 있었다. 이를테면 샤넬은 1920~1930년대 상류 계급 여성을 위해 바지 스타일을 선보였고 자신도 바지를 즐겨 입었지만, 대중화에 크게 성공하지는 못했다. 당시 트렌드 리더인 여성들은 머리를 짧게 자르고 가슴을 밋밋하게, 허리를 일자로 표현하는 실루엣을 선호했다. 즉 여성의 몸을 남성화하는 방향으로 새로운 패션 스타일을 추구했는데,

• 흡연실에서 담배를 피울 때 담배 냄새가 옷에 배지 않도록 입던 남자의 디너 재킷. 영어 단어 'smoking'에 프랑스어의 남성형 관사 'le'가 붙어 있다.

이러한 흐름에 일반 대중의 반응은 부정적이었다. 샤넬의 바지도 당대 정서로는 여성의 매력을 반감하는 것이었다.

이브 생로랑의 르스모킹을 패션 역사에서 중요하게 거론하는 까닭은 여기에 있다. 르스모킹은 미성숙한 어린아이 같은 모습이 아닌, 우아하고 아름다우며 매력이 넘치는 여성을 표현한다. 그리고 르스모킹을 입은 여성은 자신감 있고 당당하다. 이브 생로랑은 바지를 입은 여성이 자신의 정체성을 지키며 충분히 매력적일 수 있음을 입증했다. 이후 이브 생로랑은 컬렉션을 통해 지속적으로 이러한 스타일을 제안했고, 바지 정장은 점차 스커트와 드레스를 대체하게 되었다.

프로는 바지를 입는다?

우리는 현재 바지든 치마든 제 뜻대로 옷 입을 자유를 누리며 살고 있다. 이브 생로랑의 르스모킹이 물꼬를 튼 이후로, 여성들은 편안한 옷차림이든 격식 있는 옷차림이든 바지를 즐겨 입고 있다. 어떤 옷차림을 선택했느냐가 나의 성 정체성을 흔들지 않는다.

그런데 나는 정말 매 순간 좋아하는 것을 선택하고 있는 걸까. 가슴에 손을 얹어본다.

사회생활을 시작하고 어느 시점 이후로 나는 공식적인 자리에서 치마를 거의 입지 않는다. 내 종아리 모양이 마음에 들지 않아 드러내고 싶지 않은 탓도 있고, 바지가 더 편한 이유도 있다. 그렇지만 이상하게도 전문성을 드러내야 할 때는 치마보다 바지에 더 손이 간다. 회사에서 중요한 프레젠테이션을 한다던가, 중요한 회의를 할 때. 그에 반해

치마를 선택하는 순간은 주로 한여름 집 근처에서 반려견과 산책할 때, 집에서 편하게 쉬고 있을 때, 마트에 장 보러 갈 때이다.

돌고 돌아서 나는 '바지 입는 여자'에 대한 또 다른 편견에 사로잡혀 있는 것은 아닐까?

어쩌면 내 의식 깊숙한 곳에 100년, 200년 전 사람들이 그랬듯이 어떤 고정 관념이 자리 잡고 있기 때문은 아닐까 의심해본다. 바지는 바깥일 하는 사람의 영역이라는 전근대적인 생각 말이다. 그래서 나의 전문성을 제대로 각인하려면, 수동적으로 보이지 않으려면, 남자들에게 밀리지 않고 제대로 평가받고 사회생활하려면, 바지 정장이 더 적합하다고 여기는 것은 아닌지 돌아보게 된다.

타인의 고통 1

패션 산업의 그림자

나는 대리를 싫어한다. 직장 생활 5년 남짓을 넘기면 주어지는 '대리'라는 직급을 단 사람들 말이다.

5년이라는 시간 동안 축적한 업무 경험과 노하우로, 대리는 중요한 일을 곧잘 해내 조직의 허리 역할을 한다. 직무에 능숙하며 자신이 조직에 필요함을 인지하는 대리들은 자신감이 넘친다. 때로는 매우 오만하다.

패션 브랜드 대리는 '특종'이라 부르는, 제작이 어려운 외주 아이템을 담당한다. 특종에는 일반 봉제 공장에서 다루지 않는 데님, 패딩, 가죽, 퍼 아이템 등이 있다. 디자인은 본사에서 기획하지만 소재 및 수량 선택부터 외주 업체와 긴밀하게 소통해야 한다. 패션 브랜드, 즉 발주처 담당자는 대리급 디자이너이고, 외주 업체 담당자는 팀장이나 임원급인 경우가 많다. 때로는 대표가 직접 나서기도 한다.

나에게도 그런 시기가 있었다. 직무의 전문성을 막 인정받기 시작하고, 자신감이 충만하던 그 시절. 나는 제작이 어려운, 현란한 디테일을 디자인에 잔뜩 집어넣고 내 주장을 관철하기 위해 외주 업체와 기 싸움을 벌이곤 했다. 이미 형성된 시장 가격을 벗어날 수 없는 것은 알고 있지만, 동급 브랜드의 다른 디자이너들이 쓰지 않던 온갖 이펙트를 재주 부리듯이 아득바득 넣어, 뭔가 대단한 것을 만들고 싶었다.

그때 유난히 납기일을 잘 못 맞추던 데님 외주 업체가 있었다. 터키에서 사입한 원단이 늦어서, 새로 개발한 금속 버튼이 빨리 안 나와서, 중국 연휴가 한국보다 길어서, 공장장이 아파서 등등 이유는 대개 비슷했다. 그중 가장 자주 언급하는 사유는 디자인이 어려워서 작업 속도가 떨어진다는 것이었다. 결국 그쪽의 주장은 내가 현실감 떨어지는 디자이너이고, 나의 디자인도 채산성이 떨어진다는 것이었다. 그렇지만 나는 도무지 이해할 수 없었다.

"아니, 대체, 왜? 발주 시기에는 '어떻게든 맞춰보겠다! 가능할 것이다!'라고 희망찬 대답을 해놓고, 꼭 납기에 이르면 화살을 내게 돌리는 것인가?" 이렇게 따지고 들면 또 그쪽의 대답은 한결같았다. 내가 너무 무섭게 몰아붙여서 거절할 수도, 거부할 수도 없었다는 것이다. 한마디로 내가 '너무 무서운 대리'라는 거였다. 아무튼 납기일 지연 문제로 내가 들었던 가장 창의적인 이유는 이것이다. 폭우로 공장이 침수되어 작업한 물량을 전부 폐기하고 다시 진행해야 한다!

"뭐, 뭐라고요? 작년에도 침수되었다고 해놓고, 올해도 또? 왜 수해 지역에서 같은 피해를 반복해서 당하고 있는 건가요? 대책을 세우셨어야죠! 나 보고 지금 그 말을 믿으라고요?"

정확하게 어떤 말로 반응했는지는 기억나지 않는다. 나는 스스로를 대체로 예의 바른 편이라고 생각하지만, 그 시절의 나는 재수 없는 인간이었을지도 모르겠다. '너무 무서운 대리'였으니까. 확실한 사실은 그때 나는 데님 외주 업체 측의 말을 곧이곧대로 믿지 않았다는 것이다. 별 핑계를 다 댄다고 생각했고, 나를 물렁하게 본다고 발끈했었다.

어느 날 생산부장님이 나에게 데님 워싱 공장에 같이 가자고 요청했다. 빨리 판단하고 결정해야 할 사안이 많아, 담당 디자이너가 함께 가면 일 진행에 속도가 붙을 것이라고 했다. 그런데 매일 새벽 별 보며 퇴근하던 나에게 외근은 정말 내키지 않는 것이었다. 서울 강남 한복판의 회사에서부터 경기 북부 끝자락에 있는 워싱 공장까지는 왕복 네 시간. 그곳에서 해당 사안을 확인하고 컨펌할 것까지 계산하면 하루가 다 가버릴 것이고, 나의 야근은 더 길어질 테니까.

아무튼 세상에서 내가 제일 바쁜 줄 알던 나에게 데님 워싱 공장에 가는 것은 무척 어려운 발걸음이었는데, 결과적으로 그 일은 내 삶의 큰 사건이 되었다고 볼 수 있다. 그날 그곳에서 내 눈으로 본 것은 패션 디자이너로서의 사고와 인식에 중요한 전환점이 되었다.

서울에서 2시간쯤 차를 달려 산과 들과 논을 지나, 구불구불한 비포장도로를 한참 따라가니 거대한 공장이 나타났다. 공장이 가까워오자 기분 나쁜 냄새가 풍겼다. 그리고 마침내 수증기가 가득한 공장에 들어서자 자극적인 화학 약품 냄새가 진동했다. 눈이 맵고 목이 아팠다.

첫 번째 충격은 이것이었다. 이런 환경을 누군가는 매일 일상으로 겪어야 한다는 것.

그곳의 노동자들은 대부분 눈이 큰 외국인이었다. 그들은 거대한 워싱 기계 속에 상체를 집어넣고 옷을 잡아 빼거나, 이쪽에서 저쪽 기계로 물건을 옮기고 있었다. 모래를 분사해 데님의 부분 탈색 효과를 만

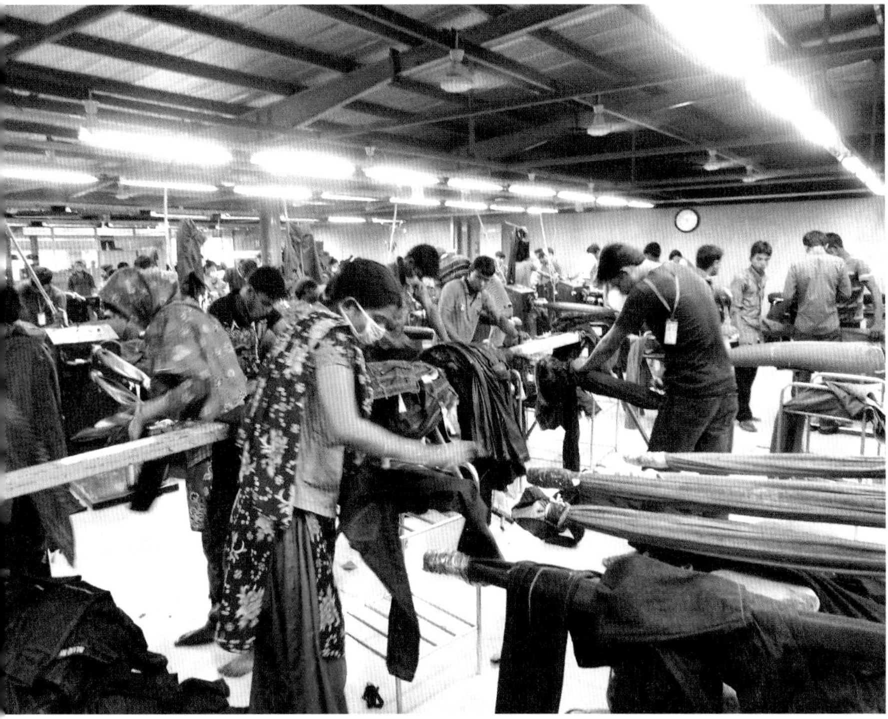

방글라데시 데님 공장에서 손으로 샌딩 작업 중인 노동자들. ©Fahad Faisal.

들거나, 사람 다리처럼 생긴 틀에 청바지를 끼워 고정하고 화학 약품으로 이펙트를 만들고 있었다. 강한 열기와 약품 냄새가 뒤섞여 작업하는 사람들 가까이 다가갈수록 기침이 나고 눈물이 났다. 쉴 새 없이 돌아가는 기계 소음에 귀가 먹먹했다.

잠시 방문한 내가 이렇게 불편하고 힘든 이 환경이 누군가에겐 일상이고, 일터라니.

작업 중인 공장 노동자들을 보면서, 먼 옛날이야기처럼 아득히 잊고 있던 사실을 상기했다. 언뜻 최첨단을 달리고 있는 것처럼 보이는 화려한 패션 산업의 제조 공정 대부분은 여전히 사람 손으로 이루어진다는 것 말이다. 내가 원하는 물 빠짐 정도, 올 풀림 효과, 주름 모양, 틴 컬러(tin color)를 만들기 위해서 누군가 손으로 작업하며 육안으로 확인해야만 한다. 완전한 자동화가 불가능한 상황에서 제조 공정에 사람의 노동력이 들어가는 것은 당연한 일이지만, 나는 그 작업 환경에 대해서 미처 생각하지 못했다. 잊고 있었다.

패션 산업은 더 적은 비용으로, 더 많이, 더 빠르게 생산하기 위해 경쟁적으로 값싼 인력을 찾아 헤맨다. 임금이 낮은 외국인 노동자를 불러들이거나, 비용을 더 낮출 수 있는 해외로 생산처를 옮겨간다. 자본주의 사회에서 생산 수단을 가진 사람들이 더 효율적으로 생산하려는 노력은 합당해 보일 수 있다. 하지만 문제는 안전과 공정의 측면에서 볼 때, 아직 사회적으로 합의하지 못한 모호한 경계에서 고통받는 누군가가 늘 있다는 것이다. 더 궁핍하고, 더 어리숙한 사람들.

지금 내가 입고 있는 청바지를 바라본다. 멋스러운 주름? 그거 누군가가 손으로 만든 것이다. 100도가 넘는 고온의 철판 위에서. 무릎에 아슬아슬하게 생긴 대미지(damage) 효과? 그것도 누군가가 손으로 그라인드(grind)해놓은 것이다. 먼지 마셔가면서. 허벅지와 엉덩이의 은은한 물 빠짐? 샌드블라스트 건(sandblast gun)• 으로 누군가가 탈색한 것이다. 규폐증의 위험을 감수하면서.

• 가공하지 않은 생지 인디고 데님 원단은 매우 뻣뻣한데, 소재를 부드럽게 하고 탈색 효과를 주기 위해 많은 공정을 거친다. 샌드블라스트는 모래를 압축 공기로 분사해 소재 표면을 연마함으로써 자연스러운 탈색 효과를 주는 공법이다. 그러나 이때 발생하는 이산화규소가 치명적인 규폐증을 유발하는 것으로 드러나 논란이 되고 있다.

백화점에서 17만 8000원에 팔리던, 내가 디자인한 그 청바지. 수십 명의 손을 거치는 워싱 가격은 6000원에도 못 미친다. 그런데 나는 자본가의 충실하고도 잘 훈련된 개처럼 거기서 또 가격은 깎아달라 떼쓰고, 공정은 추가해달라고 우기고 있었다. 마진율이 높다고 내 월급이 올라가는 것이 아닌 줄 알면서도. 그때는 그것이 디자이너의 열정이라고 생각했다. 선배들이 몸소 보여줬던 '안 되면 되게 하라!' 정신을 마음에 고이 품고, 조금이라도 덜 주고 더 챙겨 와 회사에 보탬이 되고자 악을 써댔다. 나는 한때 그렇게 쓸모 있는 디자이너로 인정받고자 안간힘을 쓰고 살았다.

오늘도 인터넷에서 "청바지 한 벌에 9900원!"이라는 국내 패스트 패션 브랜드의 팝업 광고를 보았다. 어디서 어떻게 만든 것인지 상상하기도 싫어 눈을 질끈 감았다. 그리고 계속 생각했다. 내가 할 수 있는 게 뭘까.

곰곰이 생각한 끝에 이 글을 쓰기로 마음먹었다. 쇼핑을 좋아하는 나로서는 아마 패션 액티비즘(fashion activism)에 앞장서는 대단한 운동가는 못될 것이다. 하지만 이렇게 조금씩이라도, 내가 본 것과 알고 있는 것을 얘기해야겠다고 결심했다. 패션 산업의 그림자를 잘 알지 못하는 누군가의 가슴에 이 글이 닿기를 바라면서.

타인의 고통 2

털은 본래 그들 것이다

보통 패션업계의 시간은 반년을 앞서 있다. 브랜드의 성격에 따라 그 주기는 다르기도 하지만 원단을 발주하고, 디자인 개발과 품평을 통해 상품성을 점검하고, 생산 과정을 마치고 유통하기까지 대체로 6개월이 걸린다. 이렇게 반년가량 앞서 살다 보면 현실 감각이 둔해진다. 나의 경우는 특히 겨울 상품을 기획하는 한여름에 감각의 균열을 느끼곤 했다.

내 육신은 뜨거운 햇살이 작열하는 계절에 있지만, 다가올 겨울을 상상하며 디자인을 구상하느라 내 마음은 겨울을 향해 달려간다. 창밖의 아스팔트는 이글거리는데, 정수리에 내리꽂히는 차가운 에어컨 바람에 몸은 한없이 움츠러든다.

그 계절 나는 종종 어질어질하고, 정체 모를 이상한 마음에 기분이 썩 좋지 않았다. 그때는 그토록 복잡한 감정에 스스로 이름을 붙일 수 없었지만 지금은 알 수 있다. 그것은 죄책감이었다.

브랜드 대부분은 겨울 상품으로 가죽 재킷, 모피 코트, 덕 다운, 구스

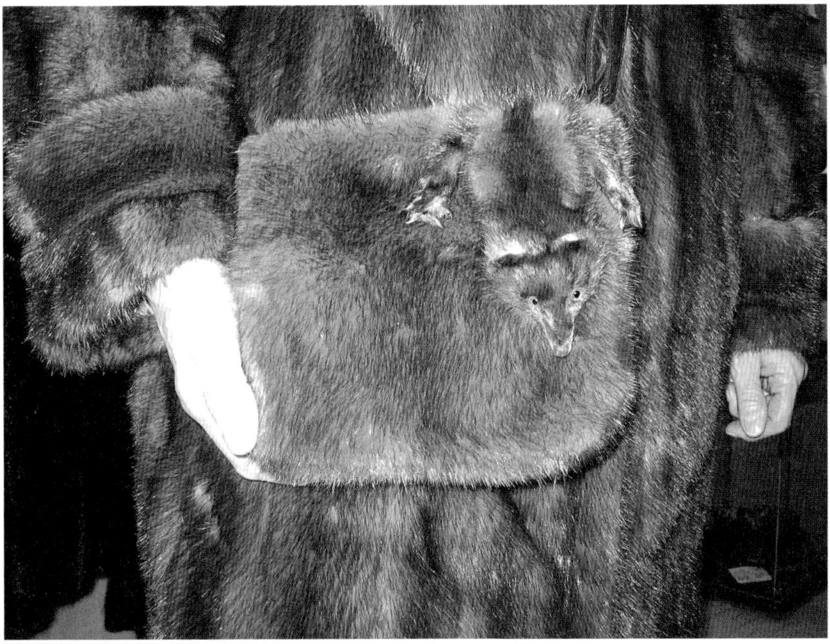

한때 필수 결혼 예물이던 밍크코트. 밍크 새끼의 털을 벗겨 동물 모습을 재현한 장식이 달려 있다.

다운 등을 기획한다. 전체를 가죽이나 모피로 만들지 않더라도, 모직 코트 칼라에 덧붙이는 여우털이나 토끼털, 패딩 점퍼 후드 가장자리를 장식하는 라쿤 털 등 모피를 아예 배제하고 겨울 상품을 기획하는 경우는 드물다.

이때 일선 디자이너가 담당하는 가장 첫 번째 단계는 원자재에 해당하는 동물의 털가죽을 고르는 것이다. 패션 상품으로서 모피 이전 원자재는 보통 '원피'라고 불렀는데 동물의 형상을 가늠할 수 있을 정도로 가죽을 그대로 벗겨놓은 상태가 대부분이다. 이를테면 팔다리 가죽이 몸통에 그대로 붙어 있고, 작은 동물의 경우 머리 가죽이 붙어 있기도

하다.

"갓 태어난 새끼양의 최상급 원피예요. 만져보세요."

갓 태어난 새끼의 모피, 심지어는 어미 뱃속에서 꺼낸 태아의 최상급 모피 촉감을 확인해보라는 외주 업체 담당자의 제안을 따라, 나는 마지못해 그것을 쓸어 만지곤 했다. 그러다 보면 자꾸만 우리 집 막둥이 몰티즈 등을 쓰다듬는 감촉이 되살아나면서 내장이 요동쳐댔다. 사지와 머리 가죽이 붙어 있는 원피는 그것이 그냥 의류 원자재가 아니라, 살아 숨 쉬던 하나의 생명이었음을 더 분명히 보여준다.

모피나 가죽을 패션 상품으로 소비하던 입장에서, 그것이 어떤 과정을 거쳐 어디로부터 오는지 차츰 알게 되면서 견딜 수 없이 불편해졌다. 각종 매체를 통해 알면 알수록 저비용 고효율이란 이름으로 행하는 인간의 잔인함은 추악하고 역겨웠다.

난 도대체 뭘 하고 있는 것일까. SNS에 반려견 사진을 게시하고 동물 구조 협회에 후원을 하면서, 동시에 모피 상품을 사는 행위 사이의 모순이라니. 게다가 더 잘 팔리는 모피 상품을 디자인해 소비를 부추기는 것이 내 일인데, 내가 선택한 일은 내 삶의 가치와 부합하는가. 나는 스스로에게 떳떳할 수 있을까. 무척 혼란스러웠다.

그들도 우리처럼 아프다

사실 동물의 털가죽은 인류 최초의 의복 소재라고 할 수 있다. 수만 년 전부터 인류는 사냥으로 얻은 동물의 털과 가죽으로 몸을 감싸고 살아남아 지구 곳곳으로 삶의 터전을 넓혀갔다. 그렇다면 원시 시대의 털옷과 오늘날의 모피 패션에 똑같은 사회적·도덕적 책임을 물을 수 있을까? 나는 이 물음에 대해 두 가지 측면에서 얘기하고 싶다.

우선 첫 번째로 생존을 위한 필수품이냐, 과시를 위한 장식품이냐를 논할 수 있을 것이다. 원시 시대의 인간은 수렵을 통해 식량을 확보했고 그 과정에서 동물 털과 가죽을 얻어 생존에 활용했다. 이 경우 동물의 털은 사냥의 부산물로 자연스럽게 얻었을 것이다. 물론 모두가 사냥에 능숙한 것은 아니므로, 특정 동물의 모피나 희소가치가 있는 것은 능력과 지위가 있는 사람이 독점했을 것이다. 그렇기 때문에 어떤 옷은 필수품을 넘어 권위를 상징하는 장식의 기능을 할 수도 있다. 특정 모피는 '나 이런 사람이야!'라고 으스대기에 딱 좋은 수단이 되는 것이다. 그리고 이러한 과시 효과가 수 세기를 이어져오며 모피는 곧 '럭셔리'를 상징하게 되었다.

두 번째 논점은 모피를 얻기 위해 인간이 동물에게 행하는 학대와 환경 파괴이다. 유럽인들이 아메리카 대륙에 도달한 이래 비버를 비롯한 라쿤, 여우, 곰의 숫자가 급격히 감소했다. 왜? 서유럽에서 상류층을 상징하는 모피를 얻기 위해 아메리카 인디언과 교역하면서, 무분별한 동물 포획이 발생했기 때문이다. 북아메리카 인디언과 유럽의 모피 교역 이전에도 원주민들은 비버를 식량으로 삼거나, 사냥을 통해 모피 옷을 만들어 입었다. 그들은 모든 것을 자연이 주는 선물로 인식했기에 사냥한 동물의 영혼을 달래주는 의식을 치러 감사함을 표현했으며 살코기와 뼈, 털과 가죽을 모두 소중히 다뤘다. 이때 비버는 인간과 함께 살아가는 자연의 일부가 된다.

그러나 비버가 유럽의 모피 수요를 위한 상품으로 전락하면서, 대량 포획이 자행되고 멸종 직전에 이르렀다. 하나의 종이 사라진다는 것은 관련 생태계를 흔드는 사건이다. 비버가 짓는 댐은 늪을 이루고 거기에 많은 생물이 서식하는데, 비버가 사라진 지역에서는 이러한 생태계가 파괴되었다. 또한 먹이 사슬로 연결된 늑대, 코요테, 곰, 악어 등의 개체 수에도 큰 영향을 미쳤다.

현대에는 대량 사육으로 모피 의류를 생산해 대중화가 이루어졌다. 모피는 더 이상 과거와 같이 최상위층이 독점하는 고가품은 아니지만 그 이미지는 남아 있다. 이를테면 우리나라에서는 예물이나 예단으로 밍크코트를 주고받는 일이 흔하고, 결혼식 등 잘 갖춰 입어야 하는 자리에서는 모피 코트를 차려입은 어르신들을 쉽게 볼 수 있다.

문제는 '모피의 대중화' 이면에 어떤 일이 벌어지고 있는가이다. 국제 동물 보호 단체 페타(PETA)의 자료에 따르면, 일반 소비자에게 판매하는 모피 의류의 80퍼센트는 대부분 중국이나 인도, 파키스탄 등에서 공장식 축산으로 생산한다. 동물들은 비좁은 철창에서 나고 자라 오직 죽음을 맞이할 때만 그곳을 나올 수 있다. 각 동물의 수명이나 성장 시기와 상관없이 '효율'을 고려해 도축하는 시기는 보통 생후 6개월이라고 한다. 또한 6개월의 시간 동안 상품이 훼손되지 않게 하기 위해 발톱을 뽑고, 모피 양을 늘리기 위해 억지로 살을 찌우는, 지옥과 같은 고통의 시간을 보낸다.

초원에서 사육하는 양이라고 고통이 없는 것은 아니다. 어린양들은 털 관리를 위해 항문 주변의 살을 도려내는 뮬싱(mulesing)을 한다. 물론 적절한 치료나 마취 따위는 없다.

공장식 축산 동물의 도축 과정은 끔찍하기 이를 데 없다. 인간은 질 좋은 모피를 얻기 위해 동물을 몽둥이나 전기로 기절시켜 산 채로 가죽을 벗겨낸다. 의식이 돌아온 동물은 고통 속에 몸부림치며 죽어간다. 만약 당신이 동물 보호 단체나 환경 단체가 제공하는 도축 영상을 본다면, 아마 며칠 밤을 악몽에 시달리다 깨어나 눈물을 흘릴지도 모른다. 나는 그랬다.

퍼 프리 캠페인

수년 전부터 '지속 가능성'이 디자인계의 화두로 떠오르고, 환경과 동물권에 대한 관심이 증대하면서, 패션 산업은 비판적 시선을 더 이상 모른 체할 수 없게 되었다. 더군다나 현재 소비문화의 핵심층을 이루는 MZ세대는 가치 있는 소비를 지향하고 윤리적 브랜드를 선택하는 성향이 크다.

그것이 소비자의 환심을 사기 위한 위선인지, 진정성 있는 브랜드 철학인지 알 수 없지만 더 이상 모피를 사용하지 않겠노라고 공언하는 패션 브랜드가 속속 등장하고 있다. 그중 가장 큰 반향을 일으킨 것은 2017년 구찌의 퍼 프리(fur free) 선언이었다. 상류층의 여행용 가죽 가방과 마구 용품으로 출범했다는 상징성이 있는, 그리고 모피 상품의 매출 비중이 적지 않은 럭셔리 브랜드인 구찌가 퍼 프리를 선언하면서, 패션계에 거대한 파급 효과가 일어났다.

패션계의 관행처럼 여겼던, 동물을 입는 행위에 대해 윤리적·환경적 측면에서 논의가 활발해졌고, 점차 많은 럭셔리 브랜드가 퍼 프리에 동참하기 시작했다. 같은 해 코치, 지미 추, 톰 포드 등이 뜻을 같이했고,

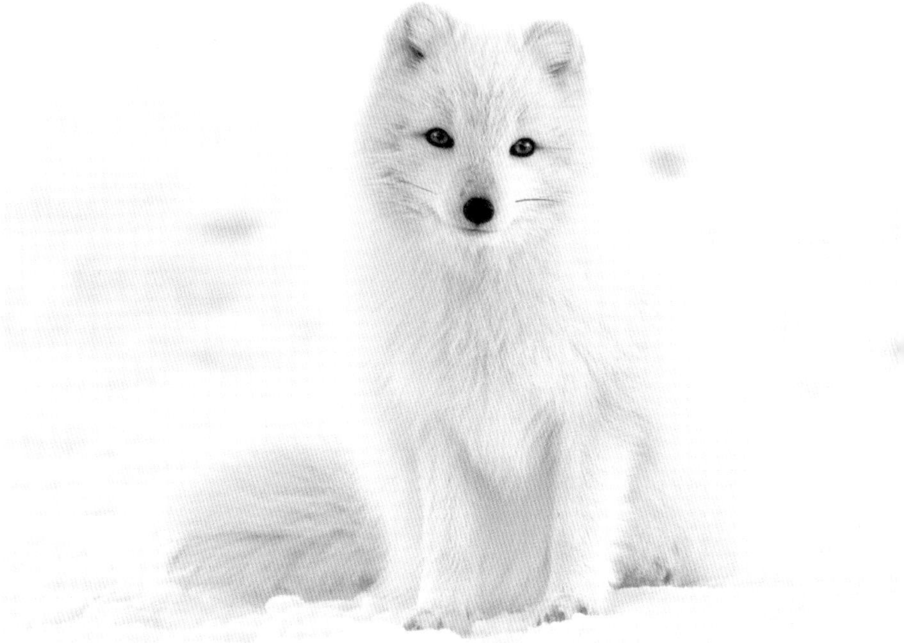

북극여우. 동물의 털은 그들이 서식하는 환경에서 생존하기 위한 것이다.

2018년 버버리 CEO 마르코 고베티(Marco Gobbetti)도 '럭셔리의 현대적 의미는 사회적·환경적 책임 의식을 가지는 것'이라고 말하며 퍼 프리 캠페인에 동참했다. 현재는 럭셔리의 상징이라 할 수 있는 샤넬을 비롯해 프라다, 베르사체 등도 퍼 프리를 실천하고 있다. 또한 구찌가 소속한 케링 그룹의 발렌시아가, 생 로랑, 보테가 베네타, 알렉산더 맥퀸 등도 2022년 가을·겨울 상품을 시작으로 더 이상 모피 제품을 생산하지 않는다.

퍼 프리 캠페인은 럭셔리 브랜드뿐만 아니라 패션계 전체로 퍼져나갔다. 세계 4대 패션쇼 중 하나인 런던 패션 위크도 모피 제품을 퇴출시켰고, 패션지 〈엘르(Elle)〉는 모피 상품 사진을 싣지 않는 것으로 동참하고 있다. 덴마크, 오스트리아, 네덜란드, 노르웨이, 벨기에, 프랑스, 영국, 이탈리아는 모피 농업 자체를 영구 금지했다.

인류는 더 이상 동물 털을 뒤집어써야 할 만큼 외부 환경의 위협을 받지 않지만 '패션'이란 이름으로 오랫동안 모피를 포기하지 못했다. 남보다 우월해 보이고 싶은 욕망 때문에.

그런데 최근 몇 년간 패션 산업계 전반에서 일어나는 퍼 프리 캠페인은 의미하는 바가 크다. 세상은 변했고 우리는 깨우쳐가고 있다. 그들도 우리와 똑같이 고통을 느끼는 생명체라는, 너무 당연한 사실을.

인지심리학자 스티븐 핑커(Steven Pinker)의 주장처럼, 동물권을 생각하고 더 나은 환경을 만들려는 노력은 단지 취향의 문제가 아니다. 감각을 지닌 다른 존재의 권리를 생각하고 이해하려는 노력은 결국 사회적 약자에 대한 차별과 범죄를 줄이는 것으로 확장한다.

인간이 이곳의 주인이라는 오만함을 버리고 타자의 고통을 헤아리며, 모두에게 더 나은 환경을 고민하는 것은 참된 인간성을 회복하는 첫걸음이다. 그리고 동물 단체의 표어처럼 '동물의 털은 본래 그들의 것'이다.

모피를 입는 펫팸족이라니

나의 사랑스러운 반려견 루이는 경기도의 한 유기 동물 보호소에서 데려왔다. 십수 년 전 유기견을 돕는 동호회 활동을 하고 있을 때, 안락사를 피하기 위해 임시 보호한 것이 인연이 되었다. 통상 유기 동물이 구조되어 보호소에 입소한 지 20일 이내, 전 보호자나 새 가족을 만나지 못하면 안락사한다. 한정된 공간과 비용의 문제 때문이다.

당시 루이는 4세 추정의 수컷이었는데, 원래 가족이든 새 가족이든 누군가를 만나 보호소를 나올 확률이 아주 희박해 보였다. 왜냐하면 순종 몰티즈가 아니었고, 덩치가 컸으며, 결정적으로 성기가 노출되어 있어 인간에게 인기 있을 만한 외모가 아니었다.

루이의 안락사 예정일 하루 전, 나는 동호회 온라인 게시판에 올라온 공고를 보고 다급한 마음에 보호소로 연락을 취했다. 그 아이는 내가 꼭 데려갈 테니 사흘만 기다려달라고. 보호소 담당자는 무척 난감해했지만, 어쨌든 루이와 나는 안락사 예정일이 이틀 지난 2012년 5월 15일에 처음 만났다. 보호소 직원이 루이를 우리에서 꺼내 품에 안고 사무실로 나올 때, 우리는 서로를 멀리서 처음으로 바라보았다. 루이는 시선을 내게 고정한 채 꼬리를 있는 힘껏 흔들어댔다. 보호소 직원은 온몸으로 기쁨을 표현하는 루이를 보며 이렇게 말했다.

"이 아이들이 이래요. 자기 살리려고 온 사람은 귀신같이 알아보고 이렇게 반가워해요."

루이는 우리가 결국 함께 살게 될 것이라고 직감했던 것 같다. 임시 보호를 하는 동안 우리는 정이 들어 자연스럽게 가족이 되어 버렸다. 루이는 이미 알고 있었던 것이다. 마음을 나누고 서로 아끼며 사랑하는 가족이 되리라는 것을. 반려동물을 키워본 경험이 전혀 없는 남편에게도 루이는 없어서는 안 될 소중한 존재가 되었다. 우리는 이미 완전한 가족이다.

"루이 엄마가 어떻게 그럴 수 있어? 내 자식은 소중하다면서, 가엾은 다른 동물 털은 그렇게 막 입고 다녀도 되는 거야?"

어느 겨울날 무심코 모피 코트를 꺼내 입은 내게 남편이 농담을 건넸다.

"그럼 이미 산 옷을 그냥 버려? 그렇게 따지면 자기도 가죽 벨트 하고, 가죽 구두 신었는데? 게다가 나는 고기라도 싫어하지. 자기는 완전 육식주의자잖아. 루이 아빠가 그러면 쓰나?"

어떻게든 변명을 해보려 말을 쏟아냈지만, 내 말의 앞뒤가 맞지 않는다는 것을 나도 이미 알고 있었다. 남편의 농담은 나를 무척 부끄럽고 혼란스럽게 했다. '무엇이 옳은 것인가? 어디까지 스스로 허용할 수 있을 것인가?'라는 문제에 대해 깊이 고민해보지 않았고, 스스로 정립한 가치 기준이 없었기 때문이다.

모피는 안 되고 가죽은 된다?

일반적으로 모피를 반대하는 주장은 윤리적 측면을 강조한다. 인간의 이기심으로 패션이라는 허울 아래, 수많은 동물이 희생되는 것이 합리적인가라는 문제를 말한다. 이를테면 단 한 벌의 코트를 위해 평균 50~60마리, 많게는 100마리의 밍크가 필요하다는 점.

또한 경제 논리에 따라 공장식으로 운영하는, 열악한 모피 축산 농장의 상황과 잔인한 도축 과정의 문제도 우리의 마음을 불편하게 한다. 살아 있는 모든 동물은 죽음을 원하지 않을진대, 인간은 대체 무슨 권리로 다른 동물을 학살하는가 하는 문제를 거론해 양심에 호소한다.

그렇다면 모피가 아니라 가죽으로 만든 상품에 대해서는 어떤 태도를 취해야 하는 걸까? 재킷, 가방, 지갑, 벨트 같은 패션 상품뿐만 아니라 거실의 소파와 자동차 시트, 심지어 작은 열쇠고리나 필통까지, 동물 가죽은 우리 생활 곳곳을 채우고 있다. 가죽은 마치 피할 수 없는 필수 원자재인 것 같다. 그래서 우리는 모피보다 가죽 제품에 크게 마음을 쓰지 않는다. 털 제거 공정을 거치지 않으면 둘 다 같은 것인데도 말이다.

아마도 털을 제거한 채 상품으로 가공하면 그 원형, 즉 도축 이전의 '동물'과 '죽음'을 연상하기가 쉽지 않기 때문일 것이다. 이런 심리를 이용해 퍼 프리를 선언한 브랜드 대부분이 모피 생산은 중단하지만 가죽 제품은 포기하지 않는다.

또한 가죽은 축산업의 부산물이라는 인식이 크다. 가죽은 먹기 위해 도살한 동물에서 나온 것인데, 그냥 버리느니 제품으로 만들어 사용하는 것이 더 낫지 않냐는 것이다.

결론부터 말하자면 절반은 맞고 절반은 틀리다. 육식 산업의 부산물로 우피, 돈피, 양피 등을 얻는 것은 사실이다. 그러나 어떤 경우에는 낙농업과 별개로 오직 가죽 산업을 위해 사육하기도 한다. 특히 우유를 만들어내지 못해 상품 가치가 떨어지는 수컷 송아지는 평생 밖으로 한 발 나가보지도 못한 채, 사육 시설 안에서 5~6개월의 짧은 생을 마감하고 가죽으로 거래된다.

윤리 그리고 환경

윤리뿐만 아니라 환경 측면에서도 가죽 산업은 비난을 면치 못한다. 동물 가죽을 피혁으로 가공하기 위해서 무두질이라는 과정을 거친다. 무두질에서 털을 뽑아내거나 깎으면 가죽이고, 그대로 두면 모피가 된다. 이때 부패를 방지하고 가죽을 부드럽게 하기 위한 공정을 포함하는데, 가죽 산업에서는 일반적으로 크롬, 포름알데히드, 비소, 아연 등의 화합 용액을 이용한 크롬 태닝(chrome tanning)을 한다. 식물성 탄닌을 이용한 제혁 방법으로 생산하는 베지터블 가죽도 있으나 더 복잡한 공정과 인력, 시간을 요구한다. 결국 더 적은 비용으로, 더 빨리 가죽을 양산하기 위해 피혁 대부분은 크롬 태닝을 거친다.

그런데 제혁 공장은 대체로 저개발 국가에 밀집해 있어 오염 물질을 처리할 시설이 제대로 갖춰져 있지 않다. 이 때문에 가죽은 그 어떤 의류 원자재보다 환경에 큰 영향을 미친다고 보고되고 있다.

크롬과 같은 중금속은 심각한 환경 오염을 초래할 뿐만 아니라 피혁 속에 잔류하여 인체에도 매우 유해하다. 크롬은 간 질환과 유전자 돌연변이를 유발하는 발암성 물질이다.

여기까지 읽고 나면 '아니, 그럼 도대체 어쩌라는 것인가? 가죽이나 모피나 모두 윤리적·환경적 책임이 있으니 절대 사용하지 말라는 것인가?'라는 생각이 들 것이다. 사실 동물 보호 단체가 제안하는 완전한 비건 패션과 식단을 실천하는 것은 쉽지 않다. 나 역시 동물을 사랑하고 모피 산업의 잔혹한 현실을 규탄하지만, 이미 가지고 있는 수많은 가죽 가방과 구두를 처분하지는 못하고 있는 보통 사람이다. 고기를 즐겨 먹지는 않지만 생선은 좋아하고, 소장하고 있는 캐시미어 코트와 앙고라

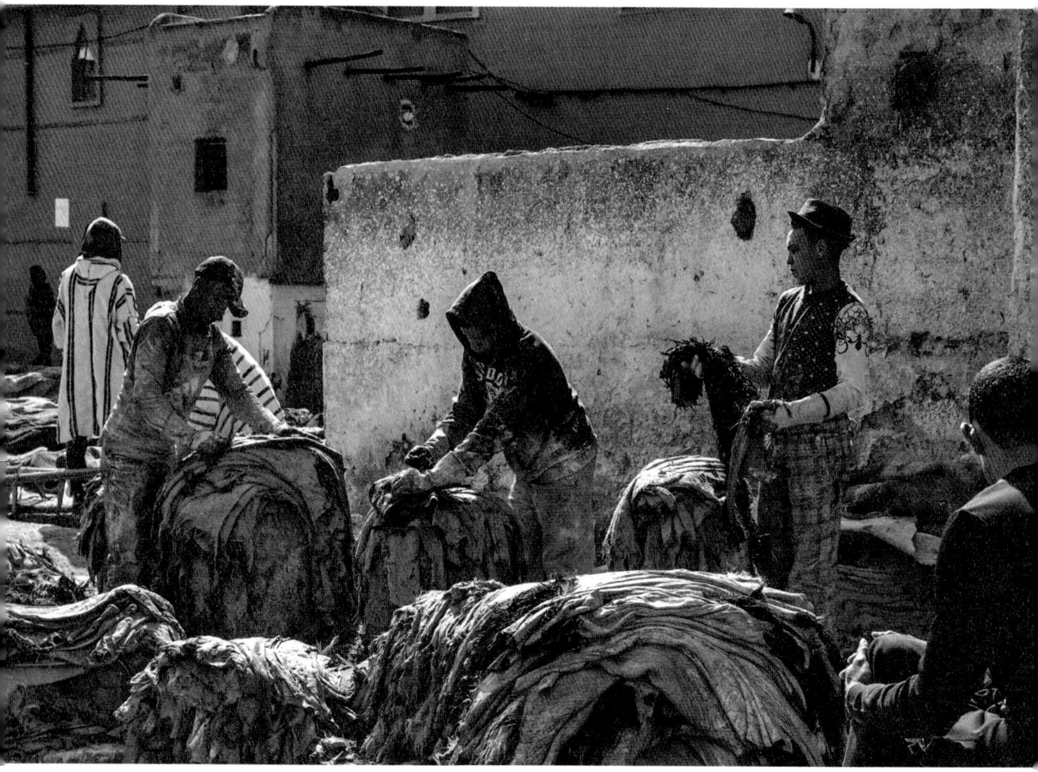

무두질을 하고 있는 모로코 노동자들.

니트를 아낀다.

하지만 동물로부터 얻는 패션 원자재가 그들에게 어떤 고통을 유발하고, 인간과 자연에 어떤 영향을 미치는지 알기에 이제 나는 다른 선택을 할 수 있다. 예를 들면 덜 사고, 아껴 쓰고, 좀더 윤리적인 기업을 지지하는 것이다. 그런 방식으로 내가 지금 당장 할 수 있는 것을 실천하고, 내 소신에 따라 조금씩 실천 범위를 확장해 나간다면, 루이 엄마로서 더 떳떳할 수 있지 않을까?

제인 구달(Jane Goodall)의 말처럼 세상을 바꾸는 것은 대단한 일이 아니다. 아주 작고 사소한 선택이 자신을 바꾸고, 삶을 바꾸고, 세상을 바꾼다. 우리 모두가 매일 조금씩, 세상을 더 좋은 쪽으로 바꿀 수 있다.

타인의 고통 3

패스트 패션과 소비라는 놀이

나는 글로벌 럭셔리 패션 브랜드의 일원으로 일했던 적도 있고, 국내 저가 캐주얼 브랜드에서 기획하고 디자인한 적도 있다. 무슨 말인고 하니, 수백만 원짜리 옷부터 몇 천 원짜리 옷까지 패션 회사의 디자인 업무를 두루 겪었다는 것이다. 패션을 사랑하는 디자이너라면 가격의 높고 낮음을 떠나서 옷을 만들 때 온 정성을 쏟고 최선을 다하는 것은 다 똑같을 것이다. 다만 각 브랜드가 정한 시장 가격과 유통 형태에 따라 주 고객층이 다르고, 구매 목적이 다르고, 생산 주기가 다르다 보니 옷의 수명도 달라진다.

유명 여성복 브랜드에서 이지 캐주얼로 이직했을 때, 솔직한 심정을 고백하자면 더 편하게 일하고 싶은 목적이 컸다. 아무래도 가격대가 낮아지면 디테일이 적어지고, 훨씬 수월하게 일할 수 있을 거라는 기대가 있었다. 그건 어느 정도는 사실이었다. 생산 주기상 결정도 빨리해야 했고, 함께 일하는 사람들은 덜 예민하고 삶의 방식이 더 다양한, 유쾌한 이들이었다.

그런데 아이템 가짓수가 늘어나다 보니 옷 하나하나 신경을 덜 쓰는 건 맞지만, 내가 쓰는 에너지의 총량은 이전과 매한가지였다. 나는 여전히 번아웃 상태로, 남아 있는 한 방울의 영혼까지 쥐어짜내며 좀비처럼 살고 있었다. 이전과 달라진 점이라면 이제 내가 만든 저가의 옷은 소비자에게 선택받았다가 더 빨리 버려진다는 것이랄까. 그건 무척 허탈한 일이었다.

"우리가 지구를 더럽히는 쓰레기를 만들고 있는 건 아닐까요?"

유럽 쇼룸 관계자 품평을 준비하며 정신없이 바쁘게 지내던 어느 날, 나와 가깝게 지내던 디자인 팀장이 던진 말에 나는 무척 뜨끔했다.

비슷한 시기에 같은 대기업에서 이직해 온 이 친구를 나는 무척 좋아했다. 이 친구는 똑똑하지만 겸손하고, 자기 소신에 따라 행동하고 책임질 줄 아는 사람이었다. 본인이 중요하다고 생각하는 것을 묵묵히 그리고 꾸준히 실천하는 조용한 혁명가 유형이었다. 반면 나는 현실에 대해 투덜거리곤 하지만 제도권 벗어나기를 두려워하는, 입만 살아 있는 몽상가랄까.

'그렇지만 어쩔 수 없잖아'라고 내가 현실과 타협했을 때, 이 친구는 자기 생각대로 무언가 실천하기 시작했다. 우리는 몇 년 뒤 동시에 퇴사하게 되었다. 나는 더 큰 대기업의 저가 브랜드로 이직해 제도권에 머물렀고, 이 친구는 작게나마 자기 사업으로 독립했다. 당시 대중에게 그다지 친숙하지 않았던 '지속 가능성'에 목표를 둔 패션 브랜드였다. 또한 이 친구는 채식을 실천하여 완전한 비건이 되었고, 환경과 인간 모두에게 이로운 옷을 만들기 위해 끊임없이 연구하며 노력하고 있다.

패스트 패션의 시대

기술 발전은 인간의 의생활에 많은 편리함을 가져다주었다. 재봉틀의 개발은 손으로 바느질하는 수고를 덜어주었고, 기계화를 통한 기성복의 시대가 된 지도 오래다. 용도에 맞는 옷감과 장식을 고르고 신체 치수에 맞춰 옷을 만들어 입던 이전 시대의 수고와 기다림은 사라졌다.

많이 만들수록 가격은 낮아진다. 대량 생산한 제품을 더 저렴한 가격에 빠르게 소비자에게 공급한다. 이제 새 옷을 사는 것은 특별한 일이 아니다. 트렌드를 좇아 새로운 의류를 구매하는 패션 소비는 하나의 즐거움이 되었으며, 현대인에게 소비는 문화이자 놀이이다. 패션 소비라는 놀이를 더욱 빨리 확산시킨 것은 패스트 패션이다.

1990년대 후반, 최신 유행을 신속하게 제공하는 패스트 패션이 대거 등장했다. 패스트 패션은 스파(SPA), 즉 자가 상표 부착 유통 방식(Specialty retailer of Private label Apparel)이라 부르기도 하며, 생산자가 자가 상표를 붙여 직접 대형 매장을 운영하는 것이 일반적이다. 자라, 망고, H&M, 유니클로, 갭 등 해외 브랜드와 에잇세컨즈, 탑텐, 스파오 등 국내 브랜드가 이에 해당한다. 백화점이나 거대 온라인 플랫폼과 같은 중간 유통 단계가 빠지면 판매 수수료가 절감된다.

패스트 패션은 마치 맥도날드와 같은 패스트푸드가 그러하듯 훨씬 민첩하게 소비자 욕구에 반응하여 상품을 공급한다. 그래서 '맥패션'이라 부르기도 한다. 보통 패션 브랜드가 한 계절 내내 같은 컬렉션을 매장에 진열해놓는 반면, 패스트 패션은 2~3주 주기로 상품이 바뀐다.

과잉 생산과 과잉 소비

과잉 생산은 과잉 소비를 부추긴다. 통계에 따르면 미국인 1인당 의류 소비량은 1980년대보다 5배 증가했다. 평균 5.5일마다 새 옷을 구매하고 옷 한 벌당 착용하는 횟수는 평균 7회이다. 패스트 패션 덕에 소비자는 쉽게 지갑을 열어 일시적 만족을 얻고, 잠시 입다가 또 망설임 없이 버린다. 79억 명이 사는 지구에서 한 해 동안 생산하는 옷은 약 1000억 벌이고 그중 330억 벌이 같은 해 폐기된다. 팔지 못한 재고, 한 철 입고 버리는 옷 등이 이에 해당한다.

2018년 7월 버버리가 한 해 동안 한화 약 420억 원에 달하는 재고 물량을 소각했다는 사실이 알려져 큰 비난을 받았다. 불과 두 달 전 버버리는 패션 폐기물을 줄이고 자원 순환 운동에 동참해 순환 경제에 헌신하겠다고 밝혔다. 그런데 팔리지 않은 제품을 불태워 없애버리는, 언

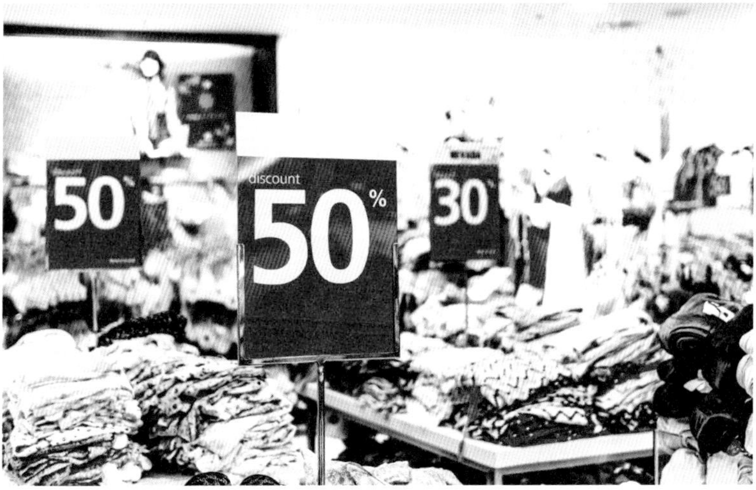

대량 생산으로 저렴해진 패스트 패션은 불필요한 소비를 부추긴다.

행 불일치의 행동을 한 것이다.

사실 버버리뿐만 아니라 고가 브랜드 대부분이 재고를 소각하는 것은 관행이었다. 일반 패션 브랜드가 할인을 하거나 재고를 시중에 유통해 생산 비용을 회수하는 데 비해, 럭셔리 브랜드는 상품의 희소성과 브랜드 가치를 지키기 위해 재고를 소각하거나 파쇄한다. 일례로 럭셔리 시계 브랜드 까르띠에, 몽블랑, 피아제 등을 소유한 리치몬트 그룹은, 재고 상품이 회색시장에 유통되는 것을 방지하고자 소매업자들로부터 다시 물품을 사들였다. 그렇게 2년간 한화 약 6359억 원 상당의 자사 시계를 구매해 파쇄했다.

고가의 패션 재고 상품만 그렇게 하는 것은 아니다. 나이키는 재고를 폐기하기 전 시중에 유통하지 못하도록 절단한 사실이 있다. H&M과 같은 패스트 패션 브랜드도 제품 훼손과 안전 기준 등 여러 가지 이유로 재고를 소각하거나 폐기해왔다.

알다시피 패션 상품을 만들기까지 엄청난 에너지와 자원을 사용하고 공해를 일으킨다. 그런데 다 팔리지 않을 것을 이미 알면서 과잉 생산하고, 팔리지 않는 재고를 폐기해 또 공해를 만들다니. 이 얼마나 헛된 일인가!

그 많던 옷은 다 어디로 갔을까

우리가 충동적으로 샀다가 싫증이 나 버린 옷은 어디로 갈까?

일반 소비자가 헌 옷을 처리하는 방식은 주거지 도처에 있는 '의류 수거함'에 넣는 것이다. 의류 수거함에 옷을 넣는 행위를 '기부'라 착각

할 수 있지만 그렇지 않다. 그 옷이 절실하게 필요한 누군가에게로 갈 확률은 사실 매우 낮다. 왜냐하면 수거한 옷은 다시 입을 수 없는 상태이거나, 재사용 가치가 없는 저가 제품인 경우가 대부분이기 때문이다. 또한 의류 수거함은 개인 사업자들이 영리 목적으로 설치한 시설이니 엄밀히 말하면 옷이 필요한 사람이 아니라, 헌 옷 수출업자에게 기부하는 셈이다.

의류 수거함을 통해 수거한 옷 중 빈티지 의류로 유통하고 재사용하는 것은 단 5퍼센트에 불과하다. 나머지 95퍼센트는 인도, 방글라데시, 케냐, 가나와 같은 개발 도상국으로 수출한다. 한국은 미국, 영국, 독일, 중국에 이어 중고 의류 수출 5위에 이른다. 우리나라의 소득 수준과 인구수를 감안해보면 한국인의 옷 사랑, 아니 의류 소비량은 실로 어마어마한 것이다.

수출된 곳에서도 헌 옷의 운명은 다르지 않다. 이미 사용 가치가 없는 옷이므로 현지에서 재사용하는 비율 역시 낮다. 그런데 문제는 개발 도상국은 폐기물 처리 시스템을 갖추고 있지 않아, 헌 옷을 불태우거나 그냥 버리기 때문에 더욱 심각한 환경 오염을 초래한다는 것이다. 우리가 버린 옷 대부분은 어느 개발 도상국으로 가서 거대한 쓰레기 산을 이루고 있다. 썩지 않는 옷 무덤은 토양과 수질을 오염시키고, 소들은 초원에서 풀을 뜯는 대신 버려진 옷을 먹는다.

우리가 무심코 버린 헌 옷이 누군가의 삶의 터전을 오염시키고, 병들게 하고 있다. 그리고 오염된 물과 공기, 심각한 기후 위기로 돌아와 다 함께 대가를 치르고 있다.

모두가 환경 문제에 각성하고 있는 현재, 패션 산업은 환경 오염의

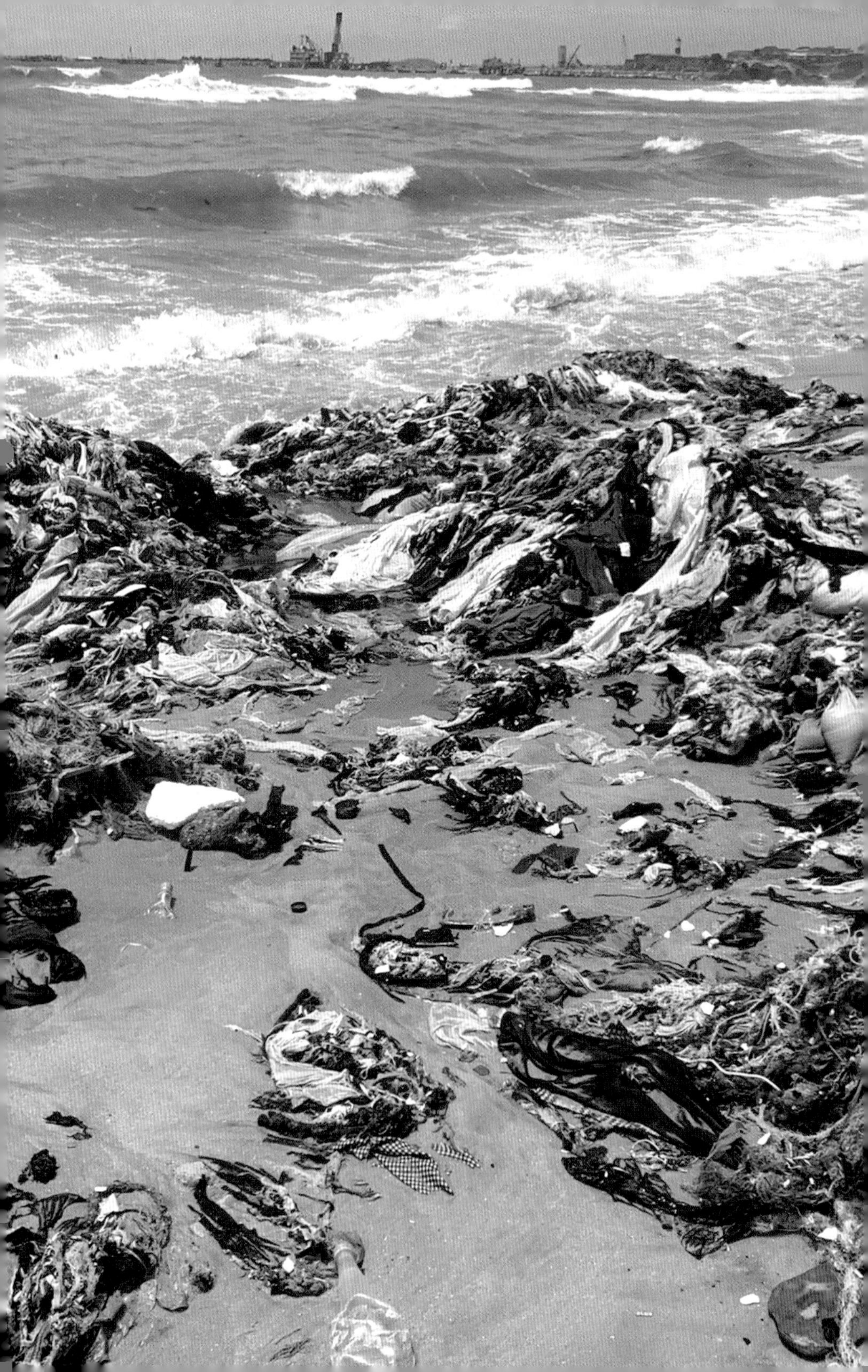

주범으로 손가락질받고 있다. 특히 패스트 패션은 과잉 생산을 통해 쓰레기를 만들고, 과잉 소비를 부추겨 또 쓰레기를 만든다.

그런데 극단적으로 말하면 우리 모두 공범이다. 우리 같은 보통 소비자가 패스트 패션이 고도로 성장할 수 있는 산업 환경을 조성했다고 볼 수도 있다. 새롭고 저렴한 것에 열광하고, 유행이니까 따라 하고, 단지 기분 전환을 위해 물건을 사는 우리의 소비 습관이 패스트 패션의 시대를 만든 것은 아닐까?

버린 옷으로 뒤덮인 해안가. ⓒAngelaxie83.

타인의 고통 4

비건 패션과 그린워싱

1990년대 말 인디 월간지 〈페이퍼〉는 '빙하가 녹고 있다'라는 주제로 특집호를 발간했다. 이 잡지는 당시 인기 있던 카페나 상점에서 무료로 배포했음에도 불구하고, 나는 비용을 지불하고 몇 년간 정기 구독을 했다. 고백하건대 그때는 그들이 외치던, 환경과 사회 문제에 대한 제안이 나에게 큰 울림이 되지 못했다. 나는 그저 색다른 사진 화보와 감성적인 문장, 예쁜 일러스트를 수집하고 싶었던 것이다.

어째서 빙하가 녹는지, 그래서 내 삶이 어떻게 변하는지, 크게 마음을 두지 않았다. 내 탓이 아니라고 무책임하게 생각했고, 나 아닌 다른 누군가가 움직여 해결할 것이라 방관했고, 나와 상관없는 먼 미래의 불행일 것이라 외면했다.

그런데 그날은 오고야 말았다. 어느덧 우리 모두 이상 기온 속에 살고 있다. 2023년 우리나라에서는 때 이른 폭염과 가뭄에 농작물이 타들어갔고, 유럽에서는 섭씨 40도를 넘는 더위가 이어져 많은 인명 피해가 발생했다. 알프스의 만년설이 녹아내렸고 각지에 산불이 났다.

각국이 비상경보를 발령할 만큼 역대급 무더위를 겪고 있는데, 주원인은 과다 배출한 온실가스로 인한 지구 온난화이다. 온실가스 중 대부분을 차지하는 이산화탄소는 산업 공정 등 에너지 사용 과정에서 인위적으로 발생한다. 바꿔 말해 인간이 변하면 온실가스 배출량을 줄일 수 있다는 뜻이다.

누가 죄인인가

2018년 유엔 유럽 경제 위원회는 패션 산업이 환경에 미치는 영향을 과소평가해 왔다고 경고했다. 통계에 따르면 패션 산업의 탄소 배출량은 전체의 10퍼센트를 차지한다. 이는 항공과 해운 산업을 합한 것보다 많은 수치이다. 탄소 배출량뿐만 아니라 물 사용량, 토양 오염, 쓰레기 발생 등의 측면에서 패션 산업은 환경 오염의 원인 중 2위에 해당한다.

패션 산업의 가치 사슬은 매우 복잡하다. 제품을 생산하기까지 농업과 목축업을 통한 원재료 추출, 편직 및 직물 염색 등 가공, 후가공 등 수없이 많은 과정을 거친다. 과정마다 많은 에너지와 자원이 필요하고 오염 물질을 배출한다. 예를 들어 청바지 한 벌을 만들기까지 목화를 재배해 실을 만들고, 원단으로 편직해 염색하고, 재단·봉제한 뒤 워싱 등 후가공을 거쳐 상품으로 완성하려면 물 7500리터가 필요하다. 하루에 물 8잔을 마신다고 가정하면 한 사람이 10년 동안 마실 수 있는 양이다. 또한 온실가스 배출량은 휘발유 승용차로 46.5킬로미터를 달리는 것에 준하며, LED 형광등을 1950시간 켜놓는 것과 맞먹는 에너지를 소비한다.

패션 상품의 제조 단계뿐만 아니라 유통·판매하여 소비자가 사용하는 동안에도 많은 오염 물질이 발생한다. 의류 제품의 60퍼센트는 합성 섬유이다. 합성 섬유 옷은 입고 있을 때, 그리고 세탁할 때 많은 미세 플라스틱을 방출한다. 한 연구에 의하면 합성 섬유를 한 번 세탁할 때 약 70만 개의 미세 플라스틱을 배출한다. 직경 5밀리미터 이하의 미세 플라스틱은 우리 눈에 잘 보이지 않지만 토양, 담수, 해양으로 흘러 들어간다.

그리고 다시 인간에게 돌아온다. 우리는 공기로, 식수로, 채소와 해산물로 결국 다시 그것을 섭취한다. 우리는 일주일에 평균 신용카드 한 장만큼의 플라스틱을 먹고 있다.

비건 패션

패션 산업이 환경 오염의 주범이라는 사실이 알려지며 비판의 목소리가 높아지자, 패션업계는 저마다의 대응을 시작했다. '20만 원 이상 구매 고객에게 에코백 증정' 등 이벤트를 벌이는가 하면 '죄 없는 동물을 희생시키지 말고 에코 퍼를 입자'는 광고를 하기도 한다.

그런데 원가 몇 천 원짜리 코튼 캔버스 백을 덤으로 갖기 위해 20만 원을 소비하는 것이 합리적일까? 더구나 에코백이라 부를 만큼 친환경적 영향력을 미치려면 최소 131회 사용해야 하는데, 내가 이미 가지고 있는 수많은 에코백은 아직 소임을 다하지 못했다.

천연 소재보다 저렴한 인조털을 갑자기 '에코 퍼'라고 부르는 것은 과연 그것이 친환경이기 때문일까? 동물의 희생을 배제한 모든 것이 윤리적이고 친환경인 것은 아니다.

어떤 패션 회사들은 이렇듯 깊은 고민 없이, 친환경 소비문화에 편승하기 위해 1차원적 대응을 한다. 왜냐하면 그게 유행이거든!

비건 패션은 채식주의(veganism)에서 파생한 용어이다. 따라서 가죽과 모피처럼 동물을 도축해서 얻는 재료뿐만 아니라 동물 가학 행위 일체를 반대한다. 즉 동물의 털을 뽑고 깎아 스트레스를 유발하는 깃털, 울, 실크 등 동물에서 얻는 어떠한 소재도 사용하지 않는 '애니멀 프리(animal free)'를 의미한다. 비건 패션은 모든 동물을 함께 살아가야 할 생명으로 존중하는 것이자, 넓은 의미로는 패션의 친환경적 가치를 고려하는 윤리적 패션이다.

합성 소재로 만든 인조 가죽과 인조털은 불과 몇 년 전까지 천연 소재의 모조품이라는 인식이 컸으나, 환경과 동물 보호 문제가 대두하며 좋은 대체재라 여기고 있다. 그런데 합성 소재 또한 환경 오염을 유발한다. 천연 가죽에 비하면 착한 편이라 할 수 있으나 합성 피혁의 제조 공정에서도 많은 오염 물질을 뿜어낸다. 또한 합성 섬유가 생분해되기까지 길게 잡으면 200년 걸린다. 내가 버린 합성 섬유 옷은 나보다 훨씬 더 오랫동안 지구에 남아 있다. 호랑이는 죽어서 가죽을 남기고, 인간은 죽어서 인조 가죽 재킷을 남기는 격이라고나 할까.

모든 인조 가죽이 에코 가죽은 아니다. 그러나 어떤 제품은 좀더 환경 친화적일 수 있다. 폐플라스틱을 재활용해 만든 합성 섬유를 사용하는 리사이클링 방식, 재고 상품에 디자인의 가치를 더하는 업사이클링 방식이 그러하다.

여기서 한 발 더 나아가 식물성 소재로 만든 친환경 대체 가죽 연구가 이어지고 있다. 파인애플잎, 대나무, 바나나 등을 가공한 인조 가죽, 즉 비건 가죽이 속속 등장하는 중이다. 특허청 기준에 따르면 비건 가죽의 범위는 동물을 사용하지 않고 식물성 재료를 사용하는 인조 가죽이다. 비건 가죽은 합성 물질과 함께 가공하는 것이 일반적이어서, 생분해와 재활용 측면에서 전적으로 친환경이라 말할 수는 없다. 하지만 최근에는 100퍼센트 생분해 성분의 비건 가죽을 만드는 기술 연구가 계속되고 있다.

그린워싱

각종 미디어는 '친환경이 힙하다' '환경에 진심인 MZ세대를 사로잡아라' '지속 가능성이 뜬다'고 떠들며 패션의 지속 가능성을 트렌드로 대한다. 참으로 수준 낮은 기사 제목을 보노라면 낯이 뜨겁다.

모든 산업 분야의 핵심 소비층이라 할 수 있는 MZ세대가 가치 있는 소비를 지향하는 것은 사실이다. 2020년 맥킨지(McKinsey) 사의 설문 결과에 따르면 소비자의 66퍼센트가 제품 구매 시 지속 가능성을 고려하며, 젊은 층일수록 그런 경향은 더 두드러진다고 한다. 이제 소비자는 상품 자체뿐만 아니라 공정의 윤리성과 브랜드 철학에 관심을 둔다. 가격이 조금 비싸더라도 자기 신념에 부합하거나 소비 행위를 통해 가치를 실현할 수 있는 쪽을 택한다. 그렇기 때문에 많은 기업은 MZ세대 입맛에 맞는 조정을 생존 전략으로 내걸고, 환경과 사회적 가치를 내세우며 ESG 경영으로 전환하기에 몰두한다.

환경 오염의 주범으로 낙인찍힌 패스트 패션도 이러한 사회 분위기를 전환점으로 삼고 있다. 대표적 패스트 패션 브랜드인 H&M은 2019년부터 지속 가능 소재를 사용한 '컨셔스(conscious) 컬렉션'을 출시하고 있다. 여러 패션 업체는 '의식 있는(conscious)' '책임감 있는(responsible)' '선을 위한(for good)' '미래를 위한(for the future)' '친환경인(eco-friendly)' '지속 가능한(sustainable)' 등의 구호를 저마다 내걸고 자사 제품이 환경을 위한 해결책이라고 홍보한다. 그리하여 소비자의 죄책감을 덜어준다.

하지만 문제는 진정성이다. 많은 패션 기업은 지속 가능성조차 마케팅 전략으로 소비하며, 모호한 표현으로 소비자를 유혹한다. 국제 비영리 재단인 시장 바꾸기 재단(Changing Markets Foundation)의 말을 빌리면 이렇다.

"패션 기업들은 그린워싱(greenwashing)에 중독되어 있다."

2021년 발간한 이 재단 보고서에 따르면, 지속 가능성을 주장하는 유럽과 영국의 패션 브랜드 중 59퍼센트의 주장은 매우 모호하다. 또한 패션 브랜드 대다수가 과장, 허위 주장, 정보의 투명성 부족 등 그린워싱을 하고 있다. 예를 들면 H&M의 컨셔스 컬렉션 제품 중 친환경 소재 사용은 일부에 불과하고, 합성 섬유는 오히려 기존 컬렉션보다 많이 사용했다. 파타고니아 사는 합성 소재 사용 정보를 공개하지 않았고 관련한 구체적 실천 약속도 없다. 그러나 여전히 소비자는 '지속 가능한 패션'이자 착한 브랜드로 인식하고 있다.

럭셔리 패션의 경우 패스트 패션보다 환경 친화적 영향력을 투명하게 통제하는 경향이 있다. 구찌는 '구찌 이퀄리브리엄(Gucci Equilibrium)'이라는 웹사이트를 구축하고 지구와 사람을 위한 노력을 공표하며, 환경 보호에 앞장서는 럭셔리 브랜드로 자리매김했다. 'responsible'이라는 꼬리표가 붙은 구찌 제품의 합성 물질 함유량은 평균 32퍼센트이며 이 수치는 자라, H&M, ASOS 친환경 제품 함유량의 절반에 해당한다. 또한 섬유를 재활용하는 순환 제조 공정을 추구한다.

그러나 럭셔리 브랜드의 친환경 패션 제품에도 안감은 여전히 주로 폴리에스터를 사용한다. 여러 가지 재료를 복잡하게 혼방한 섬유를 사용해 재사용이 어려운 것도 문제로 남아 있다.

어쩌면 마지막 기회일지 모른다. 이제는 인간이 살기 위해서 환경을 보호해야 한다.

공존을 위해 패션의 지속 가능성을 고려해야만 하는 시대, 일부 패션 기업은 저만 살자고 눈속임을 한다. 그리하여 우리는 소비자가 그리 호락호락하지 않다는 것을 보여줄 필요가 있다. 우리가 진짜와 가짜를 구분해 냄으로써, 기업이 진정성 있는 브랜드 철학을 고민하도록 촉구해야 한다.

올바른 패션 소비문화가 무엇이냐고, 패스트 패션을 불매하고 럭셔리 패션만을 소비해야 하냐고 묻는다면, 한마디로 단언하기는 어렵다. 분명한 것은 세상 모두에게 관심을 기울이고 스스로 기준을 만들어간다면, 우리 모두가 각자의 위치와 상황에서 좀더 나은 선택을 할 수 있다는 것이다. 여러 환경 단체는 패션 기업의 그린워싱에 속지 않을 기준을 제시하고 있으니, 참고삼아 자기 기준을 만들어도 좋을 것이다.

환경을 염려하고 타인의 고통을 알고 있지만 쇼핑을 좋아하는 내 기준은 이렇다. 무엇을 살 것인가 고민하기보다는 가지고 있는 것을 소중하게 다루고, 책임감 있게 사용하는 것이 먼저이다. 그리고 꼭 무언가를 사야 한다면 꼼꼼하게 들여다볼 것이다. 누가, 무엇으로, 어떻게 만들었고, 나는 그것을 어떻게 사용할 것인지. 그리고 그린워싱 마케팅에 휘둘리지 않고 있는지.

온전하지 않다고 의미가 없는 것은 아니다. 작은 실천이 모여 큰 변화를 가져올 수 있다. 나의 신념과 명분에 맞는다면 죄책감 갖지 않아도 좋다.

4부

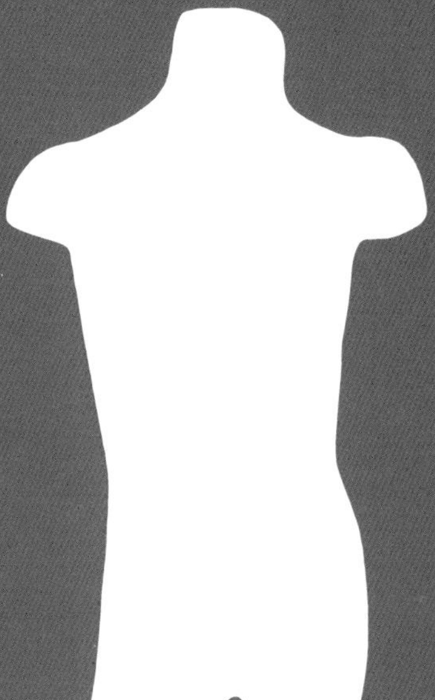

어떻게 입을 것인가

지금은 맞고 그때는 틀리다

패션 노스탤지어와 미적 평가에 대한 단상

"제정신이니?"

1990년대 말 어느 겨울 내가 빨간 체크무늬 나팔바지를 만들어 입고, 광화문 바닥을 다 쓸고 다닐 기세로 집을 나설 때 엄마가 물었다.

"응. 뭐가 어때서?" 나는 내 옷차림이 괴상하다고 생각하지 않았으므로 제법 당당하게 대답했다. 그러나 대문을 나서는 순간 곧 사람들의 시선으로부터 확신은 흔들렸다. 아아, 어쩌면 내 옷차림이 아주 약간 이상하게 보일 가능성이 없는 것은 아닐지도 모르겠구나!

조금 추가 묘사를 하자면 그 당시 나는 머리를 짧게 잘라 녹색으로 물들이고 밥 딜런(Bob Dylan)처럼 부풀렸다. 그리고 술이 주렁주렁 달린 가죽 재킷을 만들어서 함께 입었다. 각종 수입 병맥주 뚜껑으로는 펜던트를 만들어 가방에 한가득 붙였다. 화룡점정은 명동 편집 숍에서 득템한, 앞코가 지나치게 뾰족하고 화려한 카우보이 부츠인데 사실 내 발에는 좀 작았다. 하지만 스타일을 완성하기 위해 새끼발톱이 네 번째 발가락을 찔러 피가 나고, 오래 걸으면 점차 시야가 아득해지는 육체적 고통쯤은 기꺼이 감수했다. 오직 스타일을 위해서! 아무튼 그때는 그랬다.

세기말 미니멀리즘이 몰아친 그때, 대체 왜 내가 잠시 동안 웨스턴 무드에 꽂혔는지 정확한 이유는 기억나지 않는다. 〈도어즈〉와 〈델마와 루이스〉 같은 영화를 좋아하던 시기였으니 아마도 그 영향이 좀 있지 않았을까. 아무튼 나는 의식의 흐름대로 컬러를 고르고, 패턴을 만들고, 장식을 달며 흔한 요즘 유행과 엄청나게 다른 독특하고 신선한 조합이라고 신났지만 엄마는 이렇게 평가했다.

“네 눈에는 정말로 그게 예뻐 보이는 거니? 엄마는 너무 웃기게 보이는데.”

나는 나름대로 획일적인 동시대 유행에서 벗어나 새로운 시도를 했던 것이지만, 엄마는 내 옷차림에서 그 옛날의 로커빌리(rockabilly) 혹은 히피 같은 분위기를 느꼈던 모양이다. 엘비스 프레슬리(Elvis Presley)처럼 심하게 다리를 떨며 윙크를 날리던 그 로커빌리, 환각 상태에서 사랑과 평화를 외치던 그 히피 말이다. 1950~1960년대를 생생히 기억하던 엄마 입장에서는 세상 촌스러운 구닥다리 패션으로 비쳤을 것이다. 하지만 그때 나는 무채색과 뉴트럴 톤의 단정한 옷에 좀 질렸던 터라 새로운 자극이 필요했고, 어쩌면 해외 패션지에서 보았던 레트로 이미지가 무의식 속에 데자뷔처럼 엉켜 그 옛날 스타일에 끌린 것일 게다.

이렇게 패션은 언제나 싫증과 호기심, 결핍과 대안의 변증법 속에서 변화한다. 그리고 새로운 대안은 종종 과거의 향수 속에서 발견된다.

레트로, 뉴트로

새로움을 좇는 것은 패션의 숙명이다.

인류 역사에서 옷이 생리적 욕구를 충족한 순간부터, 즉 추위와 위험에서 몸을 보호하는 최소한의 기능을 넘어서면서부터 패션은 늘 새로운 무언가를 찾아 헤맸다. 유행 패션의 지속적 자극에 익숙해진 사람들에게 패션업계는 발 빠르게 새로운 대안을 제시한다. 새 대안이 많은 소비자의 공감을 얻으면 유행 패션이 되고, 그러면 사람들은 또다시 싫증을 느껴 새로운 자극으로 이동해간다.

이때 소비자의 폭넓은 공감을 얻기 위한 쉬운 방법은 과거 기억을 자극하는 것이다. 사람들 대부분은 지나버린 시간을 추억하며 과거를 사실보다 더 긍정적으로 회상한다. '그때가 지금보다 좋았지'라고. 누군가 어린 시절에 느꼈을 법한 감성을 재해석한 상품은 경제력을 갖춘 소비 주체로 하여금 향수를 불러일으킨다.

이렇듯 패션은 현재 유행에 싫증 난 소비자들에게 과거 추억을 소환하는 노스탤지어 마케팅을 해 왔다. '레트로 감성'이라는 이름을 붙이면서.

그런데 최근 몇 년간 레트로 열풍의 특징은 본인 세대가 겪어 보지 않은 이전 시대 분위기를 소비한다는 것이다. 이를테면 MZ세대가 1980~1990년대풍의 패션을 적극적으로 즐기는 현상이 그러하다. 추억을 소비하는 것이 아니라 새로운 자극으로 즐긴다는 의미로 뉴트로(newtro)라 부른다.

그땐 그랬지

유행은 지나간다. 어쩔 수 없다.

지난 주말 만난 대학 동창은 하얀색 스키니 진을 입고 나왔다. 패션 연구 기관의 팀장으로 있는데도 말이다.

"요즘 스키니 진을 뭐라 부르는지 알아? 엄마 바지 ……."

21세기에 태어난 세대와 대학교에서 나름 함께 호흡하고 있는 내가 이와 같은 고급 정보를 발설하자, 친구의 동공은 몹시 흔들렸다. 그리고 이내 "아 ……!" 하고 탄식했다. 10여 년 전 최고 유행 아이템이 야속하지만 지금은 중년의 상징이 되었다. 이렇듯 유행 패션은 시간의 흐름에 따라 미적 평가가 달라진다.

영국의 미술사학자 제임스 레이버(James Laver)는 저서 《취향과 패션》에서 같은 옷을 두고 사람들의 평가가 어떻게 달라지는지 설명했다. 대중은 어떤 옷이 유행보다 10년 앞서 있을 때는 저속한(indecent), 5년 앞설 때는 뻔뻔한(shameless), 1년 앞설 때는 과감한(daring) 것으로 받아들인다. 유행일 때는 맵시 좋은(smart) 옷이지만, 1년 지나면 촌스러운(dowdy), 10년 지나면 흉측한(hideous) 옷이 된다. 유행보다 20년 뒤처진 옷은 우스꽝스럽다(ridiculous) 생각하고, 30년 뒤처진 옷은 재미있는(amusing) 것으로 여긴다. 시간이 더 흘러 유행 시기에서 50년이 지나면 진기한(quaint), 70년이 지나면 매력적인(charming), 100년이 지나면 낭만적인(romantic) 옷으로 느낀다. 그러다 유행이 150년 지난 뒤엔 마침내 아름다운(beautiful) 옷이 된다. 대중은 10년 전 유행은 끔찍하다 여기지만 시간이 더 지나면 흥미롭게 받아들여, 유행은 대개 30년 주기로 돌고 돌게 된다는 것이다.

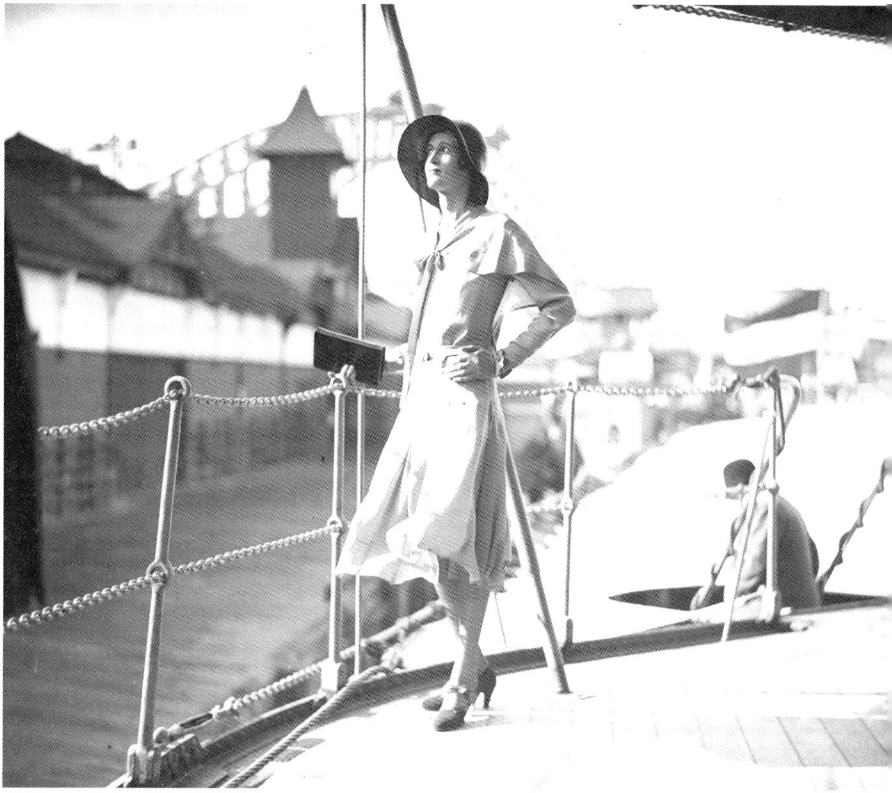

갑판 위에서 촬영을 위해 자세를 취한 여성의 패션. 100년쯤 지난 유행 패션은 대개 아름다워 보인다. 1930.

유행 말고 스타일

유행은 지나간다. 예외가 없다.

그러니 신경 곤두세우고 모든 유행을 흡수할 필요가 없다. 최근 몇 년간 유행 아이템인 트랙 솔 슈즈도 10년쯤 뒤에는 세상 투박하고 흉측하게 느껴질 수 있다.

만약 멋쟁이로 오래도록 평가받고자 한다면, 특정 룩을 단편적으로 취해 유행 패션에 편승하는 것은 언제나 지는 게임이다. 그보다는 나와 잘 어우러지는 스타일을 갖추는 것이 더 지속 가능한 방법이다. 내 피부색, 체형, 생활 양식, 태도, 취향, 가치와 잘 어울리는 일관된 방식, 바로 그런 스타일.

"유행은 지나가고 스타일은 영원하다."

이브 생로랑은 유행을 뛰어넘는 스타일의 중요성을 설파하며 위와 같은 명언을 남겼다.● 유행은 변덕스럽게 다가왔다가 사라지지만, 스타일은 일관성과 지속성이 있는 전체 분위기와 같다.

스타일은 돈으로 살 수 있는 것이 아니다. 단시간에 획득하는 기술 같은 것도 아니다. 스타일은 각자가 살아낸 삶의 방식과 축적한 시간을 통해 몸에 각인된 고유의 에너지다. 그러니 우리는 다른 누군가를 좇아 유행을 흉내 낼 것이 아니라, 각자의 스타일을 보듬고 다듬어야 한다. 그게 남는 거다.

● 흔히 샤넬이 한 말로 알고 있으나 이브 생로랑이 했다는 것이 더 정확하다. 왜냐하면 샤넬은 '스타일은 남는다(Le style reste)'고 했는데, 이브 생로랑은 '스타일은 영원하다(Le style est éternel)'고 표현했기 때문이다.

좋은 취향 1

댄디, 아름다운 것으로 채운 삶

친구와 나는 수년 전 비슷한 시기에 각자 다니던 회사를 그만두었다.

우리는 서로 많은 부분이 닮았다. 꽤 많은 연봉을 받았음에도 패션 디자이너로서 품위 유지를 위해 이른바 '신상'을 족족 사들이느라 월급을 탕진하고, 핫한 해외 유명 숍을 쫓아다니느라 휴가를 전투적으로 보냈다. 근무와 근무 외 시간의 경계가 불분명한 채 트렌드를 흡수하는 데 혈안이 되어 있었다. 회사를 그만두게 된 결정적 요인은 서로 다르지만, 따박따박 들어오던 월급이 없으니 우리 둘 다 빈털터리인 것은 같았다.

우리는 함께 시간을 보내며 한동안 누리지 못했던 '사사로운 생활'을 마음껏 즐길 수 있었다. 대낮에 한가로이 카페에서 목적 없는 얘기를 나누고, 동해 바다를 보러 훌쩍 떠나기도 했다. 시장 조사와 상관없이 쇼핑을 하고, 경치 좋은 곳에 자리 잡은 식당을 찾아다녔다.

그리고 우리는 좋아하는 일이라서 시작했는데 막상 직업이 되었을 때의 괴리에 대해 깊은 이야기를 나누었다. 술을 마시며 자기혐오와 자기 연민에 밤새 빠져들기도 했고, 앞으로는 어떤 태도로 살아가야 좋을지 긴 토론을 하기도 했다.

"난 우아하게 살기로 했어."

어느 날 친구가 말했다.

알렉산더 폰 쇤부르크(Alexander von Schönburg)의 《우아하게 가난해지는 법》을 읽고 영감을 얻은 친구는 가난하니까 우아하게 살겠다고 했다. 그동안 피상적 성공이라는 것을 좇아봤지만 여전히 욕망은 채워지지 않고 마음은 늘 곤궁한 상태였다는 것이다. 그래서 시끄러운 세상에서 한 발 물러서서 책 읽고 글 쓰며, 아름다운 것으로 채운 삶을 살고 싶다고 했다.

친구가 표현한 '우아한 삶'이란 말하자면 댄디의 태도이다.

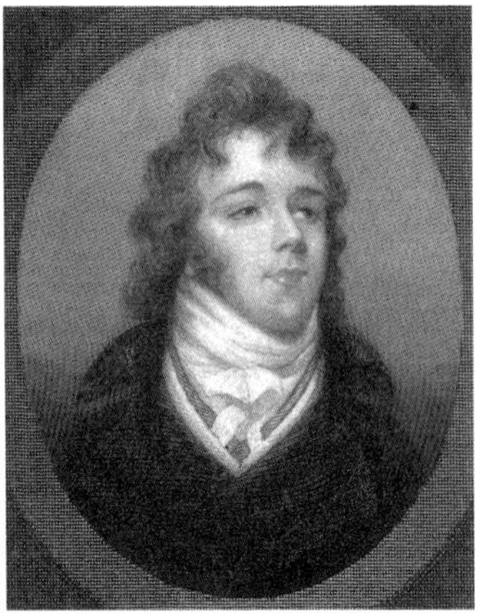

댄디의 시초 보 브러멀.

댄디즘의 시작

'멋쟁이' '옷 잘 입는 남자'를 뜻하는 댄디의 어원이 언제였는지는 정확하지 않다. 그러나 최초의 진정한 댄디는 19세기 초, 영국의 보 브러멀로 기록되어 있다. 브러멀은 당시 황태자이던 조지 4세(George IV)와 각별한 사이로, 영국 사교계의 영향력 있는 유명인이었다. 옷 입기 외에 그의 업적이나 행적에 관한 다른 역사적 기록은 거의 없다. 부유한 런던 가문에서 태어나 윈저의 이튼 칼리지에서 수학하며 패션에 관심을 가지게 되었고, 물려받은 유산으로 메이페어에 저택을 짓고 오직 옷 입기에만 열중하며 살았다고 한다. 역사상 가장 유명한 '옷 잘 입는 일반인'인 셈이다.

19세기 초 산업자본주의 사회는 과시적 물질주의가 만연해 있었다. 부르주아들은 화려하고 장식적인 귀족 취향의 옷차림으로 자기를 한껏 과시했다. 그러나 브러멀은 그러한 부르주아의 태도를 거부했다. 그는 과감할 정도로 단순한 디테일과 절제한 색상을 추구했다.

> 진정으로 우아하게 입으려면 눈에 띄지 않아야 한다.
>
> –보 브러멀

단순함을 추구한다고 해서 옷을 쉽게 입었던 것은 결코 아니다. 오히려 그는 옷을 경건하게 대했다는 쪽이 더 맞을 것이다. 브러멀은 언제나 눈처럼 하얗게 표백해 손질한 리넨 셔츠와 최고급 소재의 의복을 갖춰 입었다. 옷태에 얼마나 신경을 쓰는지 자신이 원하는 완벽한 옷태를 완성하기 위해 최고의 장인들에게 세세하게 지시를 하는 통에, 장갑 하나를 만드는 데 세 명의 재단사가 각기 다른 부분을 담당했다는 기록이 있다. 또한 그는 매일 깨끗하게 씻고, 말끔히 면도하며, 향수를 쓰지 않았다고 한다. 샴페인으로 구두의 광을 내고, 크라바트(cravate)● 의 주름

● 프랑스어로 '넥타이'를 의미한다. 17세기부터 남자들이 목에 매던 스카프를 총칭하며 다양한 높이, 매듭법, 장식 등으로 변화하여 현재에 이르렀다.

이 완벽하게 마음에 들 때까지 몇 번이고 고쳐 맸다. 브러멀은 몸단장을 꼼꼼히 하는 것을 예의로 여기며 외출 준비에 5~6시간을 투자했다.

이와 같이 현란하고 과시적인 기존 스타일과 반대였던 브러멀의 스타일은 근대 남성복의 기초가 되었고, 런던이 남성복 테일러링의 중심지로 부상하는 데 공헌했다.

무심함

브러멀이 확립한 댄디의 초상은 단순히 '옷 잘 입는 남자'의 의미를 넘어선다. 브러멀은 댄디즘을 어떤 태도와 연결 지었다. 댄디는 공들여 꼼꼼하게 몸단장을 하되, 가장 절제되고 단순해 보이도록 옷을 입어야 한다는 것이다. 쿨함은 댄디가 의도하여 드러내는 일관된 태도이다. 무심한 듯 시크한 옷차림을 일컫는 '꾸안꾸'의 원조 격이랄까.

경박하고 시끌벅적한 세상에서 한 발 물러서, 냉정하고 태연한 태도 유지하기.

댄디의 이러한 태도는 무심함, 무관심, 거만함, 냉담함 등으로 표현하기도 한다. 이는 물질보다 정신의 영역에 집중하고, 오직 아름다움에 대한 감각을 키우고, 문화와 예술을 향유하며 삶을 즐기려 하기 때문이다. 또한 세상에 만연한, 부를 향한 열망과 유행의 추종을 비웃고 자기 삶을 스스로 선택해 자신의 규칙을 지배하며 자유를 누리기 때문이다. 프랑스의 작가 쥘 바르베 도르비이(Jules Barbey d'Aurevilly)는 '댄디즘은 근대의 혼잡함 속에 고대의 차분함을 도입했다'고 평했다.

정신적 귀족주의

댄디즘을 단순히 외모 치장의 취향 문제에서 예술가가 지녀야 할 하나의 철학으로 격상시킨 것은 프랑스 시인 보들레르였다. 댄디즘은 경박한 이 세상에서 소외된 정신적 영역에 집중했기에, 실용성을 배제한 순수한 아름다움을 탐닉한다. 보들레르는 댄디가 추구해야 할 단 하나의 가치는 우아함이라 여겼고 오직 아름다움을 위해 거울 앞에서 끊임없이 자기 존재를 검열했다.

보들레르는 1863년 〈르피가로(Le Figaro)〉에 연재한 《현대 생활의 화가》에서 댄디의 특징으로 부를 열망하지 않는다는 것을 언급한다. 댄디즘은 근사한 외관과 물질적 풍요가 아니라 정신적 귀족주의의 우월함을 상징하는 것이다. 댄디즘은 구태의연함에서 벗어나 타인에게 놀라움을 유발하는 기쁨이며, 남과 다른 자기 자신을 표현하는 만족감이다. 그리고 자신의 고유한 정체성을 창조해가기 위해 불태우는 열정이다.

> 댄디즘은 독창성을 얻기 위한 불타는 욕구, 일종의 자기 숭배이다. 타인에게 놀라움을 일으키는 기쁨이자, 자신은 결코 놀라지 않는 자랑스러운 만족감이다.
>
> –샤를 보들레르

자기 자신을 하나의 예술로 여기며 절제된 우아함을 추구하는 댄디로는 조지 고든 바이런(George Gordon Byron), 오스카 와일드(Oscar Wilde), 로베르 드몽테스키외(Robert de Montesquiou)가 대표적이다. 예술지상주의 작가인 오스카 와일드는 '사람은 그 자체로 예술 작품이 되거나, 아

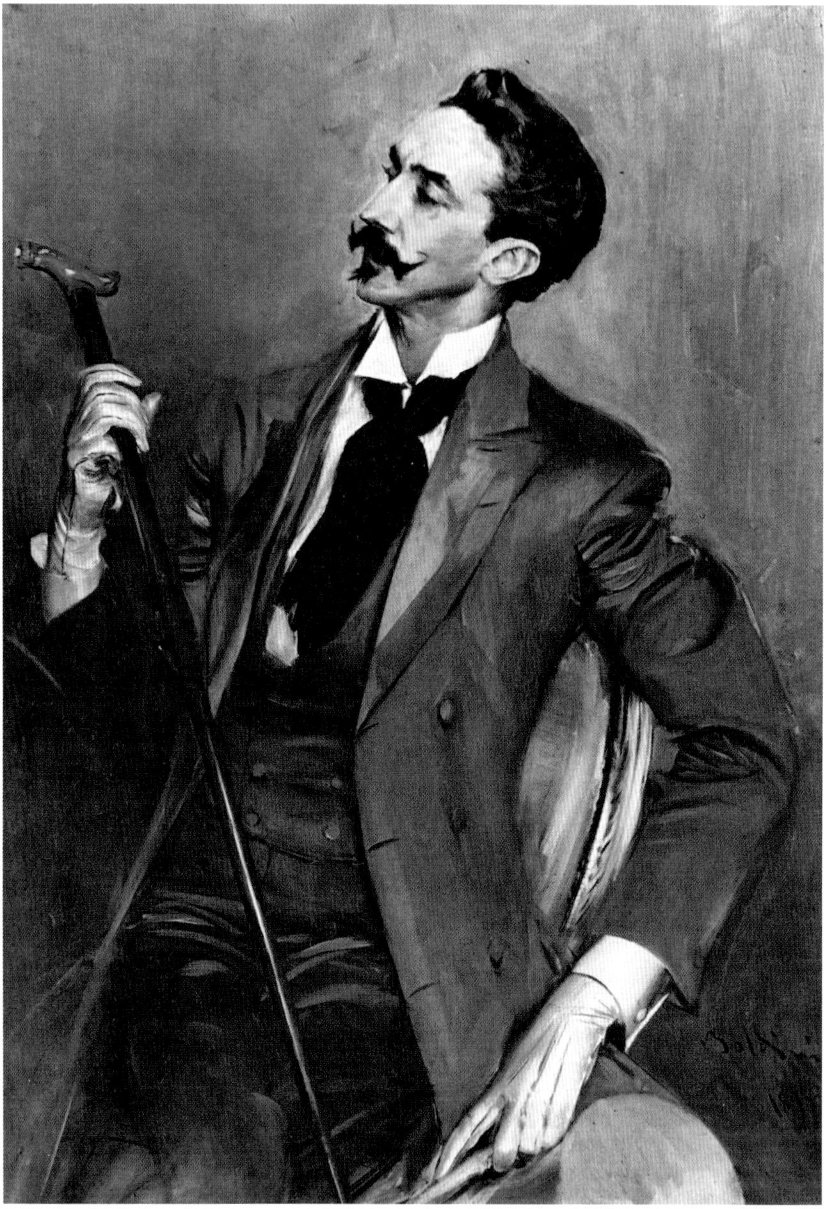

역시 지독한 탐미주의자였던 드몽테스키외.

니면 예술 작품을 입어야 한다'고 말했다. 인간은 자신을 둘러싼 환경 그리고 사유를 통해 아름다움을 추구해야 하며, 궁극적으로는 자기 자신이 아름다운 예술이 되어야 한다고 주장했던, 지독히 우아한 탐미주의자였다.

댄디즘은 부르주아의 천박한 물질주의와 속물 취향에 대한 반발로 오직 아름다운 것을 추구하는 심미적 저항이었다. 그리고 우아함은 시끌벅적하고 교양 없는 세상과 자기 자신을 구별 짓기 위한, 예술가의 자세이다.

우아함은 부의 축적과 무관하게 개인이 선택할 수 있는 삶의 한 태도이다. 물론 인간의 존엄을 유지하기 위해 최소한의 물질적 충족은 필요하다. 그러나 그것을 채우고 나서 우아한 삶인가 아닌가는 개인이 지닌 정신적 깊이로 판명된다.

세상의 유행에 휩쓸리지 않고 자신의 예술적 소양을 키워, 미적 안목으로 사물을 선별하는 독자적 취향과 태도. 그리고 예술과 삶을 일치시켜 아름다운 것으로 삶을 채우고 향유하는 정신. 바로 이것이 우아함이다.

자, 우아한 삶을 살 것인가는 이제 각자의 선택이다.

좋은 취향 2

힙스터, 다름에서 찾는 정체성

평범해 보이는 삶이 얼마나 좋은 것인지, 그리고 보통에 도달하고 중심 잡는 일이 얼마나 쉽지 않은 것인지 이제는 너무 잘 알고 있다. 하지만 나는 치기 어린 한때 오직 남과 다르기 위해 무던히 애썼다. 사춘기 시절 나는 유행 가요에 열광하는 또래와 달라 보이고 싶었다. 그래서 비틀스나 아바처럼 부모님 세대가 즐겨 듣던 올드 팝을 듣거나, 신인 싱어송라이터의 시티 팝을 즐겼다. 한편 연예인과 스포츠 스타의 팬을 자처하며 우상시하는 또래 친구들의 행동은 업신여기곤 했다. 물론 지금은 다르다. 나는 수년째 BTS에 울고 웃는 늦깎이 아미로 활동 중이다.

나는 늘 비주류 문화를 향유하는 쪽을 택했다. 상대적으로 덜 유명한 신인 아티스트나 제3세계 영화인을 좋아했다. '난 좀 달라' 하는 우쭐한 마음 탓이었을 것이다. 그렇다고 해도 감수성 예민한 시기에 주변 사람과 소소한 취향에 대해 이야기할 수 없는 것은 참 외로운 일이었다.

대학생이 되고 나서 나처럼 비주류 취향을 지닌 몇몇 친구를 연합 동아리나 온라인을 통해 만날 수 있었다. 많지는 않았지만 간혹 있었다. 우리는 프랑스 대사관이나 영화 동호회에서 국내 미개봉작을 보고, 인디 잡지를 구독하고, 재즈와 (일본 대중음악의 한 장르인) 시부야케, 무라카미 하루키를 좋아하는 편이었다. 우리는 사랑 따위는 믿지 않는, 냉소적인 실존주의자였다.

취향을 공유하던 친구들과 생활 반경이 달랐기에 나는 여전히 외로웠다. 그렇지만 외로움이 항상 슬픔의 감정은 아니었다. 알려지지 않은 것을 찾아낼 때의 뿌듯함과 혼자서 누리는 고요함은 외롭지만 즐겁기도 했다.

그러나 사회인이 되고 시간이 한참 지나면서 깨달았다. 자신이 타인과 다른 마이너한 취향이라고 생각하는 사람이 꽤 많다는 것을. 다만 내가 알지 못했을 뿐 조금 덜 알려진 문화를 좇는 무리는 늘 어디에나 있었다. 나를 외롭게 했던 '남과 다른 취향'은 어쩌면 남과 달라 보이고 싶었던 사람들의 전형적인 선택이었을지도 모르겠다. 혹은 나는 일반적인 취향을 벗어난, 독특한 누군가를 따라 하고 있었을 수도 있다.

나는 오직 주류 문화로부터 떨어져 '남과 다른 무엇'에서 정체성을 찾으려는 문화 이탈자였을까?

힙스터, 힙스터리즘

힙스터(hipster)의 어원은 '무언가에 대해 더 잘 알고 있는'이라는 뜻의 'hip'이다. 힙스터의 사전적 의미는 '최신 유행 경향과 패션, 특히 주류 문화 이외의 것을 따르는, 유행에 민감한 사람'이다. 그리고 이러한 성

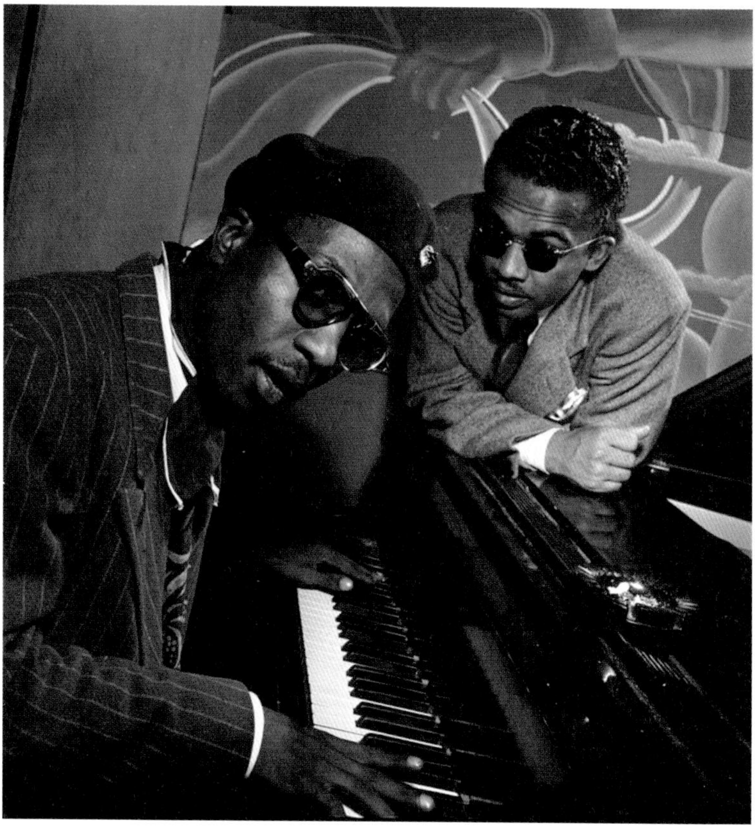

1940년대 재즈 뮤지션들의 패션 스타일.

향을 띤 삶의 방식을 힙스터리즘(hipsterism)이라 한다.

힙스터의 역사는 1940년대 후반 뉴욕, 시카고, 샌프란시스코와 같은 도시의 백인 중산층 청년들로부터 시작했다. 비밥 재즈에 매료되어 흑인 재즈 음악가들의 패션과 라이프스타일을 모방했던 이들은, 남이 잘 알지 못하는 소수 문화에 열광했기 때문에 '힙스터'라 부르게 되었다. 힙스터들은 대량 생산으로 지나치게 획일화한 주류 문화를 거부하고

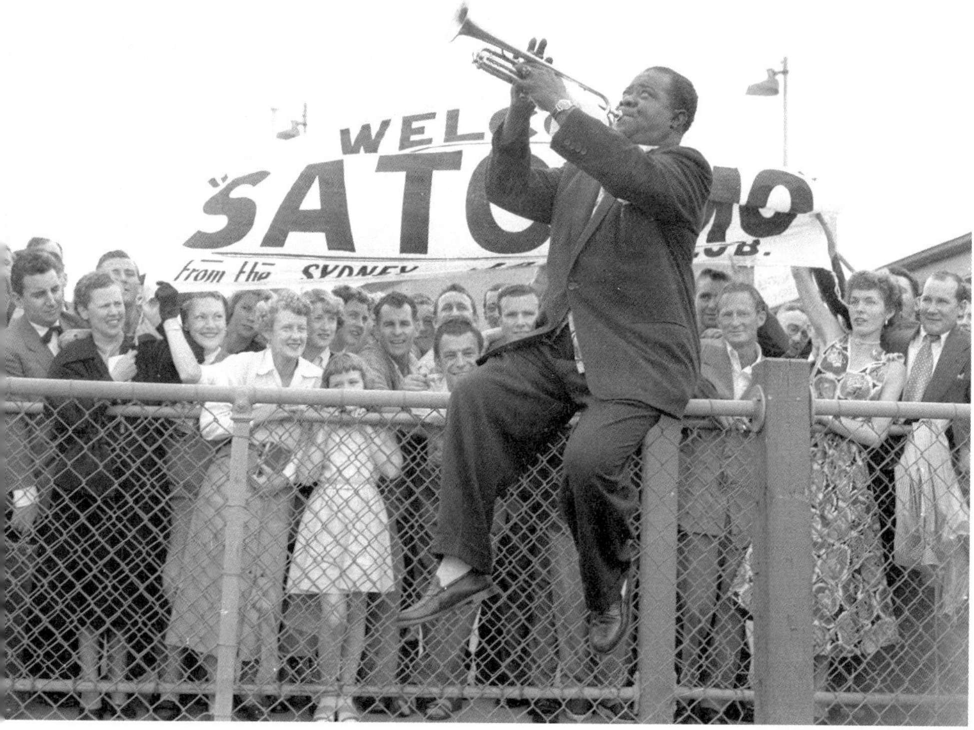

팬들에게 둘러싸인 루이 암스트롱(Louis Armstrong). 1954.

재즈와 흑인 문화를 통해 차별화한 정체성을 만들어갔다.

힙스터리즘은 흑인의 쿨한 지식과 에너지를 흡수하려는 백인들의 아방가르드 문화였다. 작가 노먼 메일러(Norman Mailer)를 비롯해 많은 전문가는 힙스터를 설명하는 가장 강력한 형용사로 '쿨'을 꼽는다. 쿨한 태도란 너무 열심히 하려 애쓰지 않는 자연스러운 상태, 규범화한 가치와 형식에 얽매이지 않는 개인주의적 자세를 말한다.

21세기 힙스터리즘

2000년대 초반 뉴욕을 중심으로 태동한 복합적인 하위문화와 함께 힙스터라는 용어가 재등장했다. 젠트리피케이션 현상으로 젊은 예술가나 지식인들이 뉴욕 맨해튼의 높은 임대료를 피해 윌리엄스버그에 모이기 시작했고, 언론은 이들을 다시 힙스터라 불렀다.

이들은 독립적 가치와 생각을 중요시하며 비주류 예술을 지지했다. 그리고 당시 크게 유행하던 스키니 진에서 탈피해 몸에 적당히 맞는 약간 헐렁한 진을 입었다. 데님 팬츠, 체크 셔츠, 뿔테 안경, 페도라, 스니커스, 픽시(fixie) 자전거 등. 현대의 힙스터는 확연히 눈에 띄는 패션 코드로 분류되기 시작한다.

힙스터 스타일은 고정된 것이 아니라 계속 변화한다. 한때는 미국 오리건주 포틀랜드 힙스터의 영향으로 생지 데님과 수염이 눈에 띄기도 했고, 노숙인에 가까운 누더기를 입는 힙스터도 있다. 어떤 힙스터들은 1960년대풍의 깔끔한 포마드 헤어스타일을 하기도 한다.

21세기 힙스터리즘은 매우 복잡 미묘한 청년 문화 현상인데, 간단히 설명하자면 오늘날의 힙스터는 '독창적 예술의 선택'이라는 문화를 실천하는 사람들이다. 이들은 항상 대중 취향이 아닌 무언가를 선점하려 한다.

힙스터는 언제나 주류 문화와 이데올로기에서 떨어져 나가려 하기 때문에 독립적 사고와 저항 문화에 관심을 둔다. 따라서 대개 대중적이기보다는 독창적이고, 정치적으로 보수보다는 진보 성향을 띤다. 또한 현대의 힙스터는 지나친 상업주의와 획일화를 거부하며 대안적 소비 생활을 지향한다. 이러한 성향에 따라 자연 친화적인 삶의 방식을 추구하고 소비 윤리를 실천하며, 이는 채식, 동물 보호, 환경 보호 등으로 이어지기도 한다.

힙스터 딜레마

힙스터의 본질은 '다름'을 추구하는 것이다. 이들은 언제나 대중에게 아직 알려지지 않은 범주를 한발 앞서 소비한다. 이를테면 유행을 선도하는 빈티지 패션, 새로운 음식, 인디 음악 등을 소비하면서 남과 다른 취향을 과시한다. (소위 '인디부심' '홍대병' '망원동 나르시시스트'는 한국형 힙스터 성향을 잘 드러내는 말이다.) 오늘날 SNS는 힙스터가 자기 취향의 우월함을 드러내는 효과적인 창구이다.

힙스터는 본인이 선택한 패션과 음악이 주류 소비자에게 도달해 대중화하면, 다시 이탈해 더욱 참신한 취향을 좇아 이동하기를 반복한다. 따라서 현대의 힙스터는 '저항적 소비자'라기보다 문화적으로 매우 민감한 '최첨단 소비자'에 가깝다.

물론 이로 인한 부작용도 있다. 힙스터가 선택한 것은 참신하고, 멋지고, 진정성 있어 보인다. 그래서 어떤 사람들은 선택의 가치와 의미를 고려하지 않고, 단지 힙스터의 라이프스타일만을 추종하며 트렌드로 소비한다. 이를테면 스타벅스에서 제공하는 한정판 에코백을 얻기 위해 불필요한 음료를 대량 구매하고 버리거나, 유명인을 따라 유기 동물을 입양했다가 끝까지 책임지지 못하는 일도 있다. 또한 기업의 이윤 논리와 맞물려 교묘한 상술로 포장한 것을 힙스터 문화로 소개하는 일이 너무 많다. 특히 트렌드가 선동하는 요즘의 한국형 힙스터 문화는 독립적 사고와 가치를 추구하는 청년 하위문화라고 하기 어렵다.

초기의 힙스터는 대중의 흐름을 따르지 않고 고유한 취향과 라이프스타일을 만들어가는 청년 하위문화였다. 힙스터 문화는 개별성, 독특성, 진정성의 가치를 지닌다고 할 수 있었다. 그러나 현대의 힙스터는 오직 '다름'에 천착한 나머지 최신의 것만을 좇는다. 오늘날 힙스터의 의미는 '유행에 한발 앞선 사람'으로 전락했다.

과거의 나도 어쩌면 현대적 의미의 힙스터라고 할 수 있겠다. 남과 다른 선택을 하기 위해 덜 알려진 것을 찾아내는 데 열중하고, 그렇게 얻은 작은 우월감을 통해 고독함을 이겨냈는지도 모르겠다. '다름'에서 정체성을 찾고자 애쓰던 그 시절 내 목적은 보통의 인생에서 벗어나는 것이었다.

그런데 그때는 너무 어려서 삶의 진실을 잘 알지 못했다. 나이가 훌쩍 들어 깨달은 진실은 남들처럼 사는 '보통의 삶'을 우습게 볼 게 아니었다는 점이다. '보통의 삶'조차 결코 저절로 얻는 것이 아니고 꾸준히 가꾸고 노력해야 도달할 수 있다. 인생에 공짜가 없더라.

남들처럼 살기 싫어 몸부림칠 게 아니었다. 남들만큼 평범하게 살 수 있는 건 오히려 축복이라 할 수 있다.

좋은 취향 3

취향의 가치

"내가 진짜로 뭘 좋아하는지 잘 모르겠어요."

학생들의 작품을 지도하다 보면 작품 콘셉트를 잡는 초반에 그들이 제일 많이 하는 호소이다. 그 나이 때는 나도 그렇게 생각했다. 트렌드를 항상 민감하게 살피다 보니 시시각각 유행하는 것이 다 좋아 보이고, 다 따라 하고 싶었다.

그런데 자기 취향이 없는 사람이 있을까. 여러 가지 트렌드를 흡수하더라도 창작자는 결국 자기 해석을 거치게 된다. 그리고 창작 과정에는 자기 취향이 어떤 방식으로든 드러나게 마련이다. 다만 경험이 적은 나이이거나 자기 확신이 부족할 때는, 그게 무엇인지 맥락을 잡아내는 데 시간이 걸릴 뿐.

취향이란

우리가 흔히 말하는 '취향', 엄밀히 말해 철학 용어로서의 '취미(taste, goût)'란 사물의 미적 가치를 알아보고, 쾌 또는 불쾌의 감정과 관련지어 판단하는 능력이다. 취향이란 단어가 서구 사회에 처음 등장했던 15세기에는 '깊이 있는 이해'란 의미로 사용했다고 한다. 인본주의와 산업 사회가 무르익었던 18세기 이후, 개인의 분별력을 중요하게 생각해 '취향'에 대한 논의가 활발해지면서 오늘날의 뜻으로 통용하기 시작했다.

칸트를 비롯한 18세기 철학자들이 말하는, 미감에 기초한 판단은 '무관심성(無關心性)'을 전제로 한다. 무관심성은 관심을 두지 않는 것, 즉 관조의 태도이다. 자기 이익을 동기로 삼지 않기에 '그냥' 좋은 것이라야 한다.

패션에 적용해 생각해보자. 2019년 영화 제작사 파라마운트의 로고를 찍은 티셔츠를 구찌와 GU, 두 브랜드에서 각각 출시했다. 디자인 요소만 놓고 보면 90퍼센트 이상 유사하지만 가격은 약 74배 차이가 난다. GU의 티셔츠는 9000원대, 구찌의 티셔츠는 약 68만 원에 판매했다. 소비자가 둘 중 하나를 선택해 구매한다면 그것은 오로지 자신의 취향을 따르는 걸까? 만약 그렇다면 구찌 티셔츠를 구매하는 데 68만 원을 지불한 소비자는 GU 티셔츠에도 같은 값을 지불할 수 있어야 할 것이다. 그러나 패션 생태계는 그렇지 않다. 브랜드의 후광 효과가 소비자로 하여금 디자인의 미감을 다르게 받아들이도록 한다.

취향, 나를 구별 짓는 것

취향은 나를 드러낸다. 그리고 현대 사회에서 취향은 무엇을 소비하는가로 말할 수 있다. 어떤 음악을 듣고, 어떤 예술 작품을 선호하는가뿐만 아니라 지금 당신의 일상을 채우고 있는 모든 것이 당신의 취향이다.

프랑스 사회학자 피에르 부르디외(Pierre Bourdieu)는 1979년 펴낸 저서 《구별 짓기》에서 프랑스인을 대상으로 방대한 취향의 보고서를 작성했다. 그는 칸트처럼 미학과 윤리를 분리하지 않는다. 부르디외는 미적 취향이 현실 세계의 윤리적 성향과 밀접하게 연결되어 삶의 모든 영역에 작용한다고 했다. 취향은 예술에 대한 미학적 취사선택뿐만 아니라, 음식이나 옷의 소비와 같은 일상적 실천에도 드러난다.

부르디외에 따르면 취향은 '문화 자본', 즉 교육 기회에 대한 접근권, 예술 향유 능력 같은 것으로부터 형성된다. 그리고 취향을 통해 그 사람의 사회적 지위를 변별할 수 있다. 다시 말해 취향으로 계급을 구분한다는 것이다. 부르주아 계급은 유미주의(唯美主義)적 취향, 중간 계급은 절충주의적 취향, 민중 계급은 스타일이 없는 대중 취향으로 분류할 수 있다.

취향은 사회 계급을 구분 짓고, 인간은 자신보다 상위층에 있는 사람의 취향을 모방하며 계층 이동을 열망한다. 인간의 이러한 속성은 역사 속에서 패션의 유행을 만들어 왔다. 루이 15세(Louis XV)의 애인인 퐁파두르 후작 부인(Madame de Pompadour)이 사냥에 나섰다가, 걸리적거리는 머리카락을 정리하기 위해 끈으로 묶어 올렸던 헤어스타일이 삽시간에 온 나라에 유행한 사례라던가. 패션사에 이런 경우는 무수히 많다.

현재 한국 사회에서도 비슷한 원리로 패션이 유행하는 경우가 허다하다. 몇 년 전 삼성가의 큰 사모님이 들었던 이세이 미야케의 바오바오 백, 대상그룹 부회장이 들었던 보테가 베네타의 카세트 백이 미친 듯이 유행한 현상이 그 사례이다.

좋은 취향

그렇다면 좋은 취향은 경제적 풍요를 담보해야 성취할 수 있는 것인가?

좋은 취향이 곧 상류층의 취향이라고 본다면 그렇다고 할 수 있을 것이다. 하지만 좋은 취향이란 그런 것이 아니다. 특정 계급의 전형적 표식에 맞추거나, 절대적이고 보편적인 아름다움을 좇는 것이 아니다.

좋은 취향은 섬세하게 다듬어서 고도화한 취향, 즉 작은 차이를 분별하고 아름다움의 가치를 판단하는 것이다. 데이비드 흄(David Hume)은 《취미의 기준에 대하여》에서 아름다움이란 대상 자체의 성질이 아니라, 전적으로 마음속에 존재하는 것이라고 했다. 어떤 사람이 미를 지각한 것에서 다른 사람은 추를 지각하기도 한다. 그러므로 흄에 따르면 객관적 인식 판단이 아닌 미의 판단은 옳고 그름을 따질 수 없다. 또 흄은 '사물을 섬세하게 감각할 줄 아는 좋은 습관은 인간 삶에서 위대한 안내자 역할을 한다'고 했다. 좋은 습관을 부단히 훈련해 나의 취향이 견고해지면, 일상은 작은 차이와 변화를 깨닫는 기쁨으로 가득 차게 된다.

세심하게 다듬은 취향은 작은 차이를 식별하고, 더 나은 쾌감을 주는 것을 고를 수 있는 심미안이 된다. 좋은 취향으로 채워진 삶은 풍요롭기 때문에 나를 단단하게 만든다. 다른 누군가의 삶을 열망하거나, 세상의 기준에 휘둘리지 않는다.

프랑스에서 유학할 당시 교수님의 개인 작업실에 초대받아 방문한 적이 있다. 교수님은 나에게 커피를 권하며 "초코 에클레어와 사과 타르트를 준비했어. 뭘 먹을래?"라고 물었다. 나는 늘 그렇듯 "아무거나 괜찮아요"라고 대답했다.

"넌 취향이 없니?"

교수님은 눈을 동그랗게 뜨며 반문했다. 디자이너는 "아무거나"라고 대답하면 절대 안 된다고 하면서.

나는 얼굴이 화끈거렸다. '아, 차라리 둘 다 먹겠다고 할 걸 그랬나?' 한국에서 나고 자라 뿌리 깊은 유교걸인 나는, 어른에게 내 취향을 주장해서 번거롭게 하지 않는 것이 옳다고 배웠다. 그런데 그곳에서는 취향을 밝히지 않는 것을 미감이 둔한 것으로 취급했다.

그때부터 나는 항상 내 취향이 무엇인지, 그리고 그것이 나를 어떤 사람으로 설명할 수 있을지 깊게 생각했다. 그 결과 지금 "내 취향이 세련되게 고도화하여 확실히 견고해졌다!"고 단언할 수는 없다. 왜냐하면 나는 여전히 내 삶에서 어떤 결핍을 느끼기 때문이다.

하지만 적어도 한 가지는 분명히 말할 수 있다. 나는 일할 때 나의 후배 혹은 학생이 자기 취향을 반영할 기회가 있으면 마음껏 선택하도록 한다. 사무용품으로 쓸 볼펜 브랜드나 포스트잇 색상을 선택할 때, 혹은 디자인 스케치를 핸드 드로잉으로 해야 할지 디지털 드로잉으로 해야 할지 고민할 때, "사소한 것부터 네 미감을 따라 선택하라"고 권한다. 미감에 맞춰 행하는 일상의 작은 선택이, 자신의 취향을 섬세하게 다듬는 과정이 되기를 바라면서.

럭셔리한 럭셔리 1

명품을 대하는 자세

사전을 보면 명품(名品)은 '뛰어나거나 이름난 물건'을 뜻하지만, 1990년대 중반 마케터들이 해외 유명 패션 브랜드를 국내에 소개하면서 '럭셔리 브랜드'를 지칭하는 단어로 자리 잡게 되었다. 장인이 만든 걸작이라는 뜻의 명품이든, 호화롭고 고급스러운 사치품이라는 뜻의 명품이든, 어쨌거나 필요한 기능 이상의 가치를 지닌 아름다운 물건은 평범한 일상 저 너머에 있는 것만 같다.

그들만의 럭셔리

나의 부모님은 전형적인 중산층의, 특별할 것 없는 소비 성향을 지니셨다. 그러한 가정 환경에서 자라던 과거 학생 시절의 나는 소위 '럭셔리'라 불리는 하이패션을 쉽게 접하거나 소비할 수 있는 주체는 아니었다. 그러나 패션 전공 서적을 통해 현대 패션사와 디자이너의 철학에 눈을 뜰수록 럭셔리 패션을 직접 경험해보고 싶은 갈망이 커졌다. 이를테면 샤넬의 전설과도 같은 혁신성, 크리스티앙 디오르의 놀라운 발상, 이브 생로랑의 독자적 여성상을 만져보고, 입어보고 싶은 욕구 말이다.

학생 신분으로 그런 럭셔리 브랜드 매장에 들어가는 일에는 꽤나 큰 준비가 필요했다. 가진 옷 중 제일 비싸 보이는 옷을 고르고 골라서 입고, 엄마 장롱에서 니나 리치, 지방시 같은 해외 브랜드 스카프를 꺼내 목에 두르곤 했다(실은 이름만 빌려온 라이선스 브랜드인 것도 모른 채). 럭셔리 브랜드의 청담동 플래그십 스토어나 갤러리아 백화점 매장에 들어설 때면, 혹시 안내 직원이 막아서면 어쩌나 가슴이 두근거렸다. 매장 안에서도 잔뜩 주눅이 들어 옷을 만져도 될까 쭈뼛쭈뼛 눈치를 보고, 입어보겠다는 말을 차마 꺼내지 못했다.

벌써 20여 년 전 이야기지만 나는 그랬다. 보통 대학생인 나는 럭셔리라는 단어가 지닌 '호화로운 사치'의 의미에 압도되어 다른 의미를 살펴볼 여유가 없었다.

그때 나에게 럭셔리란 대중이 접근하기 어려운 값비싼 브랜드. 아무튼 럭셔리 패션은 내 것이 아니었다.

명품 가방은 나를 구원해줄 것인가

대학을 막 졸업하고 국내 하이패션 브랜드에서 디자이너로 일하던 당시, 그 회사의 오너 성격은 까다롭고 불같기로 유명했다. 옷 만지는 사람은 손에 물기 묻히면 안 된다며 디자인실에서는 물도 못 마시게 하고, 아카이브에서 옷을 꺼낼 때 옷걸이 손잡이를 잡지 않고 옷에 손을

댔다고 고함을 지르기도 했다. 이 회사의 옷은 항상 애지중지 귀하게 다루는데, 디자이너들은 종종 험한 말을 들었다. 오너가 바쁘거나 심기가 불편해 식사를 하지 않으면 소속 디자이너는 그 누구도 감히 밥을 먹을 수 없는 분위기였다.

패턴사, 재봉사와 같은 기술자는 법정 근무 시간을 철저하게 지켰다. 12시 점심시간이 되면 하던 일을 그대로 멈출 권리를 보장받았다. 그러나 디자이너는 오너 혹은 그 브랜드와 혼연일체가 되도록 강요받았다. 매일 아침 9시에 출근해서 새벽 1~2시에 퇴근하는 건 일상이었고 패션쇼 준비 막바지에는 며칠 밤을 새우기도 했다.

참 이상하게도 돈 쓸 시간이 없는 것은 분명한데 통장은 늘 텅 비어 있었다. 내 월급은 하루에 3만~4만 원씩 고스란히 택시 기사님에게로 갔으니까.

내 삶은 무척 초라했지만, 내가 다니던 회사의 옷은 백화점 명품관 가장 좋은 곳에 위풍당당하게 걸려 있었다. 나 같은 사회 초년생의 월급을 몽땅 털어 넣어도 살 수 없는 옷을 어떤 사람들은 너무 쉽게 사 입는 것을 보았다. 내가 좋아하는 일이 내 실제 삶과 괴리가 있다는 사실은 마음을 주눅 들게 했다. 나 자신이 내가 만드는 옷보다도 못한 사람처럼 느껴져 괴로웠다.

나는 왠지 억울한 마음에 이를 악물고 돈을 모았다. 두 번 만날 친구를 한 번만 만나고, 식당에서 음식을 고를 때 좀더 싼 걸 고른다던가. 주말 아침에는 회사에 태워다 달라고 엄마에게 졸라서 택시비를 아꼈다. 몇 달 동안 모은 150만 원가량의 눈물 젖은 비자금 사용 계획은 무척 뚜렷했다. 나는 패션지에서 봤던, 대나무 손잡이가 달린 까만 스웨

이드 구찌 백을 사려고 벼르고 있었다. '훗, 그 가방을 걸치면 내가 엄청 세련되고 능력 있는 패션 피플처럼 보이겠지' 하며, 밤마다 명품 가방으로 시궁창 같은 현실에서 구원받는 상상을 했다.

그런데 어느 날 내 나이보다 곱절은 많았던 오너가 그 가방을 메고 두둥! 회사에 등장했다. 그때 비로소 깨달았다. 그 가방은 나 같은 20대 사회 초년생에게는 어울리지 않았다. 물론 내 주변에 심심찮게 있던 금수저 아이들은 구찌나 프라다 따위는 어렵지 않게 소비했다. 그런데 극도로 평범한 내가 있어 보이고 싶어서, 궁핍한 일상을 쥐어짜내어 아득바득 명품 가방을 사는 게 과연 의미 있을까? 그게 나를 멋지게 변화시킬까? 아니. 나는 오히려 스스로를 더 가엾게 여기거나, 어쩌면 자기혐오에 빠질지도 모른다.

그래서 럭셔리 브랜드의 가방은 수년 뒤 사회적 성공을 성취한 다음에 사는 것이 맞다고 마음을 고쳐먹었다. 그 무렵 나에게 럭셔리란 있는 사람 혹은 있어 보이려는 사람이 소비하는 것, 그래서 마치 전리품처럼 소유하며 능력을 과시할 수 있는 것이었다.

프랑스에서 만난 럭셔리

철없던 초등학교 시절 구상했던 내 장래 계획은 요원해 보였다. 대학 졸업 후 3년간 월급을 모아 프랑스 유학을 가려던 나의 오랜 계획 말이다. 그래서 혼자 힘으로 공부해보려던 계획을 수정해 부모님께 도움을 청했다. 나는 부모님께 내가 얼마나 재능 있고 가능성 있는지 설득하며, 딱 서른 살까지만 최소한의 프랑스 유학 비용을 투자해달라고 졸라댔다. 중산층의 보통 인생관을 지녔던 나의 부모님은 일언지하에 거절하셨다.

"패션을 하더니 네가 허세가 심해졌구나."

그렇게 말씀하시며 그냥 평범하게 살라고 하셨다. 그래서 나는 프랑스가 아닌 어디라도, 장학생을 뽑는 유럽 대학 아무 곳에나 들어가야겠다며, 유학원과 대사관을 다니며 정보를 수집했다. 회사에서 기를 쪽 빨리고 밤늦게 집에 와서는, 좀비처럼 입학 지원용 포트폴리오를 만드느라 살이 쪽쪽 빠졌다. 밤새 재봉틀 돌리는 소리가 시끄러우셨는지, 아니면 통곡 소리가 신경 쓰이셨는지, 어느 날 부모님은 유학 비용을 지원하겠다고 마음을 바꾸셨다. 그렇게 나는 부모님의 노후 자금을 털어 럭셔리 패션의 본고장 파리로 떠났다. 환율이 정점을 치던 IMF 시대에.

프랑스에서 만난 멋쟁이들의 옷차림은 한국 패션 피플과는 많이 달랐다. 한국에서는 뭔가 있어 보이려고 반질반질 윤이 나는 것으로 힘을 주는 게 멋 내기 공식이었다면, 파리지엔들은 일부러 삐뚜름하게 헝클어트리고 힘을 뺀 모습을 쿨하다고 평했다.

프랑스 패션 스쿨에서 보았던 한 남학생은 뒤 허리선의 실루엣이 오묘한 코트를 입고 다녀 눈에 띄었다. 어느 날 크로키 수업 시간에 늦게 들어온 그는 마땅한 자리가 없자, 입고 있던 코트를 주저 없이 바닥에 깔고 드러누워 드로잉을 했다. 뒤집어진 코트의 상표를 들여다보니 입생로랑이었고, 물어보니 어머니가 물려준 옷이라고 했다. 한국에선 부모 세대에게 옷을 물려받는 것도 드문 일인데, 남자아이가 엄마 옷을 입는다니. 나에게는 놀랄 일이었다.

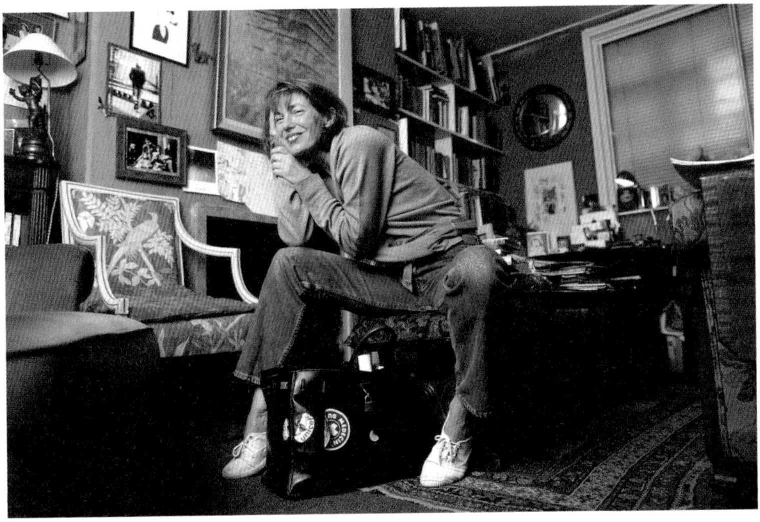

프랑스 스타일의 상징 제인 버킨(Jane Birkin)의 버킨 백 사용법. 그녀는 수천만 원짜리 가방에 스티커를 붙이고 바닥에 아무렇게나 놓는다. ©Mike Daines/Shutterstock.

또 어떤 아이는 꼼데가르송 니트 소매에 구멍을 뚫어 손가락을 끼우고, 멀쩡한 루이비통 슬리퍼를 박스 테이프로 칭칭 감아 신고 다녔다. 너무 새것처럼 보이는 것보다 그게 더 멋있다고 생각한다며. 내 한 달 생활비보다 비싼 옷을 그렇게 함부로 다루다니, 나는 충격에 빠졌다. 그들과 나의 차이는 단순히 경제적 문제가 아니었다. 옷에 대한 태도였다.

그곳에선 꼭 유명 브랜드의 옷차림이라 주목받는 건 아니었다. 그보다는 독특한 분위기가 만들어내는 무언가•를 지닌 사람에게 주목했다.

• 프랑스어로 '알 수 없는 어떤 것'을 뜻하는 즈느세콰(Je ne sais quoi). 설명할 수 없지만 직관적으로 느낄 수 있는 매력을 말한다.

지금은 프랑스 럭셔리 브랜드의 디렉터가 된 한 여자아이는 멋진 옷차림으로 교수님들의 칭찬을 많이 받았는데, 대체로 벼룩시장에서 산 옷을 자기 식대로 입었다. 풍덩하게 큰 사이즈의 남성복 재킷에, 얇은 소재의 드레스를 잘라 입거나 구멍 낸 스타킹을 신었다. 그녀만의 어떤 톤이 있었다.

이들에게 럭셔리는 비싸고 좋은 물건이라 귀하게 취급해야 하는 것이 아니었다. 그저 일상에서 자기 스타일을 끌어올리는 수단이었다. 이들은 적어도 옷을 사람 위에 두지는 않는 것 같았다.

얼마 전 수업 시간에 학생들에게 럭셔리 브랜드란 무엇이냐고 물었다. 대부분은 에르메스나 샤넬 등 우리가 익히 알고 있는 해외 럭셔리 패션 브랜드를 언급했다. 그리고 브랜드의 철학, 장인 정신, 역사성, 희소가치 등 나름의 이유를 논리 있게 대답했다. 그런데 놀라운 점은 꽤 많은 학생이 슈프림, 나이키 한정판, 애플, 테슬라 등 예상을 벗어나는 브랜드를 언급했다는 것이다. 요즘 젊은 세대에게 가격이나 역사성은 더 이상 중요하지 않아 보인다. 이들에게는 내 일상의 가치를 높여주고, 내가 만족하고, 나를 기쁘게 하는 질 좋은 물건이 럭셔리인 것이다.

요즘 아이들은 럭셔리라는 단어에 압도되거나 주눅 들지 않고, 자기 삶과 스타일을 가꾸는 수단 중 하나로 대하는 듯했다. 자기 삶을 중심에 놓고 물건을 선택하려는 자세를 보니 대견하고 예뻐 보였다. 그리고 안도할 수 있었다.

럭셔리한 럭셔리 2

사치의 역사

럭셔리 패션은 이제 더 이상 소수만을 위한 것이 아니다. 텔레비전에는 유명 배우가 온라인 명품 구매를 권하는 광고가 연이어 나오고, 아이돌의 럭셔리 패션 스타일을 추종하는 어린 세대는 고급 브랜드에 위화감을 느끼지 않는다. 시대가 변해 럭셔리 패션은 이제 우리 일상에 스며들었다.

그러나 '럭셔리'라는 용어에는 아름답고 질 좋은 '명품'과 분에 넘치는 '고가품'이라는 의미가 뒤엉켜 여전히 우리 마음 한구석을 불편하게 한다. 럭셔리 상품은 오랜 전통과 브랜드 철학, 장인 정신이 빚어내는 최상의 상품임이 분명하지만, 남보다 좋은 것을 소유하고 과시하려는 인간의 욕망이 민낯 그대로 럭셔리 패션에 작동하고 있기 때문이다.

럭셔리, 너그러운 정신

어느 시대, 어느 곳에서나 필요 이상의 기능과 아름다움을 소유한 사람들은 그것을 드러내며 우월감을 표현했다. 그러나 사치, 즉 럭셔리의 역사를 따라 시간을 거슬러 올라가면 소유하고 축적하는 것보다 즐기고 소비하는 문화가 먼저 나타난다.

질 리포베츠키(Gilles Lipovetsky)와 엘리에트 루(Elyette Roux)는 《사치의 문화》에서 사치의 원시적 형태는 '너그러운 정신'으로 베푸는 것이라고 말한다. 원시 시대에도 실용성을 떠나 귀중하게 여기는 재화가 있었고, 이는 선망의 대상이 되어 끊임없이 재분배되었다. 독특한 점은 이때의 사치는 상업 활동이 아닌, 관대함과 너그러움 속에 일어나는 소비라는 점이다. 이를테면 사회 지도자들이 끊임없이 선물하고 향연을 베풀어 본인의 지위를 보전하고 명망을 높이는 포틀래치(potlatch)• 같은 것이다. 지도자들은 너그러움과 관대함을 드러내기 위해 엄청난 가치의 물건을 경쟁적으로 태우거나 바다에 버리기도 했다.

조르주 바타유(Georges Bataille)는 '모든 문명사에서 변화는 그 사회가 보유한 잉여를 어떻게 소모하는가로 결정된다'며 원시 시대 사치의 의미를 읽어냈다. 사치의 원형은 가치 있는 물건의 축적이 아니라 기부 형태의 소비였고, 이를 통한 명예 획득이 더 중요한 것이었다.

• 북아메리카 원주민들이 손님을 초대해 향연을 베풀고 선물을 하는 풍습으로 '소비한다'라는 의미이다.

럭셔리, 계층의 시각화

국가와 계급 사회 출현 이후 사치의 의미는 급격히 변화한다. 호화롭고 풍요로운 축제를 베풀던 것에서, 장엄하고 화려한 겉모습이 위세를 드러내는 중요한 방식이 되었다. 노동이 불필요한 지배 계층은 번쩍이거나 값비싼 것, 크고 거추장스러운 것, 실용성과 무관한 것으로 몸을 장식하며 자신의 존재를 부각하고 우월성을 과시했다.

지배 계층의 권력을 상징적으로 보여주는 과시적 장식 패션의 사례는 16세기의 러프 칼라이다. 러프 칼라를 착용했을 때 그 시각적 위용은 마치 성스러운 존재의 후광처럼 경탄과 경외를 자아내기에 충분했기에, 귀족들은 더 크고 화려한 것을 경쟁적으로 사용했다. 특히 엘리자베스 1세(Elizabeth I)는 여러 겹의 러프 칼라를 독특한 방식으로 겹쳐 세워 장식하고 세상을 내려다보며 막강한 왕권을 과시했다.

그러나 러프 칼라는 실용성이라곤 전혀 없고, 식사도 힘들뿐더러, 독특한 주름 모양을 유지·관리하려면 전문 인력이 필요했다. 그러나 이들은 타인에게 머리를 조아릴 필요가 없는 사람들이었으니 실용성은 아무래도 상관없었다. 오늘날 반려동물의 동작을 제한하기 위해 씌우는 넥 칼라의 별칭이 '엘리자베스 칼라'인 것은 모순이다.

패션은 개인의 사회적 지위를 드러내기에 가장 효과적인 수단이다. 그러므로 권력을 쥔 부유한 사람들은 힘없고 가난한 사람들과 자신이 분명히 구분되기를 원했고, 때로는 강력한 법적 규제를 통해 특정 패션을 독점하며 계층 구분을 시각화했다.

대표적인 사례는 티리언 퍼플(Tyrian purple)이다. 지중해 동안의 조개에서 얻은 이 값비싼 염료는 황금보다 귀했다. 이유는 간단하다. 조개

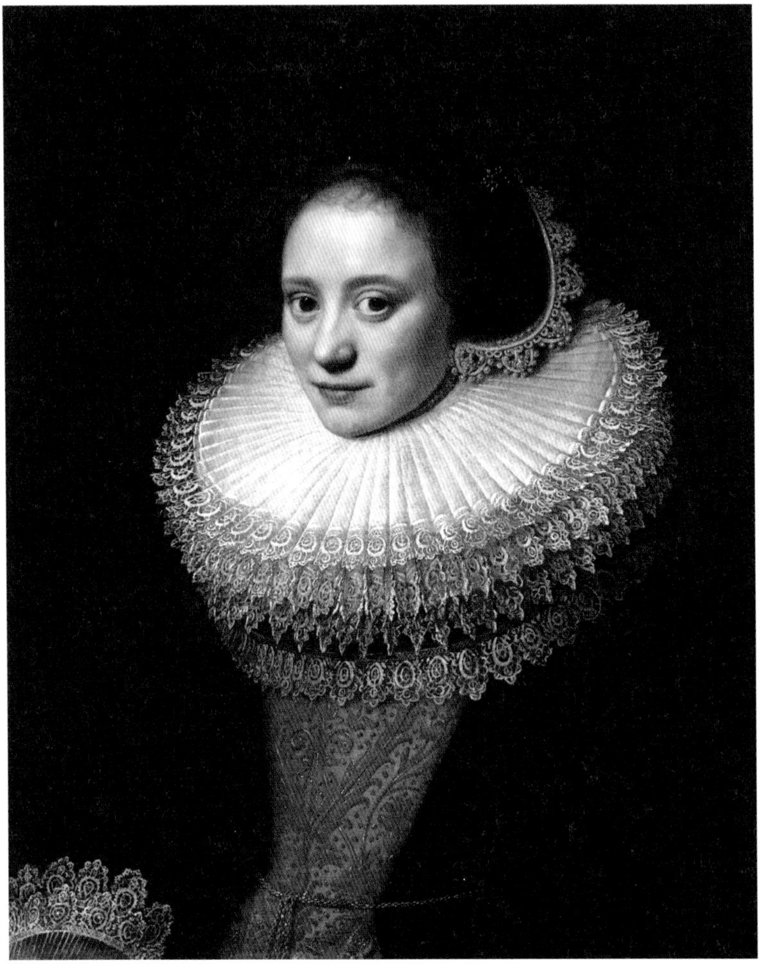

'장식'에 치중했던 르네상스 시대의 러프 칼라. 불편한 옷은 노동 계급이 아님을 상징한다. 미힐 얀손 판 미러벨트(Michiel Janszoon van Mierevelt), 〈여인의 초상〉, 1628, 월리스 컬렉션.

하나에서 극소량만을 얻을 수 있었기에 엄청난 노동력이 필요했고, 염료를 추출하는 과정이 매우 어려웠기 때문이다.

자주색은 동서양을 막론하고 권위의 상징이었는데, 특히 이 티리언 퍼플은 고대부터 중세까지 황제와 최고위 귀족에게만 허락되었다. 로마의 네로 황제는 본인 외에 감히 티리언 퍼플을 사용하는 자는 사형에 처한다고 선언했다. 이렇듯 계급 사회에서 사치는 지배 계급의 특권이자 사회 질서를 표현하는 방식이었다.

럭셔리, 사치의 여성화

역사적으로 상당히 오랜 기간 사치는 오히려 남성의 전유물이었다. 사회적 지도자는 남성들이었고 '숭고하고 관대한' 사치라는 행위는 남성의 특권이었기에 자연스러운 현상이었다. 정치적·경제적 권력은 언제나 남성의 것이었으므로 패션의 역사에서도 남성 복식의 호화스러움은 여성복에 뒤지지 않았다.

서구 패션사에서 여성의 사치 문화가 두드러진 시기는 18세기다. 이때부터 남성복은 점차 간소해져 오늘날과 같은 형태를 갖춘 반면 여성복은 여전히 화려했다. 이러한 현상에 대해 사학자 설혜심 교수는 '계몽주의 시대 남성들이 사치 관행을 여성 몫으로 떠넘긴 것'이라고 해석한다. 이 시대에 사치를 탐구해 의미를 구분하려 하고, 비판하는 움직임이 일어났다. 남성은 근대 사회에 어울리는 '이성적 시민'으로서 사회적 악덕인 사치에서 거리를 둬야 했다. 그래서 그들은 노골적으로 부를 과시할 수 없는 대신 아름답고 호화롭게 치장한 여성을 '소유'하는 것으로 우월감을 표출했다. 경제 활동에서 배제된 여성은 사치 소비의 대리인이 되어 남성의 가장 아름다운 장식 취급을 받는다.

모더니티는 사치에 부패, 퇴폐, 방탕 같은 부정적 의미를 부여하고

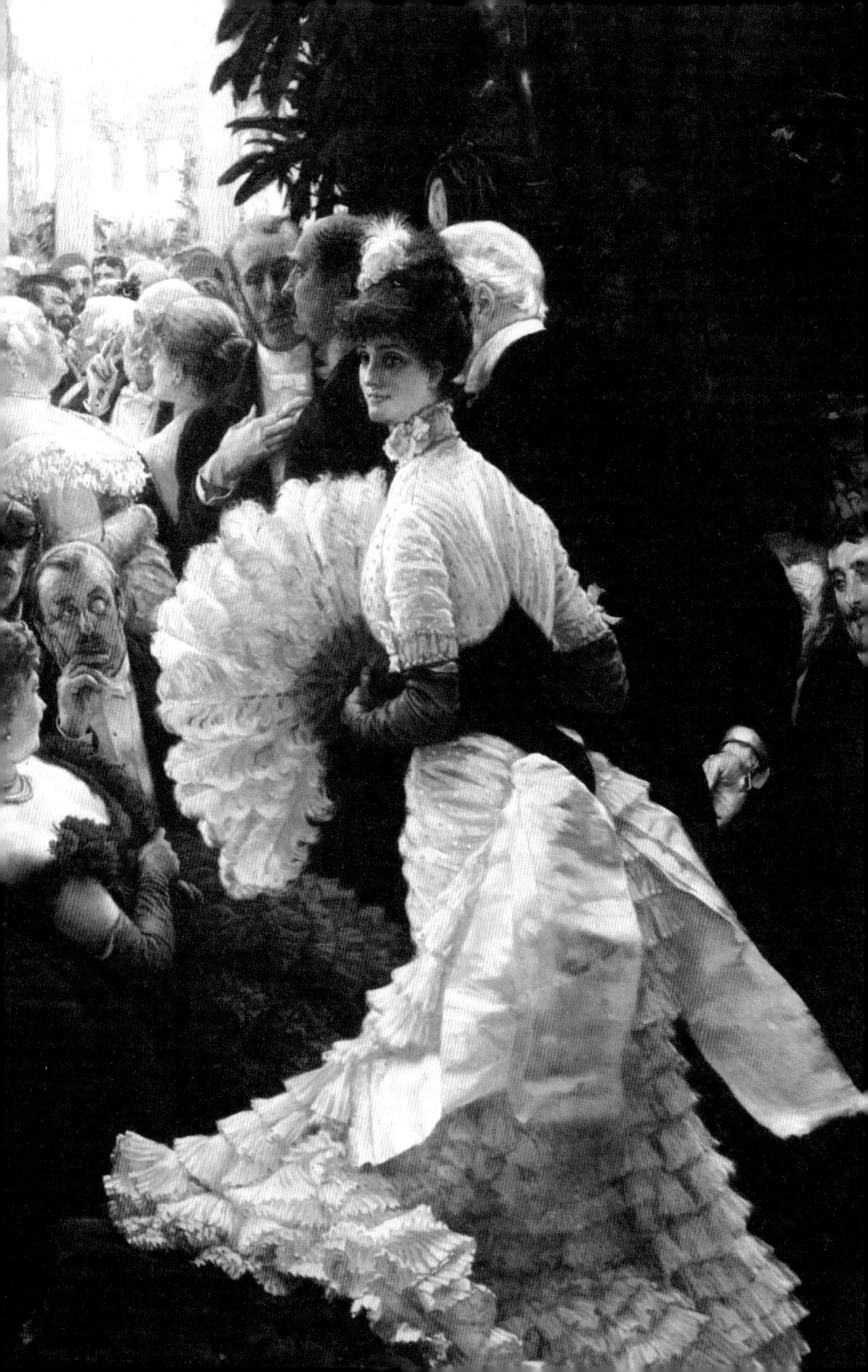

'여성적인 것'과 동일시했다. 그 때문에 사치스러운 옷을 입는 여성을 남성보다 도덕적으로 열등한 존재라고 여겼다.

럭셔리, 예술적 물건이 주는 기쁨

19세기 산업 발전과 기계화는 일상의 풍요를 가져왔다. 대량 생산으로 더 싸게 만들어낸 상품에 더 많은 사람이 쉽게 접근할 수 있었다. 그러나 획일적 대량 생산이 가져온 물질의 잉여는 오히려 수공예의 가치에 주목하게 했다. 소위 '있는 사람들'은 평범한 다수가 접근할 수 없는 예술적 물품을 소비하여 타인과 자신을 구별 짓고자 했다.

이들은 공장에서 찍어낸 물품이 아닌, 찰스 프레더릭 워스(Charles Frederick Worth)나 폴 푸아레(Paul Poiret)• 같은 쿠튀리에가 맞춰주는 오트 쿠튀르 패션, 보석 장인 루이 프랑수아 카르티에(Louis François Cartier)와 프레데리크 부슈론(Frédéric Boucheron)이 만든 귀금속, 마구상 티에리 에르메스(Thierry Hermès)와 루이 뷔통(Louis Vuitton)이 제작한 여행 가방에서 독특한 미학을 발견하며 세련된 취향을 과시했다. 범인으로 하여금 함부로 접근할 수 없게 하는 수공업의 가격 장벽은 예술적 심미안의

• 찰스 프레더릭 워스는 고객의 주문에 수동적으로 대응하던 기존 방식을 벗어나, 빠른 생산이 가능한 시스템을 구축하고 자신이 디자인한 의상에 상표를 부착한 최초의 디자이너였다. 컬렉션 개념으로 제품을 선보여 트렌드를 주도했으며, 패션을 공예에서 예술로 격상시켰다는 평가를 받는다. 폴 푸아레는 모더니즘 패션의 선구자로 재단과 솔기를 최소화하며 새로운 조형성을 추구했다. 덕분에 여성들은 더 이상 코르셋을 입지 않게 되었다.

사치는 여성화되어 남성들은 화려한 옷차림의 여성을 '소유'했다. 자크 조제프 티소(Jacques Joseph Tissot), 〈야망 있는 여인〉, 1883~1885, 버팔로 AKG 미술관.

기준으로 삼기에 적합했다.

현대에 럭셔리의 의미는 값비싸고 호사스러우며 세련된 삶의 방식, 그리고 희귀하고 아름다운 물건을 소유하려 기꺼이 지불하는 기쁨이라 할 수 있다. 그러나 여기에 럭셔리의 딜레마가 있다. 사치재 소비는 개인의 자본력을 가늠하는 지표로 작용해왔다. 오늘날의 럭셔리 소비는 종종 '물건 자체의 가치'보다 '물건 소유자의 사회적 지위'를 드러내기 위해 과시적으로 행한다. 예컨대 루이비통 로고가 박힌 자전거는 자동차보다 비싸게 판다. 놀랄 일이지만 지금 이 시각 실제로 판매하고 있다. 그런데 만약 루이비통이라는 브랜드 가치를 걷어낸다면 이 상품 자체에 과연 3440만 원에 준하는 가치가 있는가는 의문이다. 그보다는 희귀한 협업 상품을 점유하는 자신의 안목과 경제력을 드러내는 데 비용을 지출하는 쪽일 것이다.

럭셔리는 너그럽게 베푸는 정신, 계급과 권력의 표현, 근대 질서에 맞지 않는 여성적인 것, 그리고 예술적 물건을 소유하는 기쁨으로 그 의미가 시대에 따라 달라졌다. 그러나 타인을 의식하는 소비를 통해 자기를 확인하려 한다는 점에서 럭셔리의 본질은 변함이 없다.

명망을 얻기 위해 너그러움을 과시하던 원시 시대의 사치부터가 타인의 시선과 평판에서 자유롭지 못했다. 세련된 취향과 심미안을 증명하기 위한 현대적 의미의 사치가 자신의 기쁨을 우선시하는 것이라고 말해도, 사회관계를 고려하지 않는다면 시장 논리를 벗어나는 높은 가격을 그대로 받아들일지는 의문이다. 특히 오늘날의 럭셔리 소비는 브랜드 로고를 통해 능력을 인정받고, 자기 존재를 확인하려 하는 것이기 때문에 더욱 타인을 의식한다.

나는 지금 금욕적 삶을 주장하려는 것이 아니다. 우리는 이미 풍요의 시대를 살고 있으며 우리가 일상에서 먹고, 입고, 쓰는 모든 것에는 사치가 스며들어 있다. 다만 럭셔리의 의미를 다시 생각하고 나의 태도를 주체적으로 정립하자는 것이다.

기쁨의 감정 또는 우월감. 향유 혹은 과시욕. 사치에 대한 나의 깊숙한 감정이 어디를 향하고 있는지 알아챈다면, 타인의 평가에 함몰하지 않고 내 삶을 풍요롭게 하는 소비를 할 수 있을 것이다.

나는 쇼핑한다, 고로 존재한다

오픈 런의 심리학

나는 샤넬 백이 없다.

한때는 나도 샤넬 백 하나쯤 갖고 싶다는 열망이 있었다. 왜냐하면 멋을 아는 사람이라면 꼭 갖춰야 할 '머스트 해브 아이템' 중 하나라고들 하니까 멋쟁이 인증처럼 느꼈달까. 아무튼 그랬다.

20대 때는 아빠 찬스로 샤넬 백을 사거나, 엄마한테 물려받는 친구들이 부러워 질투가 났다. 나는 어느덧 수백만 원짜리 가방을 스스로 살 수 있을 만큼 돈을 벌기 시작했지만 결국은 샤넬 백을 사지 못했다. 이상하게도 나의 미적 기준은 다른 곳을 향하고 있어서, 몇 번이나 사려고 작정하고 나서도 좀더 삐딱하고 중성적인 분위기의 브랜드와 상품으로 매번 마음을 바꾸었기 때문이다. 이러한 선택은 나의 삶과 취향이 샤넬과 어울릴 만큼 단정하거나 우아하지 않다는 방증이기도 하다. 아니, 그냥 여우가 신 포도 보듯 나에게는 샤넬을 물려줄 딸이 없는 탓이라고 해두자.

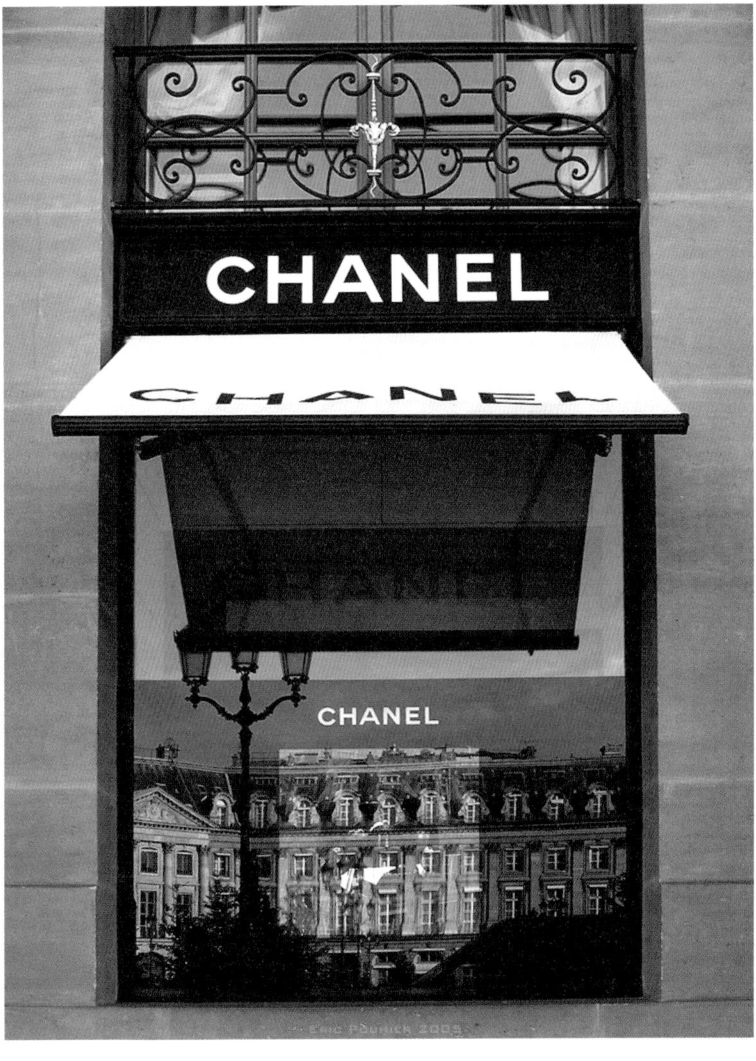

파리 방돔 광장의 샤넬 매장. ©Eric Pouhier.

흔히 '에루샤'라고 묶어서 지칭하는 에르메스, 루이비통, 샤넬은 럭셔리 3대장으로 통한다. 그래서 국내 백화점은 세 브랜드의 입점을 유치했는지 여부로 그 수준을 평가한다. 이들 브랜드는 흔히 럭셔리의 럭셔리라고 부르며, 상품 가격 또한 여타 고가 브랜드와 확연히 차이가 난다. 쉽게 비교해보자면 손바닥 두 개 크기의 퀼팅 가죽 숄더백을 구찌에서는 300만~400만 원에, 샤넬에서는 500만~600만 원에 판매한다. 이러한 격차는 원자재나 제조 공법이 아닌 다른 부분에서 발생한다. 그것은 브랜드의 가치다.

도대체 브랜드가 뭔데?

패션 산업은 브랜딩을 통해 제품 본연의 내재적 가치에 외재적 가치라는 요소를 덧붙이며 확장해왔다. 디자인·기능·품질 등 제품 고유의 특성을 내재적 가치라고 한다면, 상징과 이미지는 외재적 가치라고 할 수 있다. 고가의 제품을 소유함으로써 드러내는 경제력과 같은 상징적 요소와 함께, 제품을 구매할 때 소비자가 느낄 수 있는 만족감이나 우월감 같은 감정적 요소도 외재적 가치에 해당한다.

특히 럭셔리 패션 상품과 같은 사치재를 소비할 때 우리는 외재적 가치에 많은 비용을 지불한다. 예를 들어 내가 에르메스 가방을, 그러니까 아무리 돈이 많다 한들 아무 때나 살 수 없을뿐더러, 몇 년 동안 다람쥐가 도토리를 모으듯 구두나 그릇, 스카프 등 가방 값에 상응하는 잡다구리한 제품을 구매함으로써 브랜드에 대한 팬심을 보여야만 가방 구매자 대기 명단에 이름을 올릴 수 있다는, 그 에르메스(!)를 어쩌다 산다고 치자. 내가 지불하는 가방 가격이 1500만 원이라면 이 중 제품의 원가는 얼마일까? 2021년 금융감독원 사업 보고서에 따르면, 구매가 1500만 원 중 820만 원가량은 에르메스 코리아의 이익이 된다. 다시 말해 에르메스 코리아는 프랑스 본사에 약 680만 원을 주고 가방을 사오는데, 이 중 제조 원가는 3분의 1 미만으로 알려져 있으니 220만 원 정도로 추정할 수 있다.

그러나 우리는 이미 알고 있지 않은가? 패션은 그런 것이라는 사실을.

원가의 7배쯤 하는 가격으로 가방 하나를 사기 위해, 그만큼의 가격에 해당하는 다른 물건을 사 모으는 방식으로 구매력을 인정받고 나서 평균 1년 6개월을 기다리는 사람을, 나는 비난하고 싶지 않다. 소위 '명품'이란 것이 기실 그럴 만한 값어치가 없다고 폄하하려는 것도 아니다. 오히려 나는 최고의 제품을 개발하기까지 수많은 이가 투자한, 보이지 않는 피·땀·눈물과 자긍심을 무분별하게 평가 절하하는 것을 서운해하는 쪽이다.

내가 이야기하고 싶은 것은 소비자들이 오픈 런을 감수하며 외재적 가치에 큰 비용을 지불하게 만드는 힘, 이러한 현상을 일으키는 브랜드의 막강한 영향력이다. 럭셔리 패션은 엄청난 고부가 가치 산업이고, 제대로 된 브랜딩은 매우 큰 경제 효과를 낳는다. 혁신적 비전으로 도전했던 창립 이야기, 예술의 경지에 이르는 철저한 장인 정신, 압도적 기술력을 발전시키기 위한 지속적 연구, 브랜드 정체성에 기반한 확고한 스타일, 오랜 역사를 통해 수많은 유명인과 얽힌 브랜드 일화와 유산. 이 모든 것을 정보로 잘 가공해 소비자에게 전달할 때 럭셔리 브랜드는 큰 영향력을 갖는다.

그러나 오늘날 모든 럭셔리 브랜드가 앞서 언급한 요소를 추구하는 것은 아니다. 또한 모든 소비자가 브랜드의 역사성과 디자인 철학에 관심을 두는 것도 아니다. 그렇다면 소비자로 하여금 사치재를 욕망하게 하는 가장 강력한 동인은 무엇일까? 많은 학자는 상품을 소유할 때 획득하는 '상징' 혹은 '기호'라고 말한다.

스노비즘, 어쩌면 페티시즘

> 소비의 사회에서 현대인들이 소비하는 것은 사물 자체가 아니라 기호이다.
>
> –**장 보드리야르**(Jean Baudrillard)

보드리야르에 따르면 우리는 어떤 사물을 소비함으로써 자신을 표현하는 '이미지의 소비'를 한다. 즉 사물의 실재 혹은 기능이 아닌, 신화적 상징을 지닌 이미지에 지불한다. 오늘날 모든 욕망, 필요, 관계, 계획, 열정은 기호로 추상화하고 이미지로 상징한다. 그리하여 인간은 행복, 성공, 지위, 명성, 현대성 등을 상징하는 사물을 소비함으로써 이미지를 드러낸다.

'나 이런 사람이야!'를 드러내는 효과적인 장치로 패션만 한 것이 없다. 패션은 착용자에 대한 강력하고 즉각적인 시각 단서를 제공한다. 패션은 성별, 연령, 직업, 경제력, 소속 계층, 취향, 신념 등 그가 누구인지를 말해준다. 또한 개인이 추구하는 이미지를 획득하기에 패션은 상대적으로 쉽다. 때때로 패션은 별달리 가진 게 없는 사람들이 자신을 더 낫게 표현할 수 있는 가장 좋은 수단이 된다. 집이나 자동차처럼 비싸지 않고, 가구나 예술 작품처럼 옮기기 힘든 것도 아니니까.

인정하고 싶지는 않지만 우리는 여러 가지 요인에 따라 사회적 사다리의 어딘가 속해 있다. 수 세기 전부터 사람들은 자신이 속한 집단보다 더 위 칸으로 이동하기를 열망하고, 자신보다 지위가 더 높은 집단의 이미지를 모방해왔다. 부유층은 사치성 소비로 자신이 가진 경제력과 지위를 과시하며 중간층과 구별되고자 한다. 중간 계층은 부유층의 소비를 모방함으로써 하류층과 자신을 구별 짓고, 하류층은 중간 계층을 모방한다.

꼬리에 꼬리를 물고, 인간은 자신보다 더 나은 누군가의 삶과 취향을 좇아 필요 이상의 것을 소비한다. 결국 가장 빈곤한 계층도 전쟁, 아사 직전과 같은 극단적 상황이 아니면 누군가를 모방하며 과시적 소비를 하게 된다. 기록에 따르면 19세기 영국의 빈곤층과 노동 계급도 빚을 내어 옷과 신발을 사는 과시적 소비를 했다. 지역 사회 모두가 자신을 드러내는 일요일만큼은 말끔하고 단정한 옷차림으로 교회에 나가, 사회 구성원으로 인정받기 위한 아낌없는 투자였던 것이다.

이 짧은 예시를 더 학술적으로 설명하자면 경제학자 소스타인 베블런(Thorstein Veblen)의 '과시적 소비' 이론, 사회학자 피에르 부르디외의 '구별 짓기' 이론, 문화인류학자 르네 지라르(René Girard)의 '모방적 욕망' 이론을 대입할 수 있다. 그러나 굳이 어려운 얘기를 빌려오지 않더라도, 우리 자신의 솔직한 마음을 들여다보면 이 모든 현상을 이해할 수 있다.

럭셔리 브랜드의 가방, 솔직히 왜 갖고 싶은 건데?

실제의 나보다 더 근사하고 세련되거나 지적으로 보이고 싶고, 이왕이면 더 부유하고 성공한 사람으로 평가받으면 좋을 테고, 좀더 특별하고 귀한 사람으로 존중받고자 하고. 어떤 상품을 가진 누군가의 취향이 엄청 멋져 보였거나, 내가 동경하는 누군가 어떤 상품은 꼭 사야 한다고 말했기 때문이 아니겠는가.

그런데 하필 그 상품이, 그 브랜드의 로고와 분위기가 내 마음을 흔들어놓아 정신이 아득해져버린 것이다. 마치 피할 수 없는 교통사고처럼. 내가 별다르게 가진 건 없지만 그렇다고 또 굶어 죽을 정도로 궁핍한 건 아니라서, 다른 생활비를 좀더 아껴 쓰면 감당할 수 있으니까, 사자!

허영 가득한 속물근성, 사치품의 영험함을 경배하는 물신 숭배라고 손가락질해도 할 수 없다. 그것을 소유하거나 내보이며 누릴 기쁨과 만족감이라면 생산 원가의 7~8배는 지불할 수 있는 거지. 그럼!

너의 죄책감을 사하노라

뭔가에 홀린 듯이 나의 경제 수준보다 과도한 소비를 하고 나서 문득 정신이 되돌아오면 죄책감에 빠져들 수도 있다. 한국이 최빈국 중 하나이던 과거를 생생히 기억하는 부모 세대의 교육으로 인해 우리는 과소비를 죄악시해 왔다. 아끼고 절약하며 티끌이라도 모으는 것이 미덕이라 배웠다. 그러나 럭셔리의 럭셔리라 불리는 하이엔드 브랜드는 마케팅 전략을 통해 이러한 과소비의 죄책감마저 사하여 준다.

예를 들어 에르메스는 아무리 주문량이 많아도 소량만 제작하는 원칙을 고수한다. 특별한 소수를 위한 것이라는 희소가치를 유지하기 위한 전략이다. 샤넬과 루이비통은 가격을 계속해서 올린다. 브랜드에 진입하기 위한 가격 장벽을 높여 상품 소유자에게 특별한 자격을 부여한다.

그리하여 소비자는 '오늘이 가장 싸다'라는 믿음 속에 명품 브랜드 앞에 긴 줄을 선다. 브랜드가 만들어낸 이미지와 상징을 열망하는 사람은 계속 증가하기에, 럭셔리 중의 럭셔리는 감가상각의 원리를 비켜간다. 사용하다 되팔아도 몇 배의 수익을 얻을 수 있고 최소한 구매 원가는 보전할 수 있다. 치열하게 달리고 과도한 지출을 하는 행위는 정당하며 죄책감에 주눅 들 필요 없다. 당신은 특별하니까!

브랜드의 잘 만든 신화적 서사, 환상적 이미지는 그것을 소유한 소비자가 타인보다 얼마나 특별한지 계속해서 속삭인다. 더 아름답고 지적이며 안목이 높거나, 또는 더 강하고 성공했으며 매력적이거나. 그리하여 소비자 스스로가 특별하고 존중받을 만한 자격이 있는 사람이라는 생각에, 혹은 그렇게 보이고 싶은 욕구에 거침없이 소비하도록 만든다. 개인은 물건을 소유함으로써 자신이 열망하는 이미지를 획득해 마치 '더 나은 사람'이 된 것 같은 기분을 느낀다.

이쯤 되면 패션은 정말 '영혼의 갑옷'이라 할 수 있겠다.

다시 말하지만 나는 럭셔리 브랜드의 전략, 사치재의 속성, 소비자의 군중 심리와 상향 지향적 속물근성을 비난하고 싶지는 않다. 나도 항상 그 군중 속에서 갈팡질팡하고 있고, 이미지와 환상으로 현혹하는 브랜딩에 동참하며 월급받는 사람이기도 했으니까. 다만 이제는 많은 사람이 열망하는 '영혼의 갑옷'이 우리나라에서 탄생하기를, 한국의 단단한 패션 브랜드가 긴 세월을 통해 진짜 서사와 역사를 만들어갈 수 있기를 희망해본다.

옷 입은 인간

무엇을, 어떻게, 왜 입을 것인가

나는 내가 벌거숭이이던 시절을 알지 못한다.

옛날 사람인 우리 부모님은 아들이 아닌 딸에게 탄생 1주년 기념 올누드 사진을 남겨주지 않았다. 대신 엄마가 손뜨개질한 하얀 크로셰 모자와 망토를 입고, 꽃나무 아래서 아빠의 팔에 안겨 찍은 사진이 나의 돌 무렵 모습이다. 사진을 통해 구성한 이미지든 나의 기억에 직접 의존해서든, 나는 마치 옷 입은 채 태어난 사람처럼 언제나 옷 속에 있었다.

사람이 왜 옷을 입어야 하는지 혹은 인류가 언제부터 옷을 입어왔는지 논리적으로 이해하는 것과 별개로, 나는 '이 옷을 입고 싶다!'는 어린 시절의 강렬한 감정을 기억한다. 기어이 이 옷을 입겠다며 고집부린 가장 오래된 기억은 목둘레와 소매 둘레에 프릴이 달린 하얀 블라우스와 노란색 미니 원피스 차림이었다. 목에는 남색 얇은 보타이를 매고 노란 머리핀과 하얀 구두까지를 한 묶음으로 여겼다. 서너 살부터 입기 시작했는데 어찌나 애착이 컸던지, 키가 훌쩍 자라 원피스 밑으로 엉덩이가 다 보이는 대여섯 살이 되도록 그 옷을 즐겨 입었다. 지금 돌이켜보면 그 옷을 입었을 때 사람들이 '예쁘다' '귀엽다'고 말해주는 게 좋았던 것 같다. 나는 아마도 어떤 옷차림이 사람들의 관심과 사랑을 받는지 본능적으로 알아채고, 옷차림에 대한 타인의 긍정적인 반응에 도취해 있었을 것이다.

자의식이 생기고 나서는 대개 좋아하는 옷을 선택했다. 때때로 소속 집단, 경제 상황, 사회 통념 때문에 원치 않는 옷을 입기도 했다. 그럼에도 분명한 사실은 나는 늘 옷을 입고 있었다는 것이다.

곰돌이가 그려진 내복, 노란 유치원 모자와 체크무늬 케이프, 스누피가 그려진 분홍 수영복, 스노 진과 폴로 티셔츠, 자주색 교복, 와이드 팬츠와 배꼽티, 찢어진 스키니 진과 바이커 재킷, 오프숄더의 웨딩드레스, 오버사이즈 셔츠와 스니커스 …….

기억에 남는 특별한 날에도, 보통의 소소한 날에도 언제나 무언가를 입고 있었다.

당신이 그 옷을 선택한 이유

장폴 사르트르(Jean-Paul Sartre)는 '인생은 B와 D 사이의 C'라고 말했다. 인간은 태어나(Birth) 죽을 때까지(Death) 매 순간 어떤 선택을 해야 한다(Choice). 인간은 좀더 좋은 선택을 함으로써 더 나은 삶을 영위하길 희망하며, 때로는 치열하게 고민하고 달리거나 경쟁한다.

지금 당신이 입은 옷은 어떠한가?

더 나은 삶을 위한 최선의 선택이었는가 아니면 상황에 맞는 적절한 선택이었는가. 혹은 선택의 과정조차 의식하지 못한 채 습관처럼 걸친 것인가.

의식했든 의식하지 않았든 우리가 입고 있는 옷은 자신의 선택이다. 내가 하는 일, 만나는 사람, 나의 신념, 그날의 날씨와 기분. 내가 입은 옷은 내 삶을 이루는 무수한 선택과 맞물리는, 또 하나의 선택이다.

바꿔 말하면 옷은 나의 직업, 속한 집단, 가치관과 정서를 표현하는 것이다. 그래서 우리는 옷을 통해 그 사람이 누구인지 알 수 있다. 입고 있는 옷이 한 인간의 내면을 드러내는 속성에 대해 윌리엄 셰익스피어(William Shakespeare)는 '옷은 그 사람의 영혼'이라 했고, 심리학자 제니퍼 바움가르트너(Jennifer Baumgartner)는 '옷은 당신이 누구인지 말해주는 침묵의 언어'라고 표현했다.

이러한 해석을 두고 어떤 이들은 옷에 당찮게 거창한 의미를 부여하거나, 옷의 중요성을 필요 이상으로 격상시키는 듯 못마땅해한다. 옷은 우리의 외피에 불과할 뿐 내면에 영향을 주지 않는다고도 말한다.

하지만 우리의 이미지는 우리의 실체와 다르지 않다. 우리는 옷을 통해 자신을 원하는 방식으로 드러낼 수 있으며, 더욱 매력적으로 보이기 위해 이미지 형성에 공을 들인다. 이미지가 소통의 큰 축을 담당하는 오늘날, 패션은 가장 즉각적인 이미지로서 나와 타인을 구별 짓는다. 다시 말해 옷은 나의 정체성을 드러내는 기호이며, 내 정신을 담는 그릇이다.

그러므로 옷은 외피일 뿐이라고, 나의 실체와 상관없다고, 더 이상 얕잡아 보지 말자. 내가 선택한 옷이 나를 어떻게 드러내고 있는지 찬

찬히 들여다보자. 내가 원하는 것이 무엇이며, 내 옷은 내가 하고 싶은 말을 전하고 있는지 살피는 것으로부터 자기 배려를 시작할 수 있다. 옷은 타인과 나를 구별하기 위한 시각의 기호이자 침묵의 언어, 당신이 누구인지 말해준다.

옷의 이상한 힘

옷에는 참으로 이상한 힘이 있다. 분주한 아침에 급하게 골라 입은 옷이 썩 마음에 들지 않거나 불편할 때는 하루 종일 기분이 가라앉는다. 반대로 어떤 날은 쇼윈도에 비친 내 옷차림이 근사해 보여 알 수 없는 자신감이 솟기도 한다. 패션의 선택은 취향의 문제일 뿐만 아니라 내 기분을 다독이고 챙기는 자기 배려이다. 밝은 옷은 유쾌한 감정을, 부드럽고 따뜻한 옷은 안락한 기분을 불러일으킨다. 패션을 통해 내가 바라는 이상적 외모에 가까워질수록 자존감이 높아지고, 옷차림으로 외모를 관리하는 행동 자체만으로도 자아 효능감이 높아진다.

또한 옷은 사람의 태도를 바꾼다. 재투성이 신데렐라가 무도회복으로 갈아입었을 때 현실을 박차고 다른 세계로 갈 수 있는 용기가 생기고, 말을 더듬던 소심한 클라크가 빨간 슈퍼맨 망토를 걸치면 대범해지는 것처럼, 옷은 사람을 변화시킨다.

옷이 사람을 만든다

'옷이 사람을 만든다(Clothes Make the Man)'라는 말은 우리 속담 '옷이 날

개다'와 비슷한 영어 표현이다. 스위스 작가 고트프리트 켈러(Gottfried Keller)의 소설 《옷이 사람을 만든다》에서 유래했는데, 옷이 인상에 영향을 미치는 것을 넘어 옷 입은 사람의 태도와 행동에 영향을 미친다는 의미를 포함한다.

옷차림이 단지 쾌나 불쾌의 기분에 영향을 미치는 데 그치지 않고 행동을 변화시킨다는 것은 무수한 실험에서 입증했다. 그중 가장 널리 알려진 것은 1979년 두 미국 심리학자의 '제복 효과' 실험이다. 로버트 존슨(Robert Johnson)과 레슬리 다우닝(Leslie Downing)은 60명의 학생에게 백인우월주의 집단인 KKK 복장 또는 간호사 복장을 하게 했다. 그리고 어떤 사람에게 문제를 내어 그가 틀리면 6단계의 전기 충격 버튼 중 하나를 골라 벌을 주게 했는데, KKK 복장의 실험 참가자는 강한 전기 충격을, 간호사 복장의 참가자는 약한 전기 충격을 선택했다. 이 실험은 몰개성화와 사회적 또는 반사회적 행동에 관한 것이었지만, 잠시 입는 옷조차 타인에 대한 배려심과 윤리의식 등 우리의 심리와 행동을 변화시킨다는 사실을 일깨워준다.

또한 사람은 편한 복장을 했을 때 구체적으로 사고하고, 격식 있는 복장을 했을 때 추상적으로 생각한다는 연구 결과도 있다. 동료나 친구들보다 더 전문가처럼 갖춰 입었을 때, 전체적 관점에서 문제를 바라보고 부분과 부분을 연결하는 창의적인 문제 해결 능력과 리더십을 발휘한다는 것이다.

지구상에서 유일하게 옷 입은 생명체, 인간!

집 짓는 동물은 있어도 옷 입은 동물은 오직 인간뿐이다. 인간은 날 때부터 주어진 것이 아닌, 다른 사물을 제 몸에 두르고 감싸며 살아간다.

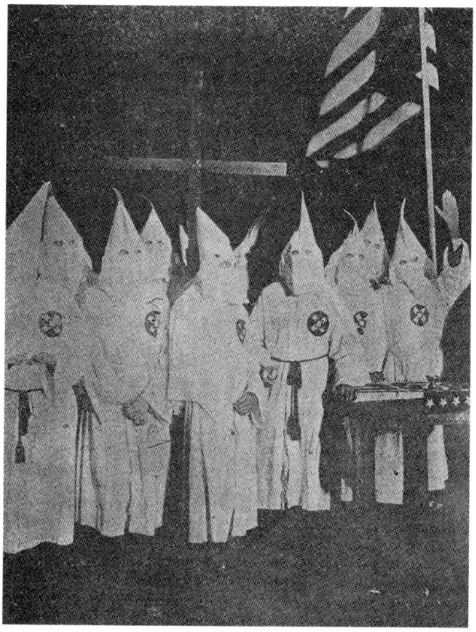

과격한 백인우월주의 단체 KKK 복장.

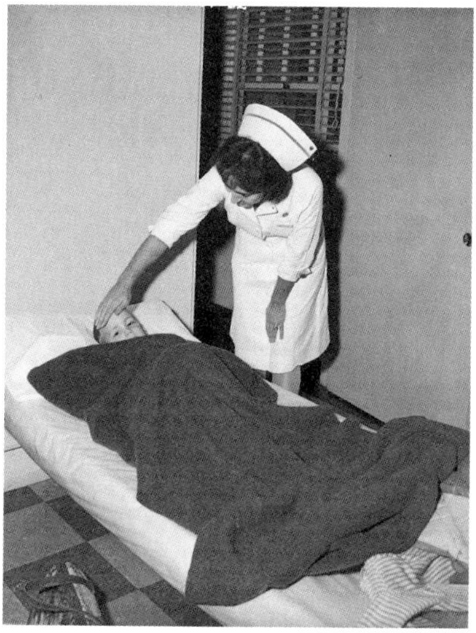

1960년대 미국 간호사 복장. Seattle Municipal Archives.

인간은 평생 옷 속에서 살아간다고 해도 과언이 아니다. 이쪽 세상으로 나올 때는 배냇저고리를 입고, 저쪽 세상으로 떠날 때는 수의로 갈아입는다. 옷은 우리 인생의 모든 순간을 함께하며 희로애락의 감정을 더욱 뚜렷하게 기록한다. 의미 있는 날을 축하하기 위해 입은 옷, 슬픔과 애도를 표하기 위해 입은 옷, 유대감과 응원을 표현하기 위해 입은 옷. 특별한 날을 위한 옷은 감정을 더욱 증폭하고 그날의 분위기와 기분을 더욱 강하게 뇌리에 남긴다.

특별할 것이라곤 없는 보통날에도 우리는 늘 옷 속에 있다. 물처럼 혹은 공기처럼 옷은 우리 몸을 둘러싸고, 일상에 녹아 기분을 어루만지고, 내 태도를 바꾸기도 하며, 더 나은 사람이 되도록 북돋운다. 옷을 입는 행위는 어떤 삶을 기록할 것인가, 어떻게 살 것인가와 연결할 수 있다.

그리하여 나는 오늘은 어떤 옷 속에서 어떤 삶을 살아갈 것인지 생각한다.

참고문헌

단행본

가스통 바슐라르, 《공간의 시학》, 곽광수 옮김, 동문선, 2003.
고은주, 《럭셔리 브랜드 마케팅》, 예경, 2009.
김동규, 《멜랑콜리아: 서양문화의 근원적 파토스》, 문학동네, 2014.
김동훈, 《브랜드 인문학》, 민음사, 2018.
김민자, 《복식미학: 패션을 보는 시각과 패션에 대한 생각》, 교문사, 2013.
김민자·하지수, 《서양패션 멀티콘텐츠》, 교문사, 2010.
김복래, 《파리의 보헤미안과 댄디들》, 새문사, 2010.
김융희, 《검은 천사 하얀 악마: 검정과 하양의 문화사》, 시공사, 2005.
김주현, 《외모 꾸미기 미학과 페미니즘》, 책세상, 2009.
김홍기, 《댄디, 오늘을 살다》, 아트북스, 2014.
김홍기, 《옷장 속 인문학》, 중앙북스, 2016.
남보람, 《전쟁 그리고 패션》, 와이즈플랜, 2019.
니콜라 게겐, 《소비자는 무엇으로 사는가?: 고객의 심리에 관한 100가지 실험》, 고경란 옮김, 지형, 2006.
니콜라스 페그, 《더 컴플리트 데이비드 보위》, 이경준·김두완·곽승찬 옮김, 그책, 2020.
다이애너 크레인, 《패션의 문화와 사회사》, 서미석 옮김, 한길사, 2004.
데얀 수직, 《사물의 언어》, 정지인 옮김, 홍시, 2012.
딕 헵디지, 《하위문화―스타일의 의미》, 이동연 옮김, 현실문화연구, 1998.

라르스 스벤젠, 《패션:철학》, 도승연 옮김, MID, 2013.
루시 프래트·린다 울리, 《구두, 그 취향과 우아함의 역사》, 김희상 옮김, 작가정신, 2005.
루이 핀토, 《부르디외와 사회학 이론》, 김용숙·김은희 옮김, 동문선, 2003.
리처드 슈스터만, 《몸의 의식: 신체미학—솜에스테틱스》, 이혜진 옮김, 북코리아, 2010.
마가레테 브룬스, 《색의 수수께끼》, 조정옥 옮김, 세종연구원, 1999.
마쓰다 유키마사, 《눈의 황홀》, 송태욱 옮김, 바다출판사, 2015.
매기 앤드루스·제니스 로마스, 《100가지 물건으로 다시 쓰는 여성 세계사》, 홍승원 옮김, 웅진지식하우스, 2020.
멀리사 리벤턴·데일 캐롤라인 글럭맨·로셸 케슬러·미셸 웹 팬드리히·바비 섬버그·홀리스 구달·쥐안쥐안 우, 《세계 복식의 역사: 우리가 걸친 모든 것을 통해 여행하는 우리가 살아온 세계》, 이유정 옮김, 다빈치, 2016.
미셸 파스투로, 《악마의 무늬, 스트라이프》, 강주헌 옮김, 이마고, 2002.
미셸 파스투로·도미니크 시모네, 《색의 인문학》, 고봉만 옮김, 미술문화, 2020.
바버라 콕스·캐럴린 섀리 존스·데이비드 스태퍼드·캐롤라인 스태퍼드, 《패셔너블: 아름답고 기괴한 패션의 역사》, 이상미 옮김, 투플러스북스, 2013.
박종성, 《패션과 권력: 또 다른 지배와 복종》, 서울대학교 출판문화원, 2010.
박진영·신하나, 《지구를 살리는 옷장》, 창비, 2022.
박형지·설혜심, 《제국주의와 남성성: 19세기 영국의 젠더 형성》, 아카넷, 2004.

박혜정, 《멜랑콜리》, 연세대학교 대학출판문화원, 2015.
배영달, 《보드리야르의 '소비의 사회' 읽기》, 세창미디어, 2018.
브라이언 페이건, 《크로마뇽》, 김수민 옮김, 더숲, 2012.
브로닌 코즈그레이브, 《보그 온: 코코 샤넬》, 이상미 옮김, 오일북스, 2015.
빅토리아 핀레이, 《컬러 여행》, 이지선 옮김, 아트북스, 2005.
샤를 보들레르, 《현대의 삶을 그리는 화가》, 정혜용 옮김, 은행나무, 2014.
설혜심, 《소비의 역사》, 휴머니스트, 2017.
앨리슨 매슈스 데이비드, 《패션의 흑역사: 아름다움을 향한 뒤틀린 욕망》, 이상미 옮김, 탐나는책, 2022.
에밀 졸라, 《여인들의 행복 백화점》, 박명숙 옮김, 시공사, 2018.
에바 헬러, 《색의 유혹: 재미있는 열세 가지 색깔 이야기》, 이영희 옮김, 예담, 2002.
에블린 웰치, 《르네상스 시대의 쇼핑》, 한은경 옮김, 에코리브르, 2010.
엘리자베스 세멀핵, 《신발, 스타일의 문화사》, 황희경 옮김, 아날로그, 2021.
요한 볼프강 폰 괴테, 《젊은 베르테르의 슬픔》, 김인순 옮김, 열린책들, 2009.
울리히 렌츠, 《아름다움의 과학》, 박승재 옮김, 프로네시스, 2008.
윌 듀런트·아리엘 듀런트, 《역사의 교훈》, 안인희 옮김, 을유문화사, 2014.
윤광준, 《심미안 수업》, 지와인, 2018.
이재정·박신미, 《패션, 문화를 말하다》, 예경, 2011.
이정모, 《공생 멸종 진화: 생명 탄생의 24가지 결정적 장면》, 나무나무, 2015.

정현백·김정안, 《처음 읽는 여성의 역사》, 동녘, 2011.
제니퍼 바움가르트너, 《옷장 심리학》, 이현정 옮김, 명진출판, 2013.
제임스 폭스, 《컬러의 시간: 언제나 우리 곁에는 색이 있다》, 강경이 옮김, 윌북, 2022.
조안 핑켈슈타인, 《패션의 유혹: 욕망의 문화사》, 김대운·김여경 옮김, 청년사, 2005.
조희진·양미경·이대화·주영하, 《한국인, 어떤 옷을 입고 살았나》, 한국학중앙연구원 출판부, 2017.
존 하비, 《블랙패션의 문화사》, 최성숙 옮김, 심산, 2008.
주디스 버틀러, 《젠더 트러블: 페미니즘과 정체성의 전복》, 조현준 옮김, 문학동네, 2008.
쥘 바르베 도르비이, 《멋쟁이 남자들의 이야기 댄디즘》, 고봉만 옮김, 이봄, 2014.
지상현, 《시각 예술과 디자인의 심리학》, 민음사, 2002.
질 리포베츠키, 《패션의 제국》, 이득재 옮김, 문예출판사, 1999.
질 리포베츠키·엘리에트 루, 《사치의 문화》, 유재명 옮김, 문예출판사, 2018.
카시아 세인트 클레어, 《컬러의 말: 모든 색에는 이름이 있다》, 이용재 옮김, 윌북, 2018.
캐서린 하킴, 《매력 자본》, 이현주 옮김, 민음사, 2013.
코바돈가 오셔, 《자라 성공 스토리》, 공민희 옮김, 더난출판, 2013.
톰 밴더빌트, 《취향의 탄생》, 박준형 옮김, 토네이도, 2016.
파멜라 댄지거, 《매스티지 마케팅: 소비 고급화 혁명》, 최기철 옮김, 미래의창, 2006.
폴 심프슨, 《컬러의 방: 내가 사랑하는 그 색의 비밀》, 박설영 옮김, 윌북, 2022.

프랑수아 자리주·토마 르 루, 《지구 오염의 역사: 산업혁명부터 현대까지》, 조미현 옮김, 에코리브르, 2021.
피에르 부르디외, 《구별짓기: 문화와 취향의 사회학》, 최종철 옮김, 새물결, 1995.
하마모토 다카시·이토 마사히로, 《색채의 마력》, 이동민 옮김, 아트북스, 2007.
하선규, 《서양 미학사의 거장들》, 현암사, 2018.
허두영, 《명품 불멸의 법칙》, 들녘, 2018.
헤이든 노엘, 《소비자 행동》, 우정준 옮김, 디자인 리서치 앤 플래닝, 2010.
홍성민, 《취향의 정치학: 피에르 부르디외의 '구별짓기' 읽기와 쓰기》, 현암사, 2012.
후카이 아키코, 《오트쿠튀르를 입은 미술사》, 송수진 옮김, 씨네21북스, 2013.
n+1, 《힙스터에 주의하라》, 최세희 옮김, 마티, 2011.

Baker, P., *Fashion of a Decade: The 1940s*, Facts on File, 1991.
Bolton, A., Hell, R., Savage, J., & Lydon, J., *Punk: Chaos to Couture*, The Metropolitan Museum of Art, 2013.
Bondaroff, A., *Supreme*, Rizzoli, 2010.
Burton, R. K., *Rebel Threads: Clothing of the Bad, Beautiful & Misunderstood*, The Horse Hospital, 2017.
Buxbaum, G., *Icons of Fashion: The 20th Century*, Prestel, 2006.
Davis, F., *Fashion, Culture, and Identity*, University of Chicago Press, 1992.

De la Haye, A., & Dingwall, C., *Surfers, Soulies, Skinheads, & Skaters: Subcultural Style from the Forties to the Nineties*, Overlook Books, 1996.

DK, *Fashion: The Definitive History of Costume and Style*, DK, 2012.

Entwistle, J., *The Fashioned Body: Fashion, Dress & Modern Social Theory*, Polity, 2015.

Fogg, M., *The Dress: 100 Ideas that Changed Fashion Forever*, Goodman, 2014.

Gaulme, D., & Gaulme, F., *Power & Style: A World History of Politics and Dress*, Flammarion, 2012.

Maison Martin Margiela, *Maison Martin Margiela*, Rizzoli, 2009.

Mauries, P., *Androgyne: Fashion and Gender*, Thames & Hudson, 2017.

Parker, A., *Vicious: Too Fast to Live*, Creation, 2004.

Samuel, A. (ed.), *Les Musées Yves Saint Laurent*, Musée Yves Saint Laurent Paris, 2017.

Seeling, C., *La Mode: Au Siècle des créateurs 1900-1999*, Könemann, 1999.

논문

권하진, 〈2000년대 이후 나타난 펑크 패션의 미학적 고찰〉, 《한국패션디자인학회지》, 15(1), 2015, 69-89.

김경옥·금기숙, 〈현대 패션에 나타난 앤드로지너스에 관한 연구〉, 《한국복식학회지》,

36, 1998, 239-262.
노주현·김민자, 〈패스트패션 현상에 대한 사회문화적 해석〉, 《한국복식학회지》, 59(3), 2009, 27-41.
박영희, 〈의복 재활용에 대한 인식 및 사장의복 실태 분석〉, 《패션비즈니스》, 24(5), 2020, 1-20.
박혜정, 〈패션의식, 에코 패션 소비결정, 지속적 탐색행동, 쇼핑 즐거움이 패스트 패션 브랜드 구매태도에 미치는 영향〉, 《한국의상디자인학회지》, 16(2), 2014, 111-126.
배수정, 〈비건 패션의 범주와 실천 방향 모색〉, 《패션비즈니스》, 24(2), 2020, 68-84.
서이자, 〈포스트모던 음악의 등장과 민중문화 전통의 재건: 1970년대 글램록과 펑크록에 대한 신문화적 해석〉, 《미국사연구》, 16, 2002, 251-278.
이연희·김영인, 〈현대 패션 룩에 표현된 성 정체성〉, 《복식문화연구》, 13(5), 2005, 790-803.
이영석, 〈딸들의 반란?―빅토리아 후기 새로운 여성성에 관한 비판적 담론〉, 《영국연구》, 17, 2007, 141-170.
정연이·간호섭, 〈21세기 힙스터리즘 패션의 구별짓기 특성〉, 《한국복식학회지》, 69(7), 2019, 72-90.
정연이·이영재, 〈버틀러의 수행성 이론으로 본 BTS 뮤직비디오 패션스타일의 젠더 이미지 분석〉, 《패션비즈니스》, 24(1), 2020, 88-101.

Blänsdorf, C., Pfeffer, S., & Melzl, E., "The polychromy of the giant Buddha statues in Bāmiyān", *Monuments and Sites*, 19, 2009, 237-264.

DiMaggio, P., & Mohr, J., "Cultural capital, educational attainment, and marital selection", *American Journal of Sociology*, 90(6), 1985, 1231-1261.

Maly, I., & Varis, P., "The 21st century hipster: On micro-populations in times of superdiversity", *European Journal of Cultural Studies*, 19(6), 2016, 637-653.

Potts, N., & Reeves-DeArmond, G., "Re-evaluation of Laver's Law in the context of fashion trend revival", *International Textile and Apparel Association Annual Conference Proceedings*, 71, 2014, 13-14.

Scott, M., "'Hipster capitalism' in the age of austerity? Polanyi meets Bourdieu's new petite bourgeoisie", *Cultural Sociology*, 11(1), 2017, 60-76.

기고문 및 기사

대법원 판결문(2020. 07. 09.), "에르메스 켈리백, 버킨백 관련 패러디 제품 'Fake For Fun' 부정경쟁행위 인정", 대법원 선고 2017다217847.

임동권(2020. 10. 06.), "미세플라스틱의 현황과 생태계에 미치는 영향", BRIC View 2020-T35.

특허심사기획국 주거기반심사과(2022. 05. 30.), "인조가죽, 동물복지에 친환경을 더하다—인조가죽 '친환경 기술' 특허출원 연평균 20% 증가", 특허청 보도자료.